Texte zur Menschenwürde

Texte zur Menschenwürde

Herausgegeben von
Franz Josef Wetz

Reclam

3., bibliographisch aktualisierte Auflage 2025

RECLAMS UNIVERSAL-BIBLIOTHEK Nr. 18907

Siemensstraße 32, 71254 Ditzingen
info@reclam.de
Druck und Bindung: Esser printSolutions GmbH,
Untere Sonnenstraße 5, 84030 Ergolding
Printed in Germany 2025

ISBN 978-3-15-018907-8
reclam.de

Inhalt

Antike

Frühes Christentum

Mittelalter

Renaissance

Frühe Neuzeit

Neuzeit

Moderne

Rechtsbestimmungen

Gegenwart

Kritische Stimmen

Einführung

Die Menschenwürde ist ein Begriff mit großer Aura und genießt fast weltweit Autorität. Magischen Orakeln gleich scheint dieses »pathetisch sittliche Postulat«,[1] wie Max Weber sie bezeichnet, sogar jede genauere Erklärung überflüssig zu machen, sobald sich etwa höchste und letzte Wertentscheidungen auf sie stützen. Deshalb verwundert es nicht weiter, dass sich fast alle Seiten in gesellschaftlichen Wertekonflikten auf die Menschenwürde berufen, die meisten aber in Verlegenheit geraten, wenn man sie nach dem eigentlichen Sinn dieses glanzvollen Sprachgebildes befragt. Der bekannte Wirtschaftswissenschaftler und Nobelpreisträger Friedrich A. von Hayek (1899–1992) schloss daraus schon vor Jahrzehnten: »So edel und lobenswert die Gefühle sind, die in Begriffen wie Menschenwürde ihren Ausdruck finden, für sie ist in einem Versuch zu rationaler Überzeugung kein Platz.«[2]

Trotz dieser Schwierigkeiten ist »Menschenwürde« der am meisten angewendete Begriff in den Wertedebatten der Gegenwart auf nationaler, europäischer und internationaler Ebene. Ob in bioethischen Diskussionen über embryonale Stammzellenforschung, gen- und neurotechnische Eingriffe in den Menschen oder über Sterbehilfe – praktisch in allen Bereichen der biotechnischen Grundlagenforschung und Anwendung spielt bei deren Bewertung die Idee der Menschenwürde eine herausragende Rolle. Aber auch in der Debatte über staatliche Folter angesichts terroristischer Bedrohungen oder über Einschnitte und Reformen des Sozialstaats sowie die Einsätze der Bundeswehr im Ausland wird dieser höchste Rechtswert unserer Gesellschaft regelmäßig bemüht. Und Ähnliches

1 Max Weber, *Wirtschaft und Gesellschaft*, Tübingen 1985, S. 507.
2 Friedrich A. von Hayek, *Die Verfassung der Freiheit*, Tübingen 1991, S. 6.

gilt für die Diskussionen über Grenzen der Inbildsetzung von menschlichen Schicksalen etwa in der Kriegsberichterstattung oder des Reality-TV. Außerdem kommt der Idee der Menschenwürde bei Konflikten zwischen unterschiedlichen, in einer immer enger zusammenwachsenden Welt zunehmend härter aufeinanderprallenden Normen- und Wertesystemen eine große Bedeutung zu. Hier wie dort werden in ihrem Namen gesellschaftliche Missstände angeprangert, wird aber auch über ihre Bedeutung, Universalität und Begründung gestritten. Nicht zuletzt stehen auf der Liste der großen Probleme, welche die Menschenwürde berühren – sie ließe sich leicht erweitern –, auch Fragen nach dem alltäglichen Umgang der Menschen miteinander, deren friedliches und gutes Zusammenleben wesentlich von der Achtung der Bürger voreinander abhängt. Von alledem abgesehen gilt seit Ende des Zweiten Weltkriegs die Menschenwürde als Fundament der Menschenrechte, gewissermaßen als deren unverbrüchlicher Ableitungsgrund, obwohl nur im deutschen Grundgesetz derartig explizit auf die Würde Bezug genommen wird.

Ganz unterschiedliche Disziplinen befassen sich mit der Idee der Menschenwürde: Religion und Theologie ebenso wie Ethik und Philosophie, auch Literatur oder Kunst und selbstverständlich Politik und Recht. Eine Folge hiervon scheint eine Vielzahl von Deutungen der Menschenwürde zu sein, von denen es bereits eine Reihe in jeder der genannten Disziplinen gibt. Doch genauer betrachtet, erkennt man bei aller Vielfalt wiederkehrende Grundtypen. Es gibt zwar eine große Zahl von Interpretationen des Begriffs Würde, jedoch nur einige wenige Deutungsmodelle. Diese verschiedenen Deutungsmodelle entwickelten sich im Laufe der Jahrhunderte und bestehen teilweise nebeneinander oder überschneiden sich.

In der *politischen Theologie* des Mittelalters[3] wurde der

3 Vgl. Ernst H. Kantorowicz, *Die zwei Körper des Königs*, München 1994.

Würdebegriff mehr auf höhere Ämter politischer und kirchlicher Art bezogen als auf die Personen, die solche Ämter innehatten: Äbte, Bischöfe, Könige, Kaiser und Päpste. Es galten die Aussprüche: »Dignitas nunquam perit« oder »Dignitas non moritur«[4], was so viel bedeutet wie: Die Würde des Amtes bleibt immer bestehen, auch wenn die Amtsträger wechseln. Die Ämter, beispielsweise Königsthron und Bischofsstuhl, zu deren Insignien Ring, Krone, Zepter, Tiara und Purpur zählen, behalten über jeden personellen Wechsel hinweg ihre gleiche Würde, die vom jeweiligen Vorgänger an dessen Nachfolger übergeht. Demgemäß sollen die Amtsinhaber zwei Körper besitzen, einen vollkommenen Amtskörper mit zeitloser Würde und einen sterblichen natürlichen Leib mit kreatürlichen Schwächen und Gebrechen.[5]

Die Ursprünge eines solch gesteigerten Verständnisses von Amtswürde liegen in der römischen Antike, als Männern in gehobenen Stellungen eine besondere »Dignität« zuerkannt wurde. Allerdings entschied der höhere soziale Rang nicht allein über die Würde etwa eines römischen Senators, sondern auch seine Fähigkeit zur Selbstbeherrschung und sein äußeres Erscheinungsbild, für dessen Würde etwa ein gepflegtes Auftreten kennzeichnend war.

Die Idee der allgemeinen Menschenwürde, wie sie mittlerweile fast weltweit Anerkennung findet, ob in unserem Grundgesetz, zahlreichen anderen Verfassungen oder in Dokumenten der Europäischen Union und der Vereinten Nationen, setzte sich erst bei den Kirchenvätern in den ersten Jahrhunderten n. Chr. und anschließend in der *philosophischen Theologie* des Mittelalters durch. Grundsätzlich besagt die Idee der allgemeinen Menschenwürde, dass der einzelne unabhängig von seinem sozialen Rang und losgelöst von seiner Stärke und seinen Schwächen einen ach-

4 Ebd., S. 384.

5 Ebd., S. 381ff., 404 ff.

tunggebietenden ideellen Wert besitzt. So verstanden ist die Menschenwürde gleichzeitig sowohl ein *deskriptiver* als auch *normativer Begriff*. Sie sagt – deskriptiv – etwas über den Menschen aus, der – normativ – sich auf eine bestimmte Weise zu sich und anderen verhalten soll. Demnach bezeichnet die Menschenwürde einerseits eine Eigenschaft, die dem Menschen bereits kraft seines Menschseins zukommt und die somit ein *Wesensmerkmal* darstellt. Andererseits erteilt die Würde auch einen *Gestaltungsauftrag*, dem zufolge sie abhängt vom Verhalten der Menschen und den gesellschaftlichen Verhältnissen, in denen diese leben. Dabei wird Würde einmal eher als individuelles Verdienst, ein anderes Mal eher als gesellschaftliche Leistung verstanden. In der abendländischen Geschichte wurden beide Bestimmungen fast immer miteinander verbunden. Man sagte, der Mensch solle sich der Würde, die er besitze, auch in seinem Denken und Handeln als würdig erweisen. Selbstverständlich variieren hierbei die Vorstellungen über menschenwürdiges Verhalten.

Alles in allem lassen sich bis heute drei Bilder der Menschenwürde unterscheiden: nämlich *religiös-christliche*, *vernunftphilosophische* und *säkular-ethische Positionen*.

Allgemein entstammt die Idee der Menschenwürde der abendländischen Kultur, wobei ihre europäische Herkunft nicht von vornherein als Einwand gegen ihren universellen Geltungsanspruch bewertet werden darf. War die Idee der Menschenwürde viele Jahrhunderte ausschließlich in Religion und Metaphysik beheimatet, wanderte sie im Laufe der Neuzeit nach und nach auch in die Rechtsphilosophie und Ethik. In nationalen Verfassungen und internationalen Erklärungen taucht sie erst im 20. Jahrhundert auf.[6]

6 Vgl. zur Kultur- und Politikgeschichte der Menschenwürde: Franz Josef Wetz, »Menschenwürde und Menschenrechte«, in: F. J. W. (Hrsg.), *Recht auf Rechte*, Stuttgart 2008, S. 52–86; Franz Josef Wetz, *Illusion Menschenwürde. Aufstieg und Fall eines Grundwerts*, Stuttgart 2005.

Spannungsfelder

In der Geschichte der Würde-Idee entwickelten sich eine Reihe von Spannungsfeldern, die bis in die jüngste Vergangenheit zu heftigen Kontroversen führten:

(1) Ist die Menschenwürde ein Privileg von Menschen mit gehobener Stellung und aristokratischer Herkunft, ein erwerbbarer Amtstitel und ererbbarer Adelstitel? Oder ist die Menschenwürde eine Auszeichnung, die allen Menschen unabhängig von ihrer sozialen Position aufgrund ihres bloßen Menschseins zukommt?

(2) Begründet die allgemeine Menschenwürde, entsprechend der jedermann Würde besitzt, auch eine Würde der Gattung, welche der Menschheit eine Sonderstellung in der Natur zuordnet und einen eigenen Wert darstellt, durch den sich der Mensch von allen übrigen Kreaturen unterscheidet, denen in der Regel die Würde aberkannt wurde?

(3) Kann erst die religiöse Vorstellung von der Geschöpflichkeit und Gottebenbildlichkeit des Menschen der Würde und dem damit verbundenen Achtungsanspruch ein tragfähiges Fundament geben? Oder genügt zur Begründung der allgemeinen Menschenwürde die Sichtweise der Aufklärung, der zufolge der Mensch ein aus der Natur herausragendes und mit Freiheit begabtes Vernunftwesen ist, was allein ihm schon eine achtunggebietende Würde verleiht?

(4) Ist die Idee der Menschenwürde mehr eine auf die individuelle Freiheit gegründete Kategorie des liberalen Denkens, die durch Erniedrigung und Unterdrückung verletzt wird? Oder ist die Idee der Menschenwürde mehr eine auf die gesellschaftlichen Verhältnisse gerichtete Kategorie des sozialen Denkens, die auf die Abschaffung von materiellen Notlagen und Ungerechtigkeiten zielt? Ist Menschenwürde also mehr ein liberaler oder sozialpolitischer Grundbegriff, ein Schlagwort zur Charakterisierung

der humanen Wertbesonderheit oder stärker mit einer klassenkämpferischen Parole vergleichbar?
(5) Genügt die Objektformel zur Kennzeichnung von Würdeverstößen? Gemäß der Objektformel verletzt derjenige die Menschenwürde, der den einzelnen nur als Objekt oder Ding gebraucht respektive als bloßes Mittel zum Zweck instrumentalisiert. Oder muss die Behandlung einer Person als Sache bzw. Werkzeug zusätzlich Ausdruck von Verachtung sein und mit ethisch verwerflicher Zielsetzung durchgeführt werden, um als Verstoß gegen die Menschenwürde eingestuft werden zu können?
(6) Ist die Menschenwürde ein absoluter, unabwägbarer Wertbegriff, oder erfordert ihre Anwendung auf strittige Fragen wertend-bilanzierende und damit relativierende Konkretisierungen und Abwägungen?
(7) Hat der menschliche Embryo von Beginn seiner Existenz an volle Würde, oder besitzt er sie nur in schwach ausgeprägter Form, vielleicht auch gar nicht? Ist also Menschenwürde ein abgestufter Wert, der sich in klar aufsteigender Linie mit der Entwicklung von der befruchteten Eizelle zum Fötus hin zu seiner Geburt schrittweise herausbildet?
(8) Gibt es überhaupt die Würde als vorgegebenes Wesensmerkmal des Menschen, oder konstituiert sie sich erst im achtungsvollen Umgang des einzelnen mit sich, der Menschen miteinander und des Staates mit seinen Bürgern?
(9) Sollte man die Idee der Menschenwürde vielleicht lieber ganz aufgeben, weil sie einer Leerformel gleicht, auf die sich in Wertedebatten aus genau diesem Grund alle Seiten berufen können, um mit Hilfe dieses Begriffs der jeweils eigenen, nicht verallgemeinerungsfähigen Weltanschauung zu allgemeiner Anerkennung zu verhelfen, aber auf diese Weise oft nur den Schein einer stichhaltigen Begründung liefern?

Diese Fragen bildeten und bilden den Zündstoff in den teilweise heftig geführten Auseinandersetzungen, in denen immer wieder Probleme der richtigen Auslegung – Bedeutung, Begründung und Universalität – diskutiert oder grundsätzliche Zweifel am Bestehen der Menschenwürde laut werden. Die Würde selbst scheint nicht nur praktisch, sondern gerade in der Gegenwart auch theoretisch zutiefst gefährdet zu sein.

Es sind insbesondere die Ergebnisse der modernen Naturwissenschaften, die erhebliche Zweifel an der Wesenswürde des Menschen hervorrufen. So erschüttert etwa die neuzeitliche Kosmologie den Stolz der Menschen, eine besondere Würde innezuhaben, indem sie die Erde und die darauf lebenden Menschen nicht einmal wie flüchtige Pünktchen erscheinen lässt. Ähnliches bewirkt die biologische Evolutionslehre, durch die die Menschheit als Zufallsergebnis einer langen, ungerichteten Entwicklung in das Naturgeschehen hineingezogen wird. Dazu passen die moderne Genetik und die seit einigen Jahren in den Mittelpunkt philosophischen Interesses gerückten Neurowissenschaften, nach denen unser Verhalten und Geistesleben stärker als bisher angenommen angeblich von unverfügbaren Erbanlagen und unbewussten Hirnprozessen abhängt. Die Diskussion über die Frage, ob es eine Wesenswürde gibt oder nicht, ist in vollem Gange, und natürlich wird sie auch hier in diesem Band nicht entschieden.

Selbstachtung

Wie auch immer der Streit über die Frage, ob es Menschenwürde überhaupt gibt, ausgehen mag: Vollständig werden wir die Idee der Menschenwürde nicht aufgeben wollen.[7]

7 Denn ohne Würde hat der Mensch weder Wert noch Bedeutung, wie Karl Kraus betont: »Würde ist die konditionale Form von dem, was einer ist.« (K. Kraus, *Sprüche und Widersprüche*, Frankfurt a. M. 1980, S. 167.)

Das Übermaß an Leid und Ungerechtigkeit in der Welt lässt einen Verzicht auf die Idee menschlicher Würde sogar als verantwortungslos erscheinen und ruft nicht nur zu deren Achtung in der alltäglichen Praxis auf, sondern auch zu deren Bewahrung in der philosophischen Theorie. Als Anspruch meldet sich die Idee überall dort lautstark zu Wort, wo sie verletzt wird. Jedenfalls behält der Ausdruck Würde so lange eine Bedeutung, wie wir uns noch etwas unter menschlicher Erniedrigung und Demütigung vorstellen können. Der Gegenbegriff zu Erniedrigung und Demütigung lautet Selbstachtung, die heute immer öfter mit der Menschenwürde gleichgesetzt wird.[8]

Bildhaft formuliert, bezeichnet Achtung eine Haltung, die sich vor etwas verbeugt, das einen Wert besitzt. Bei der Selbstachtung verneigen wir uns also im Geiste vor uns selbst. Wir betrachten uns als »Jemand«, der nicht als bloßes »Etwas« oder »Niemand« betrachtet oder behandelt werden möchte. Als »Jemand« zu existieren bedeutet, sich selbst ernst zu nehmen und von anderen ernst genommen werden zu wollen. Nichts anderes bedeutet Selbstachtung: Sie ist ein Selbstverhältnis, in dem wir so zu uns Stellung nehmen, dass wir unserem Leben einen Wert zuerkennen, und zwar unabhängig von der Frage, ob es einen Wert an sich oder nur einen Wert für uns hat, d.h.: ob es Wesenswürde gibt oder nicht. Entsprechend bedeutet der Begriff, sich selbst zu achten, sein Dasein als achtunggebietend zu bewerten und für sich als wertvoll zu bejahen. Das wiederum heißt so viel wie sein Leben der Mühe für wert zu halten, die es einem selbst und anderen bereitet.

8 Vgl. etwa John Rawls, *Eine Theorie der Gerechtigkeit*, Frankfurt a.M. 1979, S. 479; Avishai Margalit, *Politik der Würde*, Berlin 2002, S. 58; Peter Schaber, »Der Anspruch auf Selbstachtung«, in: W. Härle / B. Vogel (Hrsg.), *Begründung von Menschenwürde und Menschenrechten*, Freiburg i.Br. 2008, S. 188–201; Henning Hahn, *Moralische Selbstachtung*, Berlin 2008; Ders. (Hrsg.), *Selbstachtung oder Anerkennung?*, Weimar 2005; Peter Strasser, *Über Selbstachtung*, München 2008.

Allerdings drängt sich die Frage auf, warum sich Menschen überhaupt dieses Aufwands für wert halten möchten. Diese Frage klingt nur auf den ersten Blick befremdlich, weil wir unser alltägliches Leben für gewöhnlich ohne tieferes Nachdenken des Aufwands für wert halten, den es für uns und andere darstellt. Normalerweise hängt der Mensch von Natur aus am Leben und richtet geradezu automatisch seine Kräfte auf die eigene Erhaltung. Dabei bejaht jeder einzelne sein Dasein anscheinend für sich selbst als wertvoll: Er hält es der Mühe für wert. In Abwandlung eines Ausspruchs von Georg Simmel kann man daher sagen: Menschliches Leben ist als Drang nach mehr Leben mehr als Leben, nämlich zugleich ein Wert für dieses Leben selbst. Denn bei bewusstem Leben ist der Überlebenswille schon Ausdruck einer Wertschätzung. Dennoch ist das einfache Überlebensinteresse in der Regel robuster als die vergleichsweise brüchige Selbstachtung. Diese Zerbrechlichkeit entsteht mit dem Bewusstsein eigener Unvollkommenheit und Unzulänglichkeit, welche die dem Selbsterhaltungsinteresse des bewussten Lebens entsprungene Selbstachtung stets gefährdet.

Erleichtert wird der vom Überlebensinteresse angetriebene Kampf um Selbstachtung durch soziale Wertschätzung. Hierbei kommt der Anerkennung des Menschen als Person mit gleichen Rechten eine herausragende Rolle zu. Zahlreiche Sozialphilosophen der Gegenwart sehen in liberalen Freiheitsrechten (wie der Möglichkeit, sein Leben nach eigenen Vorstellungen führen zu dürfen), politischen Teilhaberechten (wie Wahlrecht und Recht zu Bildung von Parteien) und sozialen Wohlfahrtsrechten (wie materielle Sicherung und medizinische Versorgung) wichtige Voraussetzungen für menschliche Selbstachtung, deren Vorenthaltung als demütigend empfunden werden kann. Allerdings erfordert die Möglichkeit zur Selbstachtung häufig mehr als nur die Bereitstellung rechtlicher, politischer, ökonomischer und kultureller Rahmenbedingungen, unter denen sie sich realisieren lässt. Der Selbstachtung förderliche Wertschätzungen ereignen sich oftmals auch im toten Winkel institutioneller Anerkennungen etwa durch Liebe, Freundschaft, Lob und Bewunderung.

Allerdings gibt es auch Menschen, die ihre hohe Meinung von sich auch in der äußersten Erniedrigung nicht verlieren, weil sie sich z.B. grundsätzlich von Gott angenommen wissen, auch im Zustand völliger Entrechtung noch für ein Rechtssubjekt mit universellen Menschenrechten halten oder aber über ein ausgeprägtes Überlebensinteresse verfügen.

Nun beantwortet dieser deskriptive Befund der Selbstachtung noch nicht die normative Frage, ob überhaupt Selbstachtung sein *soll*. Diese Frage kann nur gesprächsweise geklärt werden, was eine Möglichkeit zu argumentativer Auseinandersetzung und ungezwungenem Meinungsaustausch voraussetzt. Denn erst sie ermöglichen ein offenes Gespräch über die Frage, woran wir uns orientieren wollen und ob Selbstachtung dazugehört. Solch offenes Gespräch bleibt an elementare Bedingungen gebunden, bedenkt man etwa, dass mangelnde Bildung, Hunger, Geheimpolizei und fehlende Achtung voreinander die für jeden offenen Meinungsaustausch notwendige Freiheit, Muße, Aufgeklärtheit, Unerschrockenheit und Unvoreingenommenheit verhindern, die – nota bene – bereits Selbstachtung implizieren. Demnach setzt das offene Gespräch über die Frage, ob die Möglichkeit zur Selbstachtung so im Interesse der Menschen liegt, dass dieses Interesse in einen normativen Anspruch und damit ethischen Wert verwandelt werden sollte, schon Selbstachtung voraus.

Eines ist die Frage, ob Selbstachtung sein soll, ein anderes die auf den ersten Blick merkwürdig klingende Frage, ob Selbstachtung auch sein *darf*. Man führt dann ein Leben, in dem man sich selbst achtet, wenn dieses Leben im eigenen Urteil Zustimmung erfährt. Allerdings ist ein solches Leben noch nicht moralisch qualifiziert. Es könnte das Leben eines Schwerverbrechers sein oder auf der Wertschätzung von Schmeichlern, Heuchlern und Lügnern, auch auf der Unterdrückung von Schwächeren beruhen. Deshalb taugt Selbstachtung im Sinne eines ethischen Zielpunkts nicht zugleich als Kriterium zur ethischen Prüfung der sozialen Bedingungen ihrer Möglichkeit. Hierzu eignet sich vielmehr der Standpunkt eines unparteiischen, aufgeklärten, urteilsfähigen Beobachters mit gutem Willen. Entsprechend sind die existenziellen Hilfen zur Selbstachtung erst dann ethisch gerechtfertigt, wenn wir einen Grund haben zu glauben, dass sie in den Augen eines wohlinformierten, zurechnungsfähigen Schiedsrichters mit gutem Willen als billigens- und lobenswert erscheinen. Ein unparteiischer, rationaler Beobachter guten Willens wird Schmeicheln, Kriechen, Arroganz und Unterdrückung als Beweggründe zur Selbstachtung sicherlich verwerfen. Solche Verhaltensweisen sind aus dieser Sicht eher Gründe zur Scham als zur Selbstachtung, der hierdurch ihre ethische Grundlage entzogen wird. Das bedeutet: Die Frage nach der Legitimität der Selbstachtung ist die Frage nach der Legitimität der Bedingungen, aus denen sie gewonnen wird. Infolgedessen muss streng unterschieden werden zwischen Selbstachtung als normativem Orientierungspunkt und der Legitimität der Selbstachtung, die normative Werturteile über sie ermöglichende soziale Bedingungen voraussetzt.

Offenkundig ist die Menschenwürde als moralisch qualifizierte Selbstachtung eine Schwundstufe der Menschenwürde als Wesensmerkmal, das üblicherweise auf die menschliche Gottebenbildlichkeit, Vernunftfähigkeit und Freiheit gegründet wird. Diese bis heute von vielen als tragfähige Fundamente der Menschenwürde anerkannten Wesensbegriffe sind mittlerweile überaus umstritten. Deshalb liegt etwas Beruhigendes in der Vorstellung, dass eine Preisgabe der Menschenwürde als eines Wesensbegriffs nicht notwendigerweise das Ende der Würdeidee überhaupt bedeutet, wie manche befürchten. Denn Menschenwürde im Sinne moralisch qualifizierter Selbstachtung lässt sich als Zielpunkt persönlicher, politischer und rechtlicher Lebensgestaltung auch unabhängig von der Frage, ob es die Würde als Wesensmerkmal überhaupt gibt, in einer weltanschaulich pluralistischen und naturwissenschaftlich geprägten Kultur sowohl widerspruchsfrei denken als auch ethisch rechtfertigen.[9] Nach Herauslösung des Würdebegriffs aus der strittigen Wesensphilosophie, der zufolge menschliches Leben einen *Wert an sich* darstellt, bleibt das existenzielle Fundament der Wesenswürde, nämlich die Bejahung des menschlichen Lebens als eines *Wertes für sich* – und das heißt: die ethisch qualifizierbare Selbstachtung –, übrig.

Die vorliegende Textsammlung gibt einen breiten Überblick über die religiöse, philosophische, politische und rechtliche Entwicklung der Würdeidee von der Antike bis in die unmittelbare Gegenwart. Dabei geben die zahlreichen Quellen einen Einblick in die Grundlagen des höchsten Wertes unseres Gemeinwesens, Artikel 1 des Grundgesetzes: »Die Würde des Menschen ist unantastbar. Sie zu achten und zu schützen ist Verpflichtung aller staatlichen Gewalt«, und Artikel 1 der Europäischen Charta: »Die Würde des Menschen ist unantastbar. Sie ist zu achten und zu schützen.«

Die Herausgabe der Texte ist primär nach Epochen, teilweise aber auch nach Inhalten gegliedert. Den Beiträgen sind kurze Einleitungen vorangestellt.

9 Vgl. Franz Josef Wetz, »Illusion Menschenwürde. Aufstieg und Fall eines Grundwerts«; ders., »Achtung – Selbstachtung«, in: Petra Kolmer / Armin Wildfeuer (Hrsg.), *Neues Handbuch philosophischer Grundbegriffe*, Freiburg 2011.

Antike

Geistseele

Die Idee der Menschenwürde als Wesensbestimmung sucht man in den Zeugnissen der antiken Griechen vergebens. Sie hatten für diesen Komplex noch keinen Begriff. Jedoch bildeten sie bereits die Bestimmung, an der später hauptsächlich die Menschenwürde festgemacht wurde, nämlich die Geistseele.

Über alles Trennende hinweg unterscheiden Platon (427–347) und Aristoteles (384–322) zwischen Körper und Seele, die sie in drei Teile untergliedern: (1) triebhafte Begierdenseele oder vegetative Seele, in der Nahrungs- und Geschlechtstrieb ihren Sitz haben; (2) muthafte Seele oder Sinnenseele, der Ehrgeiz und Mut oder Sinnesempfindungen und Ortsbewegungen zugehören; (3) die Vernunft- und Geistseele. Nach Platon ist die Seele, im engeren Sinne die Vernunft- und Geistseele, der eigentliche Mensch, der Körper lediglich eine Art Schatten. Gleichfalls macht nach Aristoteles erst die vom Körper abtrennbare Geistseele den Menschen zum Menschen. Beide bezeichnen die Geistseele als göttlich, immateriell und unsterblich. Mit der ihr eigenen Vernunft soll sie über Sinnlichkeit und Körper herrschen.

Die Geistseele ist, so die Philosophen, im Kopf als oberstem Teil des Körpers lokalisiert, wodurch bereits ihr höherer Rang angezeigt werde. Überhaupt sind der aufrechte Gang als Ermöglichung des Himmelsanblicks zur Erkenntnis Gottes und der Götter wie auch die menschliche Hand, von Aristoteles »Werkzeug der Werkzeuge«* genannt, ebenfalls als Hinweise auf die Wertbesonderheit

* Aristoteles, *De anima II*, 8,431b.

des Menschen zu deuten. Später werden von Cicero, den Kirchenvätern, den Philosophen der Renaissance und anderen diese Körpermerkmale als äußere Anzeichen der inneren Würde des Menschen interpretiert.

Obwohl Aristoteles die Idee der Würde als unverlierbare Wesenseigenschaft nicht kennt, skizziert er dennoch in seiner Ethik im Kapitel über die Tugend der »Hochgesinntheit« ein Verhalten und eine Haltung, die später als würdevoll bezeichnet werden wird. In der heutigen Sprache formuliert ist der Großgesinnte eine »hohe Persönlichkeit mit großem Format«, das an seiner gelassenen Denkweise, herausragenden Leistungen, gehobenen Umgangsformen, ruhigem Auftreten und einem gepflegten Äußeren erkennbar ist.

PLATON

Alkibiades der Erste*

SOKRATES. Was also ist denn der Mensch?

ALKIBIADES. Das weiß ich nicht zu sagen.

SOKRATES. O ja, so viel weißt du doch jetzt schon, daß er das sich des Leibes Bedienende ist.

ALKIBIADES. Ja.

SOKRATES. Bedient sich wohl des Leibes etwas anderes als die Seele?

ALKIBIADES. Nein.

SOKRATES. Und zwar als seine Beherrscherin?

ALKIBIADES. Ja.

SOKRATES. Und nun glaube ich denn doch, daß in diesem Stücke niemand anders denken wird.

ALKIBIADES. In welchem?

SOKRATES. Daß von drei Dingen eines der Mensch sein müsse.

* Die Echtheit des Dialogs ist fraglich.

ALKIBIADES. Von welchen drei?

SOKRATES. Entweder die Seele oder der Leib oder beides zusammen, also dies aus ihnen vereinigte Ganze.

ALKIBIADES. Es kann nicht anders sein.

SOKRATES. Wir aber haben uns dahin geeinigt, daß das den Leib Beherrschende der Mensch sei.

ALKIBIADES. Das haben wir.

SOKRATES. Beherrscht nun etwa der Leib sich selbst?

ALKIBIADES. Keineswegs.

SOKRATES. Wir haben eben vielmehr gesagt, daß er von etwas anderem beherrscht wird.

ALKIBIADES. Ja.

SOKRATES. Er kann demnach nicht das sein, was wir suchen.

ALKIBIADES. So scheint es.

SOKRATES. Oder ist es etwa jenes vereinigte Ganze, welches den Körper beherrscht, und dieses eben wäre also der Mensch?

ALKIBIADES. Vielleicht.

SOKRATES. Nichts weniger als das; denn wenn einer von beiden Teilen nicht mitherrscht, so ist keine Möglichkeit, daß sie beide zusammen herrschen.

ALKIBIADES. Sehr richtig.

SOKRATES. Wenn nun aber sonach weder der Leib noch das Ganze von Seele und Leib der Mensch ist, so bleibt, denke ich, nur noch übrig, daß er entweder gar nichts ist oder sonst nichts anderes als die Seele allein.

ALKIBIADES. Ja freilich.

SOKRATES. Bedarf es also dessen, dir noch einleuchtender zu zeigen, daß die Seele allein der wahre Mensch ist?

ALKIBIADES. Nein, beim Zeus, sondern es scheint mir hinlänglich bewiesen zu sein.

Platon: Alkibiades der Erste. Übers. von Franz Susemihl. In: Platon: Sämtliche Werke. Heidelberg: Lambert Schneider, [o.J.]. (129b–130c)

PLATON

Timaios

Was die maßgeblichste Form der Seele in uns angeht, müssen wir darüber denken, dass der Gott sie einem jeden als Schutzgeist gegeben hat, nämlich als die Form, von der wir sagen, dass sie im obersten Teil unseres Körpers wohnt und uns zu dem im Himmel, was uns verwandt ist, von der Erde erhebt, da wir kein irdisches, sondern ein himmlisches Geschöpf sind, wie wir mit größtem Recht behaupten können. Denn dort, wo die erste Erschaffung der Seele sich vollzog, gab die Gottheit unserem Kopf und unserer Wurzel einen festen Ort und verlieh so dem ganzen Körper seine aufrechte Haltung. Dem, der sich nun den Begierden oder dem Ehrgeiz hingibt und darauf seine ganze Energie verwendet, dem müssen ausschließlich sterbliche Gedanken innewohnen und der wird notwendigerweise ganz und gar, soweit es ihm überhaupt möglich ist sterblich zu werden, es daran kein bisschen fehlen lassen, da er einen solchen (Seelenteil) gefördert hat; derjenige aber, der seine Energie auf die Freude am Lernen und darauf Wahres zu denken richtet und, indem er diesen von seinen Seelenteilen am meisten geübt hat, auf Unsterbliches und Göttliches sinnt, der muss, wenn er die Wahrheit berührt, unter allen Umständen, soweit es der menschlichen Natur überhaupt vergönnt ist, Anteil an der Unsterblichkeit zu erlangen, keinen Teil davon verfehlen und im besonderen Maße glücklich sein, da er beständig das Göttliche pflegt und selbst seinen in ihm wohnenden Schutzgeist in Ehren hält. Es gibt aber für einen jeden in jedem Bereich nur eine Form der Pflege, nämlich die, einem jeden die ihm angemessene Nahrung und die angemessenen Bewegungen zukommen zu lassen. Verwandte Bewegungen des Göttlichen in uns sind aber das Denken und die Umläufe des Alls. Diesen folgend muss ein jeder die bei der Geburt in unserem Kopf durcheinander gebrachten Umläufe dadurch in Ordnung bringen, dass er die Harmonien und Umläufe des Alls verstehen lernt, muss das Denken dem Gedachten gemäß der ursprünglichen Natur angleichen und, wenn er es angeglichen hat, die Erfüllung des besten Lebens, das den Menschen von den Göttern in Aussicht gestellt wurde, für die gegenwärtige und zukünftige Zeit erreichen.

Platon: Timaios. Griech./Dt. Übers., Anm. und Nachw. von Thomas Paulsen und Rudolf Rehn. Stuttgart: Reclam, 2003. (90a–d)

ARISTOTELES

Nikomachische Ethik

Unangemessene Selbsteinschätzung ist töricht, aber niemand, dem Trefflichkeit des Charakters eignet, ist töricht oder ohne Verstand. Damit ist der Hochsinnige charakterisiert. Ein Mann nämlich, dessen Würdigkeit gering ist und der sich auch so einschätzt, ist zwar bescheiden, aber nicht hohen Sinnes. Denn großes Format gehört zur Hochsinnigkeit, genauso wie Schönheit nur an einem hochgewachsenen Körper sichtbar wird – kleine Menschen können nett und in den Proportionen gleichmäßig sein, aber schön sind sie nicht.

Wer sich selbst hoher Dinge für wert hält, ohne es aber wirklich zu sein, ist dummstolz. – Nebenbei: nicht jeder, der sich höherer Dinge für wert hält als ihm zukommt, ist darum als dummstolz anzusprechen. – Wer sich geringerer Dinge für wert hält als in Wirklichkeit zutrifft, ist kleingesinnt [...].

Ehre und Unehre sind die besonderen Bereiche, in denen der Hochsinnige sein Wesen entfaltet, und zwar wird er sich, wenn die Ehrung bedeutend ist und von ernstzunehmenden Männern kommt, mit gelassener Haltung freuen, in dem Bewußtsein, nicht mehr zu empfangen, als was ihm zusteht [...]. Über eine Ehrung dagegen, die ihm von irgendwelchen Leuten und aus unbedeutendem Anlaß angetragen wird, sieht er einfach hinweg – denn dies ist es nicht, was er verdient –, desgleichen über eine Kränkung seiner Ehre, denn bei ihm könnte es sich nur um eine grundlose Beleidigung handeln.

Vor allem also bekundet sich – wie wir festgestellt haben – hoher Sinn im Bereiche der Ehre – aber nicht allein, denn auch dem Reichtum, der Macht und jeder Form von persönlichem Erfolg oder Mißerfolg, wie sie gerade kommen, wird der Hochsinnige mit gemessener Haltung zu begegnen wissen: Erfolg wird ihn nicht in maßlosen Jubel, Mißerfolg nicht in maßlose Trauer versetzen [...].

In Wahrheit aber kann allein dem trefflichen Charakter Ehre gezollt werden. Allerdings, wer beides (Trefflichkeit und Glücksgüter) vereinigt, gilt in noch höherem Grade der Ehre wert. Wer aber solche Güter besitzt, ohne ein trefflicher Charakter zu sein, hat kein Recht, sich hoher Dinge für wert zu halten, und der Begriff »hochsinnig« ist hier nicht eigentlich am Platze, wo doch vollendete Durchbildung des Charakters vorausgesetzt ist. Allerdings: ein hochmütiges und arrogantes Wesen zeigt sich auch bei solchen Leuten, die im Besitz der genannten Güter sind. Denn ohne Trefflichkeit des Charakters ist es nicht leicht, einen glücklichen Zustand mit schönem Takt zu tragen [...].

Gefahren schätzt der Hochsinnige nicht um jeden, selbst den kleinsten Preis. Er ist auch nicht versessen auf Gefahren, denn nur weniges hält stand, wenn er es abwägt. Im Gegenteil: nur dann, wenn Großes auf dem Spiele steht, will er das Wagnis, und wenn er dann sich einsetzt, gilt ihm das Leben wenig – er weiß, es ist kein unbedingter Wert, zu leben.

Es fällt ihm leicht, tätige Hilfe anderen zu leisten, doch für sich selbst sie anzunehmen ist ihm peinlich: das eine bedeutet überlegen sein, das andere Überlegenheit zu spüren bekommen. Und seine Erkenntlichkeit pflegt er mit reichlicherer Gegengabe zu bekunden [...] – der Empfänger ist ja dem Spender gegenüber unterlegen [...]. Auch dadurch ist der Hochsinnige charakterisiert, daß er überhaupt nie oder kaum je eine Bitte ausspricht, dagegen bereitwillig seine Hilfe anbietet.

Im Verkehr mit Hochgestellten und Wohlhabenden zeigt er seine volle Bedeutung, im Verkehr mit einfacheren Leuten ist er schlicht; denn Überlegenheit zu zeigen, ist im einen Falle schwer und gibt ein stolzes Gefühl, im anderen Fall dagegen ist es leicht. Und wenn dort selbstbewußtes Auftreten nicht unedel ist, so wäre es im Kreis von Niedriggestellten grobe Taktlosigkeit – nicht anders, als wollte man den Schwachen gegenüber den starken Mann spielen.

[...] Es kann auch gar nicht anders sein, als daß er in Freundschaft und Feindschaft offen ist, denn ein verdecktes Gebaren kennzeichnet den Ängstlichen, wie auch das Hintanstellen der Aufrichtigkeit zugunsten dessen, was die Leute meinen. Er redet und handelt ganz offen [...].

Er liebt es nicht, wenn Gespräche eine persönliche Wendung nehmen: er spricht nicht über sich und nicht über andere, denn es liegt ihm weder daran, für sich selbst ein Lob herauszuholen, noch auch daran, daß andere herabgesetzt werden. Allerdings ist er auch mit Lob nicht leicht zur Hand. Und aus demselben Grund redet er nicht gern abschätzig, nicht einmal von seinen Feinden, es sei denn zum Ausdruck der (Empörung und) Verachtung.

[...]

Und schließlich gehört zu den Merkmalen des Hochsinnigen auch noch folgendes: seine Bewegungen sind gemessen, seine Stimmlage ist tief und seine Sprechweise ausgeglichen [...]. Eine schrille Stimme dagegen und fahrige Bewegungen, die kommen davon.

Dies also sind die Wesensmerkmale des Hochsinnigen. Wer hinter dem richtigen Maße zurückbleibt, ist engsinnig, wer es überschreitet, ist dummstolz. [...] es hat ja auch der Geist von dem, was in uns ist, den obersten Rang, und obersten Rang unter den Erkenntnisobjekten haben die des Geistes [...].

Ein solches Leben aber wäre übermenschlich, denn man kann es in dieser Form nicht leben, sofern man Mensch ist, sondern sofern ein göttliches Element in uns wohnt. Und so groß der Unterschied zwischen diesem göttlichen Element und unserer zusammengesetzten Wesenheit ist, so weit ist auch das Wirken des göttlichen Elements von den übrigen Formen wertvoller Tätigkeit entfernt. Ist also, mit dem Menschen verglichen, der Geist etwas Göttliches, so ist auch ein Leben im Geistigen, verglichen mit dem menschlichen Leben, etwas Göttliches.

Aristoteles: Nikomachische Ethik. Übers. und Nachw. von Franz Dirlmeier. Anm. von Ernst A. Schmidt. Stuttgart: Reclam, 1969 [u.ö.]. S. 99–105 (Buch IV), 288–290 (Buch X).

Teil der Weltvernunft

Der römische Politiker und Philosoph Marcus Tullius Cicero (106–43 v.Chr.) hat das Menschenbild der griechischen Philosophie in das römische Denken eingeführt. Dabei übernimmt er die wichtigsten Bestimmungen des Menschen von Platon, Aristoteles und den Stoikern.

Die Stoa ist die einflussreichste philosophische Schule der Spätantike, begründet um 300 v.Chr. in Athen. Die jüngere Stoa hatte ihren Sitz in Rom. Deren Hauptvertreter waren Seneca, Epiktet und Marc Aurel. Nach stoischer Auffassung wird der Kosmos von einer Weltvernunft geordnet und beherrscht, an der die menschliche Vernunft teilhabe. Ideal der stoischen Ethik ist ein vernunftgemäßes Leben, das sich durch leidenschaftsfreie Seelenruhe auszeichnet.

Cicero hat die herausragenden Merkmale des Menschen, wie sie Platon, Aristoteles und die Stoiker herausgearbeitet haben, erstmals in der abendländischen Kultur mit dem Begriff der Würde (*dignitas*) in Verbindung gebracht. Darüber hinaus ist Cicero der allererste, der – wenn auch nur beiläufig – nachweislich von allgemeiner Menschenwürde als Wesensmerkmal spricht, die er auf die Teilhabe des Menschen an der stoischen Weltvernunft und damit auf die Vernunftfähigkeit und den Geist des Menschen zurückführt, die ihn über alle Tiere erheben. Wie die antiken Griechen bewertet Cicero den aufrechten Gang und die Hände als äußere Zeichen menschlicher Wertbesonderheit.

Allerdings steht im Mittelpunkt seiner Ausführungen die Menschenwürde weniger als Wesensbestimmung, sondern als Gestaltungsziel. Demnach ist Menschenwürde für Cicero weniger eine metaphysische Vorgabe als vielmehr eine konkrete Aufgabe. Er definiert sie hauptsächlich über innere Selbstbeherrschung, äußere Selbstdarstellung und gesellschaftliche Stellung. Menschenwürde kommt, so Cicero, durch Mäßigung und Geringschätzung der Leidenschaften, Seelenruhe, Herrschaft der Vernunft wie auch durch einen gepflegten Körper sowie ein kontrolliertes Auftreten in der Öffentlichkeit und damit zusammenhängend durch eine gehobene soziale Position zustande.

MARCUS TULLIUS CICERO

Vom pflichtgemäßen Handeln

Zunächst ist jeder Art von Lebewesen von der Natur gegeben, daß sie sich, ihr Leben und ihren Körper schützt, dem ausweicht, was schadenbringend scheint, und alles, was zum Leben notwendig ist, sucht und beschafft, wie Nahrung, Verstecke und anderes dergleichen mehr. Gemeinsamer Trieb aber aller Lebewesen ist das Streben nach Vereinigung zum Zwecke der Zeugung und eine gewisse Sorge für diejenigen, die gezeugt worden sind. Aber zwischen Mensch und Tier besteht besonders der Unterschied, daß dieses nur, insoweit es von einer sinnlichen Wahrnehmung angesprochen wird, allein auf das, was vorliegt und gegenwärtig ist, sich einrichtet, indem es Vergangenheit und Zukunft nur ganz wenig wahrnimmt. Anders der Mensch: weil er der Vernunft teilhaftig ist, durch die er die Folgen absieht, sieht er die Ursachen ein, und ihre Entwicklungsstufen und gleichsam vorausgehenden Gründe sind ihm wohlbekannt, er vergleicht ähnliche Erscheinungen und verbindet und verknüpft mit dem Gegenwärtigen das Zukünftige, sieht leicht den Verlauf des ganzen Lebens ein, und zu seiner Bemeisterung beschafft er die nötigen Voraussetzungen. Diese Natur bringt auch kraft der Vernunft den Menschen dem Mitmenschen nahe zur Gemeinschaft der Rede und der Lebensgestaltung, sie pflanzt ihm vor allem eine ganz außerordentliche Liebe zu denjenigen ein, die er gezeugt hat, und veranlaßt, daß er Zusammensein und Zusammenkünfte der Menschen stattfinden lassen und daran teilnehmen will und daß er aus diesen Gründen danach strebt, das zu beschaffen, was zur Verschönerung und Bemeisterung des Lebens beiträgt, nicht für sich allein, sondern für die Gattin, die Kinder und die übrigen, die er liebhat und beschützen muß. Das Sorgen dafür ruft auch den Geist wach und läßt ihn wachsen zur Tat. Und besonders ist dem Menschen das Aufsuchen und Aufspüren der Wahrheit eigen. Deshalb sehnen wir uns, wenn wir von den notwendigen Geschäften und Sorgen frei sind, etwas zu sehen, zu hören, hinzuzulernen, und die Erkenntnis verborgener und bewunderungswürdiger Gegenstände halten wir für notwendig zum glücklichen Leben. [...]

Freizuhalten aber hat man sich von jeder Leidenschaft, sowohl von Begierde und Furcht als auch von Bekümmernis und Vergnügen [und Jähzorn], damit Ruhe und Heiterkeit nahe seien, die innere Festigkeit und besonders Ehrgefühl erbringt.

[...] Aber es gehört zu jeder Untersuchung des pflichtgemäßen Handelns, immer vor Augen zu haben, wie sehr die Natur des Menschen das Vieh und die übrigen Tiere übertrifft; jene empfinden nichts als Vergnügen, und auf dieses stürzen sie sich mit aller Kraft, der Geist des Menschen aber wächst durchs Lernen und Denken, er erforscht immer irgend etwas, handelt oder läßt sich durch die Freude am Sehen und Hören leiten. Ja sogar, wenn einer etwas mehr neigt zum Vergnügen, wenn er nur nicht nach der Art der Tiere ist – denn es sind manche nicht in Wahrheit Menschen, sondern nur dem Namen nach –, wenn er vielmehr auf einer etwas höhreren Stufe steht, mag er sich hinreißen lassen von Vergnügungen, dann versteckt und verbirgt er seine Sucht nach Vergnügen aus Anstand. Daraus ersieht man, daß körperliches Vergnügen der erhabenen Stellung des Menschen nicht genug würdig ist und verschmäht und zurückgewiesen werden muß; wenn es aber einen gibt, der dem Vergnügen einigen Wert beilegt, so muß der sorgsam ein Maß des Genießens einhalten. Es sollen also Unterhalt und Pflege des Körpers auf Gesundheit und Kraft, nicht auf das Vergnügen bezogen werden; ferner: wenn wir bedenken wollen, eine wie überlegene Stellung und Würde in ⟨unserem⟩ Wesen liegt, dann werden wir einsehen, wie schändlich es ist, in Genußsucht sich treiben zu lassen und verzärtelt und weichlich, und wie ehrenhaft andererseits, sparsam, enthaltsam, streng und nüchtern zu leben.

Auch muß man einsehen, daß wir von der Natur gleichsam mit zwei Rollen ausgestattet sind: die eine davon ist eine gemeinsame daher, weil wir alle teilhaftig sind der Vernunft und des Vorzugs, durch den wir uns auszeichnen vor den Tieren, von der alles Ehrenhafte und Schickliche hergeleitet und von der aus der Weg zur Auffindung des pflichtgemäßen Handelns gesucht wird; die andere aber eine, die in besonderem Sinne den einzelnen zugeteilt ist. Wie es nämlich bei den Körpern sehr große Unterschiede gibt – die einen, so sehen wir, sind durch Schnelligkeit im Laufen, die anderen durch ihre Kraft zum Ringen gut, und ebenso haben andere in ihrer Erscheinung Würde, wieder andere Schönheit –, so zeichnen sich im Geist noch größere Verschiedenheiten ab. [...]

Da es aber zwei Arten der Schönheit gibt, deren einer die Lieblichkeit, der anderen die Würde zugehört, so müssen wir die Lieblichkeit der Frau, die Würde dem Manne für zukommend erachten. Es soll also von der äußeren Erscheinung jede eines Mannes unwürdige Aufmachung ferngehalten werden, und man nehme sich vor einem dementsprechenden Fehlverhalten in Gebärde und Bewegung in acht. Denn einstudierte Bewegungen sind oft recht geckenhaft und einige Gebärden der Schauspieler nicht frei von Affektiertheit. In beiden Fällen findet, was einfach und natürlich ist, Anerkennung. Die Würde der äußeren Erscheinung nämlich muß durch das Gesunde der Farbe* gewahrt werden, die Farbe aber durch körperliche Abhärtung. Man sollte ferner auf Gepflegtheit Wert legen, freilich auf eine nicht gecken- und allzu stutzerhafte, vielmehr auf eine, die rüpelhaftes und von schlechter Erziehung zeugendes Sichgehenlassen meidet. Ebenso sollte man seine Aufmerksamkeit richten auf Kleidung, bei der – wie in den meisten Äußerlichkeiten – die rechte Mitte das Beste ist. Andererseits müssen wir uns hüten, entweder beim Gehen in allzu lässiger Langsamkeit uns zu bewegen, so daß wir Traggestellen bei Aufzügen zu ähneln scheinen, oder bei Zeitgedränge auf übertriebenes Hasten uns einzulassen. Geschieht das, so tritt Atemlosigkeit ein, der Ausdruck des Gesichts wechselt, seine Züge verzerren sich. Daraus ergibt sich als untrügliches Zeichen, daß in-

* Weiße Haut galt als Schönheitsideal.

nere Stetigkeit fehlt. Aber noch viel mehr ist darauf Mühe zu verwenden, daß die Seelenbewegungen nicht in Widerspruch zur Natur treten. Das werden wir erreichen, wenn wir unsere Aufmerksamkeit auf die Wahrung des Schicklichen richten, wenn wir uns davor hüten, uns in seelische Erschütterungen und Entmutigungen zu verlieren und wenn wir unsere Aufmerksamkeit auf die Wahrung des Schicklichen richten. Die Bewegungen der Seele aber sind zwiefach: die einen sind die des Denkens, die anderen die des Begehrens. Das Denkvermögen ist besonders im Ermitteln der Wahrheit tätig, das Begehren drängt aufs Handeln. Es ist also dafür zu sorgen, daß wir unser Denken auf möglichst gute Gegenstände richten, das Begehren als der Vernunft fügsam erweisen.

Marcus Tullius Cicero: De officiis / Vom pflichtgemäßen Handeln. Lat./Dt. Übers., komm. und hrsg. von Heinz Günermann. Stuttgart: Reclam, 1976 [u.ö.]. S. 13–113.

MARCUS TULLIUS CICERO

Über das Wesen der Götter

Zusätzlich zu dieser so umsichtigen und erfindungsreichen Fürsorge der Natur könnte man noch viele Punkte anführen, die erkennen ließen, welch bedeutende und welch außerordentliche Geschenke den Menschen von den Göttern zuteil wurden. Sie haben zunächst einmal die Menschen vom Erdboden aufgerichtet und sie aufrecht und gerade stehen lassen, damit sie beim Blick auf den Himmel zur Erkenntnis der Götter gelangen könnten. Es sind nämlich die Menschen nicht nur als Insassen und Bewohner der Erde anzusehen, sondern sie sind von der Erde aus die Betrachter überirdischer und himmlischer Erscheinungen, eines Schauspiels, das für eine andere Gattung von Lebewesen von Bedeutung ist [...].

Doch was für geschickte Dienerinnen sind bei einer Vielzahl von Künsten auch die Hände, welche die Natur dem Menschen geschenkt hat! Denn die Finger lassen sich leicht beugen und leicht strecken, und wegen der geschmeidigen Verbindungen und der Gelenke bereitet keine Bewegung Mühe. Daher ist dank der Fingerfertigkeit die Hand zum Malen, Modellieren und Schnitzen geeignet und kann den Saiten und der Flöte Töne entlocken. All dies dient nur dem Vergnügen, das folgende aber notwendigen Bedürfnissen, ich meine das Bestellen der Felder, den Bau von Häusern, das Weben oder Nähen der Kleidung für den Körper und die gesamte Verarbeitung von Erz und Eisen.

Marcus Tullius Cicero: De natura deorum / Über das Wesen der Götter. Lat./Dt. Übers. und hrsg. von Ursula Blank-Sangmeister. Nachw. von Klaus Thraede. Stuttgart: Reclam, 1995. S. 251–259.

Herrlichkeit des Menschen

Der Ausdruck Menschenwürde ist in der Bibel wie in den Schriften der griechischen Antike als solcher nicht belegt. Ähnlich wie dort werden aber im Alten und Neuen Testament eine Reihe von Bestimmungen des Menschen aufgezählt, auf die anschließend die Kirchenväter den Begriff der Menschenwürde beziehen werden. Allen voran ist die menschliche Gottebenbildlichkeit zu nennen, außerdem die herausgehobene Stellung des Menschen unter allen sonstigen Lebewesen sowie der göttliche Auftrag an den Menschen, über die Kreaturen der Erde zu herrschen. Im Neuen Testament kommt die Menschwerdung Gottes hinzu, durch die der Mensch vor allen übrigen Kreaturen geadelt und von der Sünde, die ihn um seine Unsterblichkeit und Herrlichkeit gebracht habe, befreit werde.

GENESIS 1,26–28

Und Gott sprach: Lasset uns Menschen machen, ein Bild, das uns gleich sei, die da herrschen über die Fische im Meer und über die Vögel unter dem Himmel und über das Vieh und über die ganze Erde und über alles Gewürm, das auf Erden kriecht. Und Gott schuf den Menschen ihm zum Bilde, zum Bilde Gottes schuf er ihn; und schuf sie einen Mann und ein Weib. Und Gott segnete sie und sprach zu ihnen: Seid fruchtbar und mehret euch und füllet die Erde und machet sie euch untertan [...].

PSALM 8,6–7

Du hast ihn wenig niedriger gemacht denn Gott, und mit Ehre und Schmuck hast du ihn gekrönt.

RÖMER 3,23–24

Denn es ist hier kein Unterschied: sie sind allzumal Sünder und mangeln des Ruhmes, den sie bei Gott haben sollten, und werden ohne Verdienst gerecht aus seiner Gnade durch die Erlösung, so durch Christum Jesum geschehen ist [...].

Die Bibel oder die ganze Heilige Schrift des Alten und Neuen Testaments nach der deutschen Übersetzung D. Martin Luthers. Nach dem 1912 vom Deutschen Evangelischen Kirchenausssschuß genehmigten Text. Stuttgart: Privilegierte Württembergische Bibelanstalt, [o.J.].

Mensch als Himmelsgewächs

Der jüdisch-griechische Philosoph Philon von Alexandrien (25 v. Chr. – 50 n. Chr.) verband die Lehrsätze der jüdischen Religion mit der griechischen Philosophie. Seiner Auffassung nach stehen die Wahrheiten der platonischen und stoischen Philosophie bereits in den ersten fünf Büchern des Alten Testaments, im sogenannten Pentateuch, den fünf Büchern Mose. In diesem Zusammenhang hebt Philon – wie zuvor schon Platon, Aristoteles und Cicero – den aufrechten Gang als körperliches Anzeichen der Wertbesonderheit des Menschen hervor und ordnet den Begriff Würde – im Gegensatz zu den körperlichen Dingen – den seelischen Bereichen des Menschen zu. Zentrale Bedeutung wird dem Begriff jedoch noch nicht beigemessen.

PHILON

Allegorien der Gesetze

Der Schlechte hält die Dinge des Körpers für ehrwürdiger, der Kultivierte aber die der Seele, die auch in Wahrheit zwar nicht dem Alter nach, aber nach ihrer Macht und Würde ehrwürdiger sind, so wie es der Herrscher in der Stadt ist.

[Philon, *Legum Allegoriae* 3,191, übers. von Viktor Pöschl, in:] Viktor Pöschl: Der Begriff der Würde im antiken Rom und später. Heidelberg: Winter, 1989. S. 45. –

PHILON

Über die Pflanzung

Die Pflanzen schuf Gott mit dem Kopf nach unten, indem er ihr Haupt in den tiefsten Teilen der Erde befestigte; den vernunftlosen Tieren hat er das Haupt von der Erde emporgehoben und vorn an dem länglichen Hals angefügt, indem er am Hals zur Grundlage die Vorderfüße gab. Und besondere Gestaltung wurde dem Menschen zuteil. Während der Schöpfer den Blick der anderen Wesen nach unten lenkte und bannte, so dass sie die Erde betrachten, hat er dagegen den des Menschen emporgerichtet, damit er den Himmel anschaue, da er kein Erdengeschöpf, sondern, wie das alte Wort lautet, ein Himmelsgewächs ist.

[Philon, *De plantatione* 4,16f. (PhAO 1371, 1–8), übers. von Isaak Heinemann, PHAW 4,156, in:] Ulrich Volp: Die Würde des Menschen. Leiden/Boston: Brill, 2006. S. 80. –

Frühes Christentum

Ebenbild Gottes

Die bei Cicero erstmals belegte Idee einer allen Menschen zugehörigen Wesenswürde kommt im frühen Christentum bei den Kirchenvätern zu größerer Entfaltung. Aber so häufig der Begriff Menschenwürde hier gebraucht wird, so gibt es noch keine Abhandlungen und Bücher, die den Begriff Menschenwürde im Titel tragen und sich damit ausschließlich befassen.

Die griechischen und lateinischen Kirchenväter verquicken griechisch-römische Bestimmungen des Menschen mit jüdisch-christlichen Vorstellungen und nehmen diese verschiedenen Merkmale als Grundlage zur Bildung des Begriffs der Menschenwürde. Dabei konzipieren sie die Ordnung der Geschöpfe gleichermaßen als Stufen- und Rangordnung, in der die Tiere höher als die Pflanzen und die Menschen höher als die Tiere stehen.

Zahlreiche frühchristliche Gelehrte wie die lateinischen Kirchenväter Minucius Felix (frühes 3. Jh.) und Hilarius von Poitiers (315–367) oder der griechische Kirchenvater Gregor von Nyssa (330–395) verurteilen die Definitionen der Würde über das äußere Erscheinungsbild einer Person, deren gehobene Stellung oder ihre adelige Geburt. Die wahre Würde sei weder ein erwerbbarer Ruhmestitel noch ein ererbbarer Adelstitel. Äußerst kritisch beurteilen sie die Idee der Amtswürde. Die wahre Würde sei ein kreatürliches Adelszeichen, das der einzelne nur von Gott, nicht aber aus sich heraus oder von anderen Menschen empfange.

Seien es die lateinischen Kirchenväter Origenes (185–254), Laktanz (250–325), Aurelius Augustinus (354–430),

Ambrosius von Mailand (339–397) oder Papst Leo der Große (400–461) oder die griechischen Kirchenväter Theophilos von Antiochien (um 183 gest.), Gregor von Nyssa, Johannes Chrysostomos (354–407) oder Nemesios von Emesa (um 400 gest.) – sie alle gehen von einer dem Menschen wesenseigenen Würde aus, die sie auf seine Gottebenbildlichkeit, dann auf seine Personalität mit freiem Willen und unsterblicher Seele, ferner auf seine herausragende Stellung im Reich der Natur sowie schließlich auf die Menschwerdung Gottes in Jesus Christus gründen.

Auf diese Tatsache weist besonders Papst Leo der Große hin, auf den das Opfergebet in der Heiligen Messe zurückgehen soll, wie es bis zum Zweiten Vatikanischen Konzil gesprochen wurde.

Interessanterweise betonen der lateinische Kirchenvater Tertullian (150–230) und der griechische Kirchenvater Basilios von Caesarea (329–379) auch die Würde des menschlichen Körpers als göttlichen Geschöpfs und angemessenen Behälters der Seele. Jedoch geht es den meisten Kirchenvätern mehr um die Feststellung, dass die Seele alles Körperliche an Würde überragt. Zugespitzt weist Augustinus darauf hin, dass selbst eine niedrige, sündige Seele noch wertvoller sei als der höchste irdische Körper.

Die lateinischen Kirchenväter Cyprian (200–258) und Ambrosius von Mailand vertreten sogar die Ansicht, dass gerade duldsame Märtyrer, die, ihrer Amtswürde beraubt, ins Gefängnis geworfen und für Christus geschlagen werden, besondere Würde besitzen.

Außerdem sehen die Kirchenväter Minucius Felix, Laktanz und Basilios von Caesarea in bestimmten körperlichen Merkmalen wie dem aufrechten Gang ein unmissverständliches Indiz für die allgemeine Menschenwürde.

Sosehr der Mensch kraft seiner Gottebenbildlichkeit bereits Menschenwürde besitzt, so sehr soll er sich seiner Würde auch durch ein tugendhaftes und gottesfürchtiges Leben, das nicht weltlichen Gelüsten und sinnlichen Verlockungen verfällt, als würdig erweisen. Hieraus wird deutlich, dass die Kirchenväter unter Menschenwürde gleichermaßen ein Wesensmerkmal und einen Gestaltungsauftrag verstehen.

THEOPHILUS VON ANTIOCHIEN

Zweites Buch an Autolykus

Was aber die Erschaffung des Menschen betrifft, so übersteigt sie ihre Schilderung seitens der Menschen, wenngleich die Heilige Schrift eine kurze Erzählung derselben darbietet. Gott zeigt nämlich dadurch, dass er sagt: »Lasst uns den Menschen machen nach unserem Bild und Gleichnis« die Würde des Menschen. Denn nachdem Gott durch sein Wort alles erschaffen hatte, erachtete er alles für gering, nur die Schöpfung des Menschen aber hielt er für ein seiner Hände würdiges Werk.

Theophilus: Zweites Buch an Autolykus, 18. (Bibliothek der Kirchenväter Bd. 14.) München/Kempten: Kösel, 1913. S. 48.

ORIGENES

Vier Bücher von den Prinzipien

Und Gott sprach: Lasset uns den Menschen machen nach unserem Bild und unserer Ähnlichkeit. Und Mose fügt hinzu: Und Gott schuf den Menschen, nach dem Bilde Gottes schuf er ihn, als Mann und Weib schuf er sie, und segnete sie. Dass er hier sagt: Nach dem Bilde Gottes schuf er ihn, und von der Ähnlichkeit mit Gott schweigt, deutet auf nichts anderes hin, als dass der Mensch zwar die Würde des Bildes bei der ersten Schöpfung empfing, die Vollendung der Ähnlichkeit ihm aber für das Ende aufgespart ist. Er sollte sich selbst durch eigenen Eifer diese Ähnlichkeit zur Nachahmung Gottes erwerben; nachdem ihm zu Anfang die Fähigkeit zur Vervollkommnung kraft der Würde des Bildes gegeben war, sollte er schließlich am Ende selber durch eigenes Wirken die vollkommene Ähnlichkeit vollenden.

Origenes: Vier Bücher von den Prinzipien. (III,6,1.) Übers. von Herwig Görgemanns und Heinrich Karpp. Darmstadt: Wissenschaftliche Buchgesellschaft, 1958. S. 643f. –

MINUCIUS FELIX

Octavius

Unterscheiden wir uns doch von den wilden Tieren vor allem dadurch, dass jene, vornüber gebeugt und zum Boden geneigt, nur dazu geboren sind, ihr Futter zu suchen, während wir, denen ein gehobenes Antlitz, denen der Blick zum Himmel gegeben ist, Sprache und Verstand besitzen, mit denen wir Gott erkennen, erfassen und ihm nachstreben. Da wäre es nicht recht, ja überhaupt nicht möglich, die himmlische Klarheit, die sich unseren Augen und unseren Sinnen aufdrängt, nicht erkennen zu wollen. Es wäre geradezu ein schweres Verbrechen am Heiligsten, wollte man im Staube suchen, was man doch in der Höhe finden muss.

Um so mehr scheinen mir Leute, die glauben können, daß dieser ganze kunstreiche Weltenbau nicht nach göttlichem Plan vollendet, sondern aus irgendwelchen planlos aneinanderhängenden Brocken zusammengeballt sei, weder Sinn noch Verstand, ja nicht einmal Augen im Kopf zu haben. [...]

Vornehmlich aber bezeugt die Schönheit unserer eigenen Bildung deutlich Gott als den Künstler: die aufrechte

Haltung, das erhobene Antlitz; hoch oben haben die Augen wie auf einer Warte ihren Platz und mit ihnen alle übrigen Sinne, die wie auf hoher Feste vereinigt sind. Es würde zu weit führen, alles einzeln zu würdigen. Kein Glied des Menschen gibt es, das ihm nicht zum Nutzen und zur Zierde gereichte [...].

[...] Mit den Rutenbündeln prangst du im Purpur? Welch leerer Wahn des Menschen, welch sinnlose Verehrung des Ranges: im Purpur zu glänzen, im Herzen aber befleckt zu sein. Du bist von vornehmer Geburt? Du rühmst dich deiner Ahnen? Alle werden wir doch zu gleichem Schicksal geboren, die Tugend allein unterscheidet uns.

Wir Christen sehen unseren Wert in guten Sitten und im Anstand.

Minucius Felix: Octavius. Lat./Dt. Hrsg. und übers. von B. Kytzler. Stuttgart: Reclam, 1993. S 49–51, 53–55, 131.

LAKTANZ

Vom Zorne Gottes

Unterschied zwischen Mensch und Tier

Denn wer ist so ununterrichtet, um nicht zu wissen, wer so unverständig, um nicht zu erkennen, dass im Menschen etwas Göttliches liegt? Ich komme noch nicht zu den Vorzügen der Seele und des Geistes, durch die der Mensch eine offenkundige Verwandtschaft mit Gott hat; ich frage nur: lässt nicht schon die Stellung des Leibes und die Gestaltung des Antlitzes klar ersehen, dass wir nicht mit den stummen Tieren auf gleicher Stufe stehen? Die Natur des Tieres ist abwärts zum Futter und zur Erde gerichtet und hat nichts mit dem Himmel gemein, zu dem sie nicht emporschaut. Der Mensch aber in seiner aufrechten Stellung, mit dem empor gerichteten Antlitz ist zur Betrachtung des Weltalls geschaffen und tauscht mit Gott den Blick, und Vernunft erkennt die Vernunft. [...] Der Mensch verdankt es gerade seiner Vernunft, dass ihm alles, was atmet und das ganze Weltall unterworfen ist. Wenn daher die Vernunft und Wesensbeschaffenheit des Menschen gerade dadurch den übrigen Geschöpfen an Würde und Bedeutung vorangeht, dass er allein der Kenntnis Gottes fähig ist, so liegt es auf der Hand, dass die Religion auf keine Weise aufgehoben werden kann.

Laktanz: Vom Zorne Gottes. In: L.: Schriften. (Bibliothek der Kirchenväter Bd. 36.) Kempten/München: Kösel, 1919. S. 78–81.

LAKTANZ

Auszug aus den göttlichen Unterweisungen

Gott, der die Menschen erschafft und belebt, wollte, dass alle gleich seien; er hat alle denselben Lebensbedingungen unterstellt, alle zur Weisheit gezeugt, allen die Unsterblichkeit versprochen; niemand ist von seinen himmlischen Wohltaten ausgeschlossen. Denn wie er allen gleicherweise sein einzigartiges Licht zuteilt, für alle die Quellen fließen lässt, die Nahrung bereitstellt, allen die süße Ruhe des Schlafes gewährt, so schenkt er allen Gleichheit und Würde. Niemand ist bei ihm Sklave, niemand ein Herr; wenn er für alle derselbe Vater ist, sind wir mit gleichem Recht alle Freie.

[Laktanz, *Epitome divinarum institutionum* 29 (CSEL 19,704), übers. von Richard Bruch, in:] Richard Bruch: Person und Menschenwürde. Münster: Lit Verlag, 1998. S. 19.

BASILIOS VON CAESAREA

Predigten

Fürs erste bist du ein Mensch, von allen Lebewesen allein von Gott gestaltet. Muss nicht, wenn du vernünftig nachdenkst, das dich zur höchsten Freude stimmen, dass du unmittelbar von der Hand Gottes, der alles erschaffen, gebildet worden bist, dass du, ein Ebenbild deines Schöpfers geworden, mit einem guten Lebenswandel zu gleicher Würde mit den Engeln dich erschwingen kannst? [...] Hab nach der Betrachtung der Seele gefälligst acht auch auf den Bau des Körpers und bewundere ihn als würdige Wohnung, die der beste Werkmeister für die vernünftige Seele geschaffen hat. [...] Der Schöpfer hat von den lebenden Wesen nur den Menschen aufrecht gestaltet, auf dass du schon aus der Gestalt erkennst, dass dein Leben eine überirdische Herkunft hat. Denn alle Vierfüßler blicken zur Erde und neigen sich zum Bauche hin; dem Menschen ist vorbehalten der Aufblick zum Himmel, damit er nicht dem Bauche diene und den Gelüsten des Bauches, sondern sein ganzes Streben auf den Weg nach oben richte.

Basilios von Caesarea: Homiliae in illud: Attende tibi ipsi. Übers. von Anton Stegmann. (Bibliothek der Kirchenväter Bd. 47.) München: Kösel, 1925. S. 191, 194.

GREGOR VON NYSSA

Über die Erschaffung des Menschen

Die Seele zeigt ihr von der gemeinen Niedrigkeit geschiedenes königliches und erhabenes Wesen schon darin, dass sie unabhängig und selbständig ist, nach eigenen Entschlüssen selbstmächtig waltend. Wem sonst ist dies eigen wenn nicht einem König? Die Ebenbildlichkeit mit der über alles herrschenden göttlichen Natur besteht in nichts anderem, als dass unsere Natur als Königin geschaffen wurde. Die Verfertiger von Fürstenbildern ahmen die Gestalt des Königs nach und deuten durch den Umwurf die königliche Würde an. So ward auch die menschliche Natur, als sie zur Herrschaft über alles andere ausgestattet wurde, durch ihre Ähnlichkeit mit dem König des Alls als lebendiges Bild aufgestellt, das mit dem Urbild sowohl die Würde wie den Namen gemein hat. Zwar trägt sie keinen Purpur und deutet nicht durch Szepter und Diadem ihre Würde an – auch das Urbild hat das ja nicht – doch statt des Purpurs ist sie mit der Tugend bekleidet, was wohl von allen Gewändern das königlichste ist. Statt des Zepters stützt sie sich auf die Seligkeiten der Unsterblichkeit, statt des königlichen Diadems ist sie mit der Krone der Gerechtigkeit geschmückt. So zeigt sie sich durchaus in der Würde des Königtums als getreue Nachbildung der urbildlichen Schönheit.

[Gregor von Nyssa, *De opificio hominis* 4 (PG 44, 136 CD, 177D), übers. von Viktor Pöschl, in:] Viktor Pöschl: Der Begriff der Würde im antiken Rom und später. Heidelberg: Winter, 1989, S. 44. –

GREGOR VON NYSSA

Reden über die Glückseligkeiten

Der Mensch steigt aus seiner eigenen Natur heraus: aus sterblich wird unsterblich, aus vergänglich unvergänglich und aus flüchtig ewig, aus dem Menschen wird kurz: Gott. Denn derjenige, der würdig erachtet wird, Gottes Sohn zu sein, wird in sich auf alle Fülle die Würde des Vaters tragen und wird Erbe aller väterlicher Güte. Welch große Güte des reichen Herrn! Welch Freigiebigkeit!

Welch Großzügigkeit! Welch unsagbar große Gabenschätze! Aus Menschenliebe führt er die von der Sünde entwürdigte Natur nahezu zur Gleichwürdigkeit mit sich selbst.

[Gregor von Nyssa, *Orationes de beatidudinibus* (GNO 7/2, 150f.), übers. von Ulrich Volp, in:] Ulrich Volp: Die Würde des Menschen. Leiden/Boston: Brill, 2006. S. 181. – © 2006 Koninklijke Brill NV, Leiden.

JOHANNES CHRYSOSTOMOS

An das Antiocheische Volk

Denn Gott hat die Seele nicht sterblich geschaffen, sondern gestattet, dass sie unsterblich ist. Er hat nämlich bewirkt, dass sie der Vergesslichkeit, der Unwissenheit, der Trauer und den Sorgen unterworfen sein soll, und das hat er getan, damit sie nicht, wenn sie auf ihren früheren Adel zurückblicke, von sich eine höhere Meinung fasse, als ihrer jetzigen Würde gebührt. Denn wenn sogar unter diesen Verhältnissen manche sich zu behaupten erkühnen, sie seien ein Teilchen Gottheit: Wie weit würden nicht solche Leute in ihrem Wahnsinn gekommen sein, wenn die Seele diesen Wandlungen nicht unterläge?

[Chrysostomos, *Ad Populum Antiochenum* 11,2, übers. von Valentin Thalhofer, in:] Ausgewählte Schriften des Johannes Chrysostomos. (Bibliothek der Kirchenväter Bd. 2.) Kempten: Kösel, 1880. S. 228.

JOHANNES CHRYSOSTOMOS

Predigt zu Johannes

Denn die Gnade ist auf alle ausgegossen und verschmäht nicht Juden, Griechen, Barbaren, Skythen, nicht den Freien, den Sklaven, Männer, Frauen, den Alten und den Jungen. Alle werden auf gleiche Weise zugelassen und eingeladen nach Maßgabe gleicher Würde.

[Chrysostomos, *Homilia in Ionnem* 8,1 (CPG 4425; PG 59, 65, 33–389), übers. von Ulrich Volp, in:] Ulrich Volp: Die Würde des Menschen. Leiden/Boston: Brill, 2006, S. 193. –

NEMESIOS VON EMESA

Über das Wesen des Menschen

Wer dürfte wohl gebührend den Adel dieses Lebewesens bewundern, das das Sterbliche mit dem Unsterblichen in sich verbindet und das Vernünftige mit dem Vernunftlosen vereint; das in seiner eigenen Natur das Bild der ganzen Schöpfung trägt, weshalb es auch ›Kleine Welt‹ genannt wird; das von Gott einer besonderen Fürsorge gewürdigt ist; um dessentwillen alles, das Gegenwärtige und das Zukünftige, ist, um dessentwillen Gott selbst Mensch wurde […].

[Nemesios, *De natura hominis* 1 (PG 40, 532 C), übers. von Etienne Gilson und Philotheus Böhner, in:] Etienne Gilson / Philotheus Böhner: Die Geschichte der christlichen Philosophie von ihren Anfängen bis Nikolaus von Cues. Paderborn: Schöningh, 1952. S. 129.

AMBROSIUS VON MAILAND

Briefe

Der völlig neugeschaffene Mensch ist sozusagen die Zusammenfassung des Schöpfungswerkes, sozusagen der Grund der Welt; um seinetwillen sind alle Dinge geschaffen worden.

[Ambrosius, Epistolae 43,19 (CSEL 82/1, 206, 240f.), übers. von Ulrich Volp, in:] Ulrich Volp: Die Würde des Menschen. Leiden/Boston: Brill, 2006. S. 225. –

AMBROSIUS VON MAILAND

Über die Pflichten

Es gibt keinen größeren Vorzug, den der Mensch vor den übrigen lebenden Wesen voraus hat, als den, dass er vernunftbegabt ist, die Ursachen der Dinge ergründen kann, dem Urheber seines Geschlechtes nachforschen zu müssen glaubt, in dessen Macht die Macht über unser Leben und unseren Tod steht.

[Ambrosius, *De officiis* 1,26,124 (CChr. SL 15, 45, 23–26), übers. von Ulrich Volp, in:] Ulrich Volp: Die Würde des Menschen. Leiden/Boston: Brill, 2006. S. 226. –

AUGUSTINUS

Vom Gottesstaat

Von der Stufenordnung der Wesen und dem anzulegenden Maßstab

Denn unter den Wesen, die irgendwie sind, aber nicht sind, was Gott ist, der sie erschaffen hat, sind die lebenden den leblosen vorzuziehen, also die, welche Zeugungs- oder doch Wachstumskraft haben, [gegenüber] denen, welchen dieser Trieb fehlt. Unter den lebenden sind sodann die empfindenden den nicht empfindenden vorzuziehen, also die Tiere den Bäumen. Unter den empfindenden aber die vernünftigen den vernunftlosen, also die Menschen dem Vieh. Unter den vernünftigen endlich die unsterblichen den sterblichen, also die Engel den Menschen. Doch dies ist lediglich die *Rangordnung* der Natur. [...]

Die Erschaffung des Menschen

Gott machte also den Menschen nach seinem Bilde. Denn er schuf ihm eine Seele, die durch ihre Vernunft und Einsicht allen Land-, Wasser- und Luftgeschöpfen, die keinen solchen Geist besitzen, überlegen sein sollte.

Augustinus: Vom Gottesstaat. Hrsg. von Wilhelm Thimme und Carl Andresen. 2 Bde. Berlin: Akademie Verlag, 2011. (Buch 11,16; Buch 12,24.) –

AUGUSTINUS
Vom freien Willen

In der Rangordnung der Geschöpfe nimmt auch die sündige Seele ihren Platz ein

Mag unsere Seele auch sündenbefleckt sein, so ist sie dennoch erhabener und besser, als wenn sie in sichtbares Licht umgewandelt würde. Und du weißt doch, wie sehr selbst den leiblichen Sinnen ergebene Seelen Gott wegen der Vortrefflichkeit dieses Lichtes loben. Darum soll dich der berechtigte Tadel, den man den sündigen Seelen macht, nicht veranlassen, in deinem Herzen zu sprechen, es wäre besser gewesen, es gäbe sie nicht. Sie erscheinen ja nur tadelnswert, wenn man daran denkt, wie sie sein würden, wenn sie nicht hätten sündigen wollen. Ihren Erschaffer aber muß man dennoch aufs höchste, so gut wir Menschen es können, rühmen, nicht nur deshalb, weil er die sündigen Seelen an den ihnen gebührenden Platz stellt, sondern auch, weil er sie so schuf, daß sie trotz ihres Sündenschmutzes in keiner Weise von dem körperlichen Lichte an Würde überragt werden, obwohl auch dieses rühmenswert ist.

[...] wie ein durchgehendes Pferd besser ist als ein Stein, der nicht durchgehen kann, weil ihm Eigenbewegung und Gefühl fehlen, ist auch ein Geschöpf, das mit freiem Willen sündigt, vortrefflicher als eins, das darum nicht sündigt, weil es keinen freien Willen hat. Und wie ich einen in seiner Art guten Wein loben, dagegen den von diesem Wein trunkenen Mann tadeln würde, trotzdem aber diesen getadelten betrunkenen Mann dem gelobten Weine, der ihn trunken gemacht, vorzöge, so ist auch jede körperliche Kreatur auf ihrer Stufe des Lobes würdig, während diejenigen Tadel verdienen, die sie maßlos gebrauchen und sich dadurch unfähig machen, die Wahrheit zu erfassen. Gleichwohl werden auch diese verkehrten und gewissermaßen berauschten Leute jener an ihrem Platze löblichen Kreatur, deren gieriger Genuß sie verdarb, nicht auf Grund ihres Lasters, sondern wegen der immer noch vorhandenen Würde ihrer Natur vorgezogen.

Wie also jede Seele besser ist als jeder Körper und keine sündige Seele, so tief sie auch fallen mag, durch irgendeine Umwandlung zu einem Körper werden kann, weil sie ihre seelische Natur und damit ihre Überlegenheit über den Körper nie verliert, und weil ferner unter allen Körpern das Licht den ersten Platz einnimmt, so folgt, daß auch die niederste Seele dem vornehmsten Körper vorzuziehen ist [...]. Wenn in der Ordnung der körperlichen Geschöpfe von den Chören der Sterne bis zu unseren Haaren sich die Schönheit lauter guter, gegeneinander abgestufter Dinge entfaltet, so daß nur ein großer Tor sagen kann: »Was und wozu ist das?« – denn alles ist auf seinen rechten Platz gestellt –, wieviel törichter ist es dann, so etwas von irgendeiner Seele zu sagen, die, mag sie von ihrer Zier auch noch soviel eingebüßt haben, immer noch ohne allen Zweifel alle Körper an Würde stets überragen wird!

Augustinus: Theologische Frühschriften. Vom freien Willen. Von der wahren Religion. Hrsg. von Wilhelm Thimme. Berlin: Akademie Verlag, 2011. (Buch 3.) –

AUGUSTINUS

Über den Wortlaut der Genesis

Wie Gott jedes Geschöpf an Würde übertrifft, so die Seele jede leibliche Schöpfung.

[Augustinus, *De Genesi ad litteram* 7,19, übers. von Viktor Pöschl, in:] Viktor Pöschl: Der Begriff der Würde im antiken Rom und später. Heidelberg: Winter, 1989. S. 47. –

AUGUSTINUS

Gegen den Brief, der Grundlage des Manichäers genannt wird

Welch große Würde Gott dir verliehen hat, erhellt am meisten daraus, dass Gott, der allein von Natur aus dein Herr ist, andere Güter geschaffen hat, über die auch du Herr bist.

[Augustinus, *Contra epistulam Manichaei fundamenti dictam liber unis* 37, übers. von Viktor Pöschl, in:] Viktor Pöschl: Der Begriff der Würde im antiken Rom und später. Heidelberg: Winter, 1989. S. 47. –

PAPST LEO DER GROSSE

Predigten

Geliebteste! Wenn wir gläubigen und verständigen Sinnes über den Ursprung unseres Daseins nachdenken, so werden wir finden, dass der Mensch deshalb nach dem Bilde Gottes geschaffen wurde, um sich seinen Schöpfer zum Vorbild zu nehmen, dass darin die natürliche Würde unseres Geschlechtes besteht, dass in uns wie in einer Art von Spiegel ein Abbild der göttlichen Güte glänzend zutage tritt. Dieses Bild erneuert die Gnade des Erlösers ja tagtäglich in uns, indem im zweiten Adam wieder aufgerichtet wird, was im ersten fiel. [...] Nur dann wird in uns die Würde der göttlichen Majestät wohnen, wenn wir den göttlichen Willen nachahmen.

Erkenne, o Christ, deine Würde! Kehre nicht, nachdem du der göttlichen Natur teilhaftig geworden, durch entartete Sitten zur alten Niedrigkeit zurück.

Erwache, o Mensch, und erkenne die Würde deiner Natur! Denke daran, dass du geschaffen bist nach dem Ebenbild Gottes, das zwar durch Adam entstellt, in Christus aber erneuert wurde.

Leo der Große: Sämtliche Predigten. Übers. von Theodor Steeger. (Bibliothek der Kirchenväter Bd. 54.) München: Kösel, 1927. S. 41–43, 79, 121 (Sermo XII,1; XXI,3; XXVII,6).

DAS RÖMISCHE MESSBUCH

Offertorium

Gott, Du hast den Menschen in seiner Würde wunderbar erschaffen und noch wunderbarer erneuert: laß uns durch das Geheimnis dieses Wassers und Weines teilnehmen an der Gottheit dessen, der Sich herabgelassen hat, unsre Menschennatur anzunehmen, Jesus Christus, Dein Sohn, unser Herr, der mit Dir lebt und herrscht in der Einheit des Heiligen Geistes, Gott, von Ewigkeit zu Ewigkeit. Amen.

Das vollständige Römische Meßbuch. Lat./Dt., mit allg. und besonderen Einf. im Anschluß an das Meßbuch von Anselm Schott O.S.B. hrsg. von Pius Bihlmeyer O.S.B. Freiburg i. Br.: Herder, 1930. S. 537f.

Mittelalter

Lob des Unsichtbaren

In der Spätantike befasste sich der römische Staatsmann und Philosoph Boethius (480–524), der wegen eines angeblichen Hochverrats hingerichtet wurde, mit der Menschenwürde in seiner berühmten Schrift *Trost der Philosophie*, die er während seiner Kerkerhaft schrieb. Obwohl Boethius Christ war, enthält diese Abhandlung auffälligerweise keine christlichen Elemente.

Der Mensch an sich besitzt Würde, die er allerdings beschädigt, sobald er sein Glück an irdische Güter hängt, anstatt sich um Selbsterkenntnis zu bemühen. Man gehe in die Irre, wenn man den äußeren Glanz der Dinge mit der Würde in Verbindung bringe. Würdevoller als alles Sichtbare ist die unsichtbare Seele.

Amtsträger hätten nicht von vornherein eine besondere Würde. Man dürfe sie erst dann als Würdenträger ansehen, wenn sie auch ein tugendhaftes Leben führten, das sie zugleich vor Machtmissbrauch schütze.

Menschenwürde ist für Boethius gleichermaßen Wesensmerkmal und Gestaltungsauftrag.

BOETHIUS

Trost der Philosophie

[...] zieht der Glanz der Edelsteine eure Augen an? Aber wenn in diesem Glanz ein Vorzug liegt, so gehört jenes Leuchten den Edelsteinen, nicht den Menschen: daß die Menschen sie bewundern, darüber staune ich mächtig.

Gibt es denn etwas, was der Bewegung der Seele und der Verbindung mit ihr entbehrt und doch einem beseelten und vernunftbegabten Wesen mit Recht schön erscheinen könnte? Wenn sie gleich durch das Werk des Schöpfers und ihre eigene Vorzüglichkeit etwas vom Rande der Schönheit an sich haben, stehen sie doch unter eurem hohen Range und verdienen eure Bewunderung nicht.

[...] Hat sich die Lage der Dinge so umgekehrt, daß ein dank der Vernunft göttliches Lebewesen nur durch den Besitz leblosen Hausrats zu glänzen glaubt? Anderes ist mit dem Seinen zufrieden, ihr aber, Gott an Geist ähnlich, erhascht von den niedrigsten Dingen den Schmuck für euer überragendes Wesen und merkt nicht, wie sehr ihr damit eurem Schöpfer Unrecht tut. Er wollte, daß das menschliche Geschlecht vor allem Irdischen stehe, ihr stoßt eure Würde unter das Allerniedrigste hinab! Denn wenn alles Gut eines jeden, wie feststeht, wertvoller ist als der, dessen Gut es ist, dann unterwerft ihr euch selbst in eurer Achtung, wenn ihr die wertlosesten Dinge für eure Güter erachtet, eben diesen Dingen, und zwar nicht unverdient! Ist es doch freilich Gesetz für die Menschennatur, daß sie nur dann unter dem übrigen hervorragt, wenn sie sich selbst erkennt, zugleich jedoch tiefer als die Tiere hinabsinkt, wenn sie aufhört, sich zu kennen; denn den übrigen Lebewesen ist, sich nicht zu kennen, Natur, beim Menschen wird es zum Vergehen!

[...]

Was soll ich aber über Würden und Macht sprechen, womit ihr aus Unkenntnis wahrer Würde und Macht euch in den Himmel hebt? Wenn diese gerade auf einen Schurken fallen, kann dann ein Ätna* mit speienden Flammen, eine Sintflut solche Vernichtung stiften? Die konsularische Befehlsgewalt jedenfalls – du erinnerst dich, glaube ich –, die der Beginn der Freiheit gewesen, wünschten eure Vor-

* *Ätna:* der Vulkan.

fahren wegen der Überhebung der Konsuln* abzuschaffen, nachdem sie des gleichen Übermuts wegen vorher den Königsnamen aus dem Staate verbannt hatten. Wenn sie aber manchmal, was sehr selten ist, Rechtschaffenen übertragen werden, was gefällt da an ihnen anderes als die Rechtschaffenheit der Inhaber? So kommt es, daß nicht die Tugenden von den Würden, sondern die Würden von der Tugend Ehre erhalten. –

[...] Und auf Schurken gehäufte Würde macht diese nicht bloß nicht würdig, sondern verrät sie vielmehr und zeigt sie allen Augen als unwürdig.

Boethius: Trost der Philosophie. Übers. und hrsg. von Karl Büchner. Mit einer Einf. von Friedrich Klingner. Stuttgart: Reclam, 1971. S. 72–76.

Adel des Menschen

Im späten Mittelalter wurde der kurze Traktat *De dignitate conditionis humanae* (*Über die Würde des Menschen*), der hier erstmals in deutscher Sprache vorgelegt wird, dem Kirchenvater Ambrosius von Mailand (339–397) zugeschrieben. Späteren Forschungen zufolge heißt der Verfasser Alkuin (735–804), Gelehrter und Ratgeber Karls des Großen. Doch stammt der Text wahrscheinlich aus der Feder eines Unbekannten des 5./6. Jahrhunderts.**

In dem kurzen Traktat geht es um die Gottebenbildlichkeit des Menschen, an der sich dessen besondere Würde zeige. In unverkennbarer Anlehnung an *De Trinitate* (*Über die Dreieinigkeit*) des Kirchenvaters Aurelius Augustinus (354–430) trägt nach Auffassung des anonymen Verfassers die menschliche Seele das Bild der Hl. Dreifaltigkeit in sich: Wie Gott aus Vater, Sohn und Heiligem Geist bestehe, setze sich, so der Verfasser, die Seele zusam-

* *Konsuln:* die höchsten römischen Staatsbeamten.

** Vgl. Ulrich Volp, *Die Würde des Menschen*, Leiden/Boston 2006, S. 206.

men aus Verstand, Wille und Erinnerung. So ist die Seele gleich dreifacher Würdeträger. Aber sosehr die menschliche Seele durch ihre Gottebenbildlichkeit bereits geadelt wird, so sehr soll sie im Leben danach streben, Gott ähnlich zu werden durch ein tugendhaftes und gottesfürchtiges Leben. Das Laster entferne sie von Gott und bringe sie in die Nähe des Viehs, wodurch ihre Würde beschmutzt werde. Man erkennt, dass auch hier die Würde gleichermaßen als Wesensmerkmal und Gestaltungsauftrag gesehen wird.

ANONYMUS

Über die Würde des Menschen

Kapitel 1. »Lasst uns den Menschen schaffen nach unserem Bilde und nach der Ähnlichkeit mit uns.« (Gen. 1,26) Dabei erkennt man, dass die Würde des menschlichen Geschöpfes so bedeutend ist, dass nicht allein durch das Wort des Befehlenden so wie die anderen Werke der sechs Tage, sondern nach dem Ratschluss der Hl. Dreieinigkeit, auch durch das Werk göttlicher Erhabenheit der Mensch geschaffen worden ist, auf dass er in der Ehre, die seine erste Erschaffung bedeutet, erkennt, wie viel er seinem Schöpfer verdankt, wo ihm doch der Schöpfer bei seiner Erschaffung alsbald das so bedeutende Vorrecht der Würde verliehen hat, auf dass er in dem Maße seinen Schöpfer glühend liebt, indem er sich als von ihm wunderbarerweise geschaffen begreift: und nicht nur allein deswegen, weil er durch den Ratschluss der Hl. Dreieinigkeit in so hervorragender Weise vom Schöpfer geschaffen ist, sondern auch weil nach seinem Bild und seiner Ähnlichkeit der Schöpfer aller Dinge selbst ihn geschaffen hat, was er keinem anderen seiner Geschöpfe gewährt hat.

Kapitel 2. Dieses Bild gilt es sorgfältiger zu betrachten in Rücksicht auf den Adel des inneren Menschen. Sicher in erster Linie, weil, wie Gott als einer immer überall ganz da ist, alles belebend, bewegend und steuernd, wie der Apostel bestätigt mit »In ihm leben wir, bewegen uns und existieren« (Apostelgeschichte 17,28), so die Seele in ihrem Körper überall als ganze ihre Lebenskraft ausübt, den Körper belebend, bewegend und steuernd. Denn sie ist nicht in den größeren Gliedern ihres Körpers größer und in den kleineren kleiner, sondern in den kleinsten ganz und in den größten ganz. Und dies ist das Bild der Einheit des allmächtigen Gottes, das die Seele in sich hat.

Diese hat gleichfalls in sich das Bild der Hl. Dreifaltigkeit. Erstens weil sie wie Gott ist, lebt sie und hat Verstand. So ist die Seele nach ihrer Art, lebt und hat Verstand. Gleichfalls ist auch eine andere Dreieinigkeit in ihr, durch die sie nach dem Bild ihres Schöpfers, dem Bild der freilich vollkommenen und höchsten Dreieinigkeit, die aus Vater und Sohn und Heiligem Geist besteht, geschaffen ist. Und obwohl die Seele von einer Natur ist, hat sie doch drei Fähigkeiten in sich, Verstand, Willen und Erinnerung. Genau das, wenn auch in anderen Worten, wird im Evangelium bezeichnet, wenn es heißt: »Du wirst den Herrn, deinen Gott, aus deinem ganzen Herzen, aus deiner ganzen Seele, aus deinem ganzen Geiste lieben« (Matth. 22,37), d. h. aus ungeteiltem, ganzem Verstand und aus ganzem Willen und aus ganzer Erinnerung. Denn so wie aus dem Vater der Sohn hervorgeht und aus dem Vater und dem Sohn der Heilige Geist hervorgeht, so geht aus dem Verstand der Wille hervor, und aus diesen beiden genannten geht die Erinnerung hervor, wie leicht von jedem Vernünftigen verstanden werden kann. Denn es steht fest, dass die Seele nicht vollkommen ist ohne diese dreie und nicht irgendeiner von diesen dreien, was der Seele Glück angeht, ohne die anderen beiden vollständig ist. Und wie es Gott Vater, Gott Sohn, Gott Heiliger Geist gibt, dennoch sie nicht drei Götter sind, sondern ein Gott, der drei Wesen hat, so gibt es auch die Seele Verstand, die

Seele Willen, die Seele Erinnerung, dennoch sind es nicht drei Seelen in einem Körper, sondern eine Seele, die dreifacher Würdenträger ist. Und in diesen dreien trägt wunderbarerweise unser innerer Mensch des Schöpfers Bild in seiner Natur; aufgrund dieser gewissermaßen hervorragenden Fähigkeiten der Seele werden wir aufgefordert, den Schöpfer zu lieben, so dass er, soweit er verstanden wird, geliebt wird, und so wie er geliebt wird, immer in Erinnerung behalten wird. Und es genügt nicht allein der Verstand in Bezug auf ihn, wenn nicht in der Liebe zu ihm der Wille entsteht. Ja, diese beiden genügen nicht, wenn nicht die Erinnerung hinzukommt, durch die immer im Geist des Verstehenden und Liebenden Gott bleiben soll. So dass, wie es keinen Augenblick geben kann, in dem der Mensch nicht Gottes Seite und Erbarmen nutzt und genießt, ebenso es keinen Augenblick geben darf, in dem er ihn nicht in der Erinnerung gegenwärtig hat. [...]

Kapitel 3. Nun aber verstehe einiges über die Ähnlichkeit, welche die Geringeren wahrnehmen müssen. So wie der Schöpfergott, der den Menschen nach der Ähnlichkeit mit ihm geschaffen hat, Liebe ist, gut ist und gerecht, duldsam und sanft, rein und mitleidig und die übrigen Zeichen heiliger Tugenden, die bezüglich seiner genannt werden, so ist der Mensch geschaffen, auf dass er Liebe in sich trage, dass er gut sei und gerecht, duldsam und sanft, rein und mitleidvoll sei. Je mehr jemand diese Tugenden in sich selbst hat, desto näher ist er Gott und hat eine größere Ähnlichkeit mit seinem Schöpfer. Wenn aber, was ferne liegen möge, jemand durch das Abseits von Lastern und Abwegigkeiten von Verbrechen ausgeartet und ferner von unserer hochedlen Ähnlichkeit mit seinem Schöpfer in der Irre geht, dann wird aus ihm, was geschrieben steht (Ps. 48,13): »Und als der Mensch in Ehre stand, bemerkte er es nicht. Er ist gleich dem dummen Vieh und ihm ähnlich geworden.«

Welch größere Ehre konnte es für den Menschen geben,

als dass er nach der Ähnlichkeit seines Schöpfers geschaffen wurde und mit denselben Tugendgewändern geschmückt wurde wie auch sein Schöpfer, von dem es heißt (Ps. 92,1): »Der Herr herrschte, er ist mit Zierde umkleidet«, d.h., er ist geschmückt mit dem Glanz aller Tugenden und mit der Zier der ganzen Güte geschmückt?

Oder welche größere Schande kann es für den Menschen geben oder unglücklicheres Elend, als dass er unter Verlust dieser Ehre von der Ähnlichkeit mit seinem Schöpfer abgleitet zur garstigen verstandlosen Ähnlichkeit mit hässlichem Vieh?

Deswegen, mein Liebster, möge jeder sorgfältig auf das Hervorragende seiner ersten Schöpfung aufpassen und das ehrwürdige Bild der Hl. Dreieinigkeit in sich selbst erkennen und sich anstrengen, die Ehre der Gottesähnlichkeit, nach der er geschaffen ist, zu haben durch den Adel seiner Sitten, die Ausübung seiner Tugenden, den Wert seiner Verdienste, auf dass er dann, wenn in Erscheinung tritt, wie er ist, er dann dem ähnlich erscheint (Joh. 1,3,2), der sich wunderbarerweise im ersten Adam geschaffen hat und noch wunderbarer im zweiten wiederhergestellt hat.

[*De Dignitate Conditionis Humanae*, in:] Jacques-Paul Migne (Hrsg.): Patrologiae Cursus Completus. (Series Latina.) Paris 1841–64. Bd. 17. S. 1105–1108. – Übers. von Ulrich Hübner und Franz Josef Wetz.

Sein der Person

In der Gottebenbildlichkeit des Menschen und dessen Personalität liegt nach Auffassung der mittelalterlichen Philosophen der letzte Grund der Menschenwürde, die gleichfalls die Menschwerdung Gottes andeutet.

Besonders intensiv setzt sich Thomas von Aquin (1224–1274) mit dem Begriff der Person auseinander. Beeinflusst von Aristoteles und Boethius, definiert Thomas Person als vernunftbegabte individuelle Substanz, die, vom Körper getrennt, dennoch auf ihn bezogen bleibt. Die Geistnatur der so verstandenen Person ist nach dem Bilde Gottes gestaltet. Für sich betrachtet wie auch als Gottes Ebenbild kommt ihr, so Thomas, eine besondere Würde zu, die normativen Charakter hat, und das heißt: den Menschen zu moralischem Handeln verpflichtet.

Diese Vorstellungen sind charakteristisch für die Philosophie dieser Zeit. So schrieb etwa Philipp der Kanzler (1165–1236): »Das Sein der Person ist sittlich und auf Würde bezogen«,* oder Alexander von Hales (1185–1245): »Die menschliche Person ist ein moralisches Wesen, weil Menschsein Besitz von Würde bedeutet.«**

Zum wiederholten Male wird Menschenwürde als Wesensmerkmal und Gestaltungsauftrag verstanden. Das Laster wird erneut als Widerspruch zur Würde gesehen, mit der allein sich nur ein tugendhaftes Leben vereinbaren lasse. Darüber hinaus hält Thomas an der politischen und geistlichen Amtswürde fest und misst herausragenden geistigen Talenten ebenfalls besondere Würde zu.

Körperliche Merkmale wie der aufrechte Gang werden zwar wie schon Jahrhunderte zuvor als charakteristisch für den Menschen als Vernunftwesen dargestellt, aber nicht mehr als Indiz für Wertbesonderheit, Gottebenbildlichkeit und Würde des Menschen gesehen. Diese Vorstellungen werden erst in der Renaissance wieder belebt.

* Questiones de incarnatione, q. 2, n. 30, übers. von Franz Josef Wetz, in: Theo Kobusch, *Metaphysik der Person*, Freiburg 1993. S. 24.

** Glossa in III Sent., d 6 (E), 87,8, übers. von Franz Josef Wetz, in: Theo Kobusch, *Metaphysik der Person*, Freiburg 1993, S. 24.

THOMAS VON AQUIN

Summa Theologica

Eine aufrechte Gestalt war für den Menschen unter vierfachem Gesichtspunkte angemessen. Erstens: Weil die Sinne dem Menschen nicht nur wie den anderen Sinnenwesen gegeben sind, um das zum Leben Notwendige zu beschaffen, sondern auch zum Erkennen. [...] Der Mensch ist erhobenen Antlitzes, damit er mit den Sinnen und vorzüglich mit dem Gesichtssinn [...] die Sinnendinge von allen Seiten unbehindert erkennen könne, die am Himmel wie die auf der Erde, um aus allen die geistige Wahrheit zu entnehmen. – Zweitens damit die inneren Kräfte ungehinderter ihre Tätigkeiten ausüben könnten, indem das Gehirn, in welchem sie irgendwie zur Vollendung kommen, nicht niedergebeugt, sondern über alle Teile des Körpers erhoben ist. – Drittens weil der Mensch, hätte er eine vornübergebeugte Gestalt, die Hände als Vorderfüße benutzen würde. Dadurch würden die Hände aufhören, zum Vollzuge verschiedener Handlungen dienlich zu sein. – Viertens, wenn er eine vornübergebeugte Gestalt hätte und die Hände als Vorderfüße gebrauchen würde, dann müsste er die Speise mit dem Munde aufgreifen; dann würde er einen überlangen Mund und harte und große Lippen und auch eine harte Zunge haben, um sich an äußeren Dingen nicht zu verletzen, wie es bei den Tieren der Fall ist. Eine solche Einrichtung würde das Sprechen, das die eigentliche Betätigung der Vernunft ist, behindern. [...] Der Mensch hält seinen oberen Teil, nämlich das Haupt, zum höheren Teil der Welt und seinen niederen Teil zum unteren Teil der Welt gerichtet. [S. th. I, Frage 91, Art. 3]

Der Mensch ist, da er auf Grund seiner Geistnatur als nach dem Bilde Gottes gestaltet betrachtet wird, insofern in höchster Weise nach dem Bilde Gottes geformt, als die Geistnatur Gott in höchster Weise nachahmen kann. Die höchste Nachahmung Gottes besteht aber für die Geistnatur in der Nachahmung von Gottes Selbsterkenntnis und Selbstliebe. Darum kann man von einem Bilde Gottes im Menschen unter dreifachem Bezug sprechen: Einmal, insofern der Mensch die natürliche Eignung zur Gotteserkenntnis und zur Gottesliebe besitzt; und diese Eignung besteht in der Geistnatur selbst, die allen Menschen gemeinsam ist. Zweitens, insofern der Mensch Gott im Aktvollzuge oder dem Gehaben nach, allerdings auf unvollkommene Weise erkennt und liebt; dies ist das Bild der auf die Gnade beruhenden Gleichförmigkeit. Drittens, insofern der Mensch im Aktvollzuge Gott auf vollkommene Weise erkennt und liebt; damit ist das Ebenbild der ewigen Herrlichkeit gemeint. [...] Das erste Bild findet sich in allen Menschen vor, das zweite nur in den Gerechten, das dritte jedoch nur in den Seligen. [S. th. I, Frage 93, Art. 4]

Wenn auch der Name Person Gott nicht zukommt in Bezug auf das, wovon der Name genommen ist, in Bezug auf das, was er bezeichnen soll, kommt er Ihm im höchsten Grade zu. Weil nämlich in den Lust- und Trauerspielen berühmte Männer dargestellt wurden, so wurde dieser Name Person gewählt zur Bezeichnung solcher, die eine Würde innehaben. So gewöhnte man sich daran, in den Kirchen solche Menschen Personen zu nennen, die eine Würde bekleideten. Deshalb bestimmen auch einige das Wesen der Person dadurch, dass sie sagen: Person ist eine Hypostase, die durch eine in den Bereich der Würde gehörende Eigentümlichkeit (von anderen) unterschieden ist. Und weil es eine hohe Würde bedeutet, in vernunftbegabter Natur für sich zu bestehen, so wird jedes Einzelwesen vernunftbegabter Natur Person genannt. Die Würde der göttlichen Natur aber überragt jede Würde und dem entsprechend gebührt Gott im höchsten Grade der Name Person. [S. th. I, Frage 29, Art. 3]

Person bringt Würde mit sich. [S. th. II-II, Frage 32, Art. 5]

Hieronymus: [...] So groß ist die Würde der Seele, dass eine jede von Geburt an einen Engel zu ihrem Schutz zugewiesen erhält. [S. th. I, Frage 113, Art. 2]

Dass aber gerade das Leiden Christi den Menschen erlöst hat, hat ihm zu der Befreiung von der Sünde noch großen Gewinn für sein Heil gebracht. Erstens nämlich erkennt der Mensch daran, wie sehr Gott ihn liebt [...]. Fünftens verleiht es dem Menschen eine größere Würde. Denn wie es ein Mensch war, der vom Teufel besiegt und überlistet wurde, so sollte es auch ein Mensch sein, der den Teufel besiegte, und wie der Mensch den Tod verdiente, so sollte auch ein Mensch den Tod durch seinen Tod überwinden. [S. th. III, Frage 46, Art. 3]

Schande scheint das Gegenteil von Ehre und Ruhm zu sein. Ehre aber gebührt der Würde. Ruhm aber besagt Glanz. Die Zuchtlosigkeit ist daher aus zwei Gründen am schändlichsten: Erstens, weil sie der Würde des Menschen am meisten widerspricht; denn sie betrifft die Arten von Lust, die uns mit den Tieren gemeinsam sind. [...] Zweitens, weil sie seinem Glanz oder seiner Schönheit am meisten widerstreitet, insofern nämlich in den Arten von Lust, um die es bei der Zuchtlosigkeit geht, weniger vom Lichte der Vernunft zutage tritt, aus der der ganze Glanz und die ganze Schönheit der Tugend hervorgeht. [S. th. II-II, Frage 142, Art. 4]

Ehrbarkeit bedeutet »gleichsam Stand der Ehre« (Isidor). Daher scheint »ehrbar« genannt zu werden, was der Ehre wert ist. Ehre aber gebührt der Würde. Würde wird einem Menschen aber hauptsächlich auf Grund der Tugend zugesprochen, weil sie »die Ausrichtung des Vollkommenen auf das Beste« ist (Themistius zu Aristoteles). Und daher wird das Ehrbare im eigentlichen Sinne auf dasselbe bezogen wie die Tugend. [S. th. II-II, Frage 145, Art. 1]

Weil falsche Rücksicht auf Personen dann vorliegt, wenn einer Person etwas verliehen wird, das zu ihrer Würdigkeit in keinem Verhältnis steht, müssen wir bedenken, dass Würdigkeit einer Person in doppeltem Sinne verstanden werden kann. Einmal schlechthin und an sich; und so hat derjenige die größere Würdigkeit, der die größere Fülle geistiger Gnadengaben besitzt. In anderer Weise [kann die Würdigkeit bestimmt werden] mit Rücksicht auf das Gemeinwohl. Es kommt nämlich zuweilen vor, dass einer, der weniger heilig und weniger wissend ist, zum Gemeinwohl mehr beiträgt wegen seiner Machtstellung oder weltlichen Mühewaltung. [S. th. II-II, Frage 63, Art. 2]

Die Leitung der Untergebenen fällt in den Bereich derer, die in eine Würdestellung eingesetzt sind. [...] Deswegen gehört bei dem in der Würde Bestallten zuerst die Standeshervorragung beachtet, die mit einer gewissen Gewalt über die Untergebenen verbunden ist, an zweiter Stelle das Amt der Leitung. [S. th. II-II, Frage 102, Art. 2]

Indem er sündigt, verlässt der Mensch die Ordnung der Vernunft und fällt somit ab von der Würde des Menschen, sofern der Mensch von Natur frei und seiner selbst wegen da ist, und stürzt irgendwie ab in tierische Abhängigkeit [...]. Wiewohl es also in sich schlecht ist, einen Menschen, solange er in seiner Würde beharrt, zu töten, so kann es doch gut sein, einen Menschen, der in Sünden lebt, zu töten wie ein Tier; denn der schlechte Mensch ist schlimmer als ein Tier und bringt größeren Schaden, wie der Philosoph (Aristoteles) sagt. [S. th. II-II, Frage 64, Art. 2]

Thomas von Aquin: Summa Theologica. Übers. von Dominikanern und Benediktinern Deutschlands und Österreichs. Hrsg. von der Albertus-Magnus-Akademie Wlaberberg bei Köln. Heidelberg/Graz/Wien/Köln: Styria Premium Verlag, 1981.

Renaissance

Schönheit des Menschen

Besondere Aufmerksamkeit schenken die Philosophen der Renaissance der Menschenwürde. Erstmals finden sich auf Büchern Titel mit dem Ausdruck »Würde«. Bemerkenswert sind eine Reihe von Schriften über die Frau, in denen sie als vollkommener als die lasterhaften Männer dargestellt wird, etwa Galeazzo Flavio Capras (1487–1537) *Über die Würde und Erhabenheit der Frauen*, Lucrezia Marinellas (1571–1653) *Die Würde und Vortrefflichkeit der Frauen* oder Cristoforos Bronzinis (1577–1621) *Von der Würde und dem Adel der Frauen.* Herausragende Schriften der Renaissance über die Wertbesonderheit des Menschen allgemein sind: *Über die Würde und Erhabenheit des Menschen* von Giannozzo Manetti (1396–1459) und Bartolomeo Facio (1410–1457), *Rede über die Würde des Menschen* von Pico della Mirandola (1463–1494), *Dialog über die Würde des Menschen* von Pérez de Oliva (1494–1533) und nicht zuletzt *Kurze Abhandlung über die Erhabenheit und Würde des Menschen* von Pierre Boaistuau (1520–1566).

In allen Schriften bekommt der Ausdruck Menschenwürde sein besonderes Gewicht aus der Entgegensetzung zur mittelalterlichen Erfahrung menschlichen Elends. Das berühmteste Dokument stammt von Lotario de Segni, dem späteren Papst Innozenz III. (1160–1216), der den Menschen von seiner dunkelsten Seite her gesehen darstellt. Bemerkenswerterweise trägt sein Buch die Überschrift *Über das Elend des menschlichen Daseins.*

Hauptsächlich arbeiten die Philosophen der Renaissance die Größe und Würde des Menschen heraus und erheben so Einspruch gegen diese einseitige Betonung der Armseligkeit, Zerbrechlichkeit und Nichtswürdigkeit der menschlichen Natur, ohne die Realität dieser negativen Bestimmungen zu leugnen, die auf den Sündenfall zurückgehen sollen.

So betonen Francesco Petrarca (1304–1374), Manetti, Pico und Erasmus von Rotterdam (1466–1536) übereinstimmend den Vorrang des Menschen vor allen übrigen Geschöpfen, die er alle auch an Würde überrage. Diese zeigt sich, so die Autoren, an der vernünftigen und unsterblichen Seele des Menschen, an dessen Gottebenbildlichkeit, Fähigkeit zu freier Selbstbestimmung und seinen Geistesgaben, die ihn zum Herrn über alle Lebewesen machen, welche für ihn und um seinetwillen erschaffen wurden.

Wie bei den Kirchenvätern lediglich Laktanz stellen die Philosophen der Renaissance den Bau des Körpers als Zeichen der herausragenden Menschenwürde heraus. Der aufrechte Gang, die Hände, die wohlgegliederte Gestalt des Menschen insgesamt sind, so die Philosophen, bereits ein Gottesbeweis. Der Schöpfer hat sie derartig vollkommen geschaffen, damit sie ein würdiges Gefäß der vernünftigen Seele, einen Tempel des Heiligen Geistes darstellen. Mit dieser Aufwertung des Körpers, wie sie für die Renaissance charakteristisch ist, wurde der alten Entwertung des Körpers als eines Grabs der Seele nachdrücklich widersprochen. Eine abwertendere Beschreibung des belebten Körpers als kühle Gruft der unsterblichen Seele, die darin zu Lebzeiten gefangen bleibt, ist wohl kaum vorstellbar.*

Auffälligerweise gründet insbesondere Pico die Würde auf das Nichtfestgelegtsein des Menschen, seine freie Selbstbestimmung, durch die er sich zu einem himmlischen, vernünftigen oder niedrigen, tierischen Wesen ent-

* Vgl. Platon, Kratylos 400c, Gorgias 493a.

wickeln kann.* In der Freiheit hierzu liegt der wahre Wesensadel des Menschen.

Die Renaissance-Philosophen halten daran fest, dass Geiz, Überheblichkeit, Ruhmsucht, Habgier und sinnliche Ausschweifungen den Menschen in Unwürde fallen lassen.

Erneut wird Menschenwürde als Wesensmerkmal und Gestaltungsauftrag gedeutet.

FRANCESCO PETRARCA

Heilmittel gegen Glück und Unglück

Von Traurigkeit und Elend

Das Elend der »menschlichen Situation« ist groß und vielfältig, das bestreite ich nicht, und manche haben es schon in ganzen Bänden bejammert. Aber blick' auch in die andere Richtung, und du wirst gleichfalls vieles sehen, was das Leben glücklich und angenehm macht. [...] da ist jenes Bildgleichnis Gottes, des Schöpfers, im Innern der menschlichen Seele; da sind Talent, Gedächtnis, Voraussicht, beredter Ausdruck, so viele Erfindungen, so viele Künste [...], soviel Gunst der Umstände und der Bedürfnisbefriedigungen, dazu die ganze Mannigfaltigkeit der Dinge, die euch nicht nur der Notdurft wegen, sondern auch zur Ergötzung dienen und das auf wunderbare und unaussprechliche Weisen! [...] so viele Lebewesen am Himmel, auf der Erde, im Meer, die nur zu eurem Gebrauch bestimmt sind und um einzig dem Menschen zu gehorchen erschaffen wurden! [...]

Hierzu kommt: unser Leib, der sich, mag er auch hinfällig und zerbrechlich sein, doch dem Auge souverän darbietet und heiter und in aufrechter Haltung, die ihn zur

* Vgl. hierzu Platon, Protagoras 320b–323a.

Himmelsbetrachtung befähigt. Dazu: die Unsterblichkeit der Seele [...]. Und, was hoch überlegen nicht nur jeglicher Menschen-, sondern auch Engelswürde ist: *die Menschheit selber, der Gottheit so verbunden*, daß er, der da Gott war, zum Menschen wurde und, indem er, derselbe an Zahl Eine, zwei Naturen vollkommen in sich vereinigte, ebendamit anhub, Gott und Mensch zu sein, um menschgeworden, den Menschen zum Gott zu machen. [...] was für einen erhabenen Platz unter den Geschöpfen die menschliche Natur einnimmt. Und wie hat doch ebenderselbe euch, die er durch diese seine wunderwirkende Hochschätzung sogar den Engeln vorgezogen hatte, gerade die Engel zu Wächtern bestellt, um auf alle Weise euren Vorrang unter den Geschöpfen zu beweisen! [...]

[...] Alles zusammengenommen: manche Lebewesen sind stärker als der Mensch, manche schneller, manche haben schärfere Sinne, aber an Würde überragt ihn keines; es gibt keines, auf das der Schöpfer die gleiche Sorgfalt verwendet hatte.

Francesco Petrarca: Heilmittel gegen Glück und Unglück. Lat.-dt. Ausg. in Auswahl übers. und komm. von Rudolf Schottlaender. Hrsg. von Eckhard Keßler. München: Fink, 1988. S. 191–199. –

GIANNOZZO MANETTI

Über die Würde und Erhabenheit des Menschen

Erstes Buch

Diesen Körper machte Gott selbst mit himmlischer Kraft lebendig, indem er die vernünftige Seele schuf und ihr seinen Atem einhauchte, und er richtete ihn auf zur Betrachtung seines Schöpfers [...].

Wenn wir nun gründlich und genau die spezielle Beschaffenheit unseres Körpers und einige seiner hervorragenden Eigenschaften betrachten, so werden wir feststellen, daß er sowohl durch seine Gestalt als auch durch seine allgemeine und universale Könnerschaft als auch durch den zwangsläufigen Nicht-Besitz bestimmter überflüssiger Teile, somit durch drei spezifische und vorzügliche Gaben, alle übrigen Lebewesen bei weitem übertrifft und sich von den anderen erheblich unterscheidet.

Die Gestalt, um über die einzelnen Punkte einige wenige Worte so kurz wie möglich zu sagen, erscheint denen, die sie betrachten, so klar als die edelste von allen, daß dies überhaupt nicht bezweifelt oder bestritten werden kann. Denn sie ist in einer Weise aufgerichtet und hoch, daß offenbar zu Recht der Mensch über all die übrigen Lebewesen, die zur Erde geneigt und zum Boden gedrückt sind, gleichsam als ihrer aller alleiniger Herr, König und Kaiser im ganzen Erdkreis herrscht, regiert und gebietet.

[...] Wir bewundern diesen Bau des menschlichen Körpers unaussprechlich und betrachten oftmals mit großem Staunen seine erhabene und göttliche Komposition aus verschiedenen Gliedern.

[...] Welche Anordnung der Glieder nun, welche Harmonie der Formen, welche Gestalt, welche Erscheinung könnte schöner sein oder gedacht werden als die des Menschen?

[...] Wenn nun jemand, um diesen ersten kleinen Teil unseres Werkes endlich einmal abzuschließen, alle diese allgemeinen und besonderen Vorzüge des menschlichen Körpers und seine herausragenden Gaben wirklich gründlich betrachtet, wird er mit Recht zu der Auffassung gelangen, daß dieser vom allmächtigen Gott deswegen vorzüglich, ja wunderbar verfertigt wurde, damit er durch seine Gestalt ein würdiges und zugleich passendes Gefäß für die vernünftige Seele bilden könne.

[...] Wenn wir nun sehen, daß die Gefäße unserer Seelen

so beschaffen und so wunderbar sind, daß wir an Gottes Schöpfertum nicht den geringsten berechtigten Zweifel haben können, was werden wir dann über die Seele selbst, dem einzigartigen, vorzüglichen Schatz aller Dinge sagen? Oder werden wir so dumm und töricht sein, in Frage zu stellen, daß es einen göttlichen Schöpfer der menschlichen Seelen gibt, wenn wir eben dies bei den menschlichen Körpern, die ja doch ihre Gefäße und Behälter sind, mit aller Gewißheit denken? [...]

Zweites Buch

[...] Es machte [...] Gott den Menschen nach seinem Bilde und sich ähnlich; er schuf ihm nämlich eine Seele, durch die er, da sie Vernunft und Unsterblichkeit, Verstand, Gedächtnis und Willenskraft besaß, den anderen Lebewesen überlegen war und die Herrschaft über sie ausübte [...].

Drittes Buch

[...] Wir nun sind zwar kleine Menschen und unwissend [...], zögern [aber] nicht, [um] mit Nachdruck zu erklären, daß die Welt vom allmächtigen Gott aus dem Nichts geschaffen und um des Menschen willen eingerichtet worden ist. Daß nämlich die Auffassung, Gott habe ohne Sinn und Zweck so große und so bewundernswürdige Werke hervorgebracht, völlig abwegig ist und weitab von der Wahrheit liegt, wird niemand leugnen. Ebensowenig ist die Welt um ihrer selbst willen geschaffen worden, denn sie ist offensichtlich nicht darauf angewiesen, die Dinge der Welt zu verwenden, da sie keine Sinne hat. Und man kann auch nicht behaupten, daß Gott die Welt für sich selbst hervorgebracht habe, denn er konnte und kann sie entbehren, wie es ja eindeutig vor ihrer Erschaffung der

Fall war. Es bleibt also nur, daß die Welt um der Lebewesen willen gemacht worden ist. Denn wir sehen, daß diese Lebewesen eben ihre Bestandteile verwenden, weil sie in der Lage sind, durch die Verwendung dieser Dinge sich selbst zu erhalten und auf diese Weise zu leben und zu existieren. Wenn nun erwiesen würde, daß die übrigen Lebewesen ausschließlich um des Menschen willen geschaffen worden sind, so könnte man daraus schließen, daß die Welt allein nur um des Menschen willen von Gott geschaffen und eingerichtet worden ist, weil wir dann ja sagen, daß die Welt wegen der Lebewesen und die Lebewesen wegen des Menschen gemacht worden sind. Und daß eben dies sicher ist, geht daraus hervor, daß alles, was immer geschaffen sein mag, nur dem Menschen unterworfen ist und ihm in wunderbarer Weise dient. Dies sehen wir, wie man sagt, klarer als das Mittagslicht. Wenn das nun bewiesen ist und ehrlich zugestanden wird, ist es offenkundig, daß der Mensch, um dessentwillen, wie wir damit bekennen, die Welt geschaffen wurde, von Gott gemacht ist [...].

So ist die Erschaffung des Menschen das eigene Werk von Gott allein, denn er selbst, der Schöpfer aller Dinge, hat, nachdem er vorher das übrige geschaffen hatte, den Menschen gemacht und geschaffen [...]. Nachdem er nun alle Dinge dank einer wunderbaren Einteilung geordnet hatte, beschloß er, sich ein ewiges Reich zu schaffen. Dafür wollte er eine fast unzählbare Menge von Seelen erschaffen, denen er Unsterblichkeit schenkte. Da brachte er ein Ebenbild seiner selbst hervor, das Sinne und Verstand besaß, das heißt: Er schuf es nach seinem eigenen Bilde, welches das Höchstmaß der Vollendung darstellte. Dieses Ebenbild, den Menschen machte er aus dem Lehm vom Boden, woher der Mensch (»homo«) seinen Namen erhielt, weil er nämlich aus Erde (»humus«) geschaffen ist [...].

[...] Wenn nämlich die Welt (»mundus«) selbst so herrlich und schön ist, daß man sie sich nicht schöner vorstellen kann, wenn sie denn wirklich von Schmuck und Zierde (»munditiae«) ihren Namen erhalten hat, welche Schönheit und welche Wohlgestaltetheit müssen wir dann dem zuschreiben, von dem wir wissen, daß die Schönheit der Welt um seinetwillen geschaffen worden ist?

[...] Diese Dinge freilich und die übrigen dieser Art sind in so großer Zahl und Qualität überall sichtbar, daß es offenkundig wird, daß am Anfang Gott die Welt und all ihren Schmuck zum Nutzen des Menschen erfunden und eingerichtet, daß die Menschen aber sie dann voll Dank angenommen und viel schöner und viel prächtiger und weitaus feiner gemacht haben [...].

[...] Unser sind die Länder, unser die Äcker, unser die Felder, unser die Berge, unser die Hügel, unser die Täler, unser die Weinstöcke, unser die Ölbäume [...].

[...] Unser ist das Firmament, unser sind die Himmelskörper, unser die Gestirne, unser die Sterne, unser die Planeten [...].

Viertes Buch

Bis jetzt, in den drei vorangegangenen Büchern, haben wir, soweit es die eng begrenzten Gaben unseres Verstandes erlauben und bewerkstelligen konnten, breit und ausführlich in einer klaren, verständlichen Sprache alles das zusammengetragen, was sich im wesentlichen auf die überragende Würde und Erhabenheit des Menschen zu beziehen und sie zu betreffen schien. Deshalb glaubten wir nicht ohne Grund, daß die richtige und günstigste Zeit gekommen sei, um letzte Hand an dieses Werk zu legen. Dies hätten wir gewiß schon getan, wenn wir es nicht als wichtig für unsere Aufgabe angesehen hätten, das zu widerlegen, was, wie wir erkennen mußten, sehr viel ältere und jüngere Autoren zum Lobe des Todes und über seine Vorteilhaftigkeit oder dann über das Elend des menschlichen Lebens geschrieben hatten, denn wir sahen, daß dies dem, was wir vorher abgehandelt hatten, in einem gewissen Maße widerstreitet [...].

[...] Daß [...] der Mensch zerbrechlich, hinfällig und niedrig ist, daß er zahlreichen, ja fast unendlich vielen Arten von Krankheiten sowie seelischen Störungen unterworfen und verfallen ist, wird jedem in aller Klarheit aufgehen, der über das Wesen und die Verhältnisse des Menschen etwas sorgfältiger und genauer nachdenkt [...].

[...] Der Mensch kam also zu dieser ganzen Schwäche seines Körpers und zu all seinen Krankheiten und zu seinen sämtlichen sonstigen Gebrechen, die wir oben erwähnt haben, nicht aufgrund seines Wesens, sondern vielmehr durch die Befleckung des Sündenfalls. Was immer man daher gegenwärtig als lästige Eigenschaft und Nachteil ansieht, darf also richtigerweise nicht seinem Wesen zugeschrieben werden, sondern man muß es vielmehr, wie wir es oben ausgeführt haben, auf die erste Sünde zurückführen. Daher sollte bei den heidnischen und bei den christlichen Autoren alles Klagen und Jammern über den Vorzug und das Gut des Todes und über ihre sonstigen Gebrechen aufhören und ein Ende nehmen, da wir wissen, daß diese Eigenschaften nicht von Gott selbst oder vom menschlichen Wesen herkommen und stammen, sondern vom Sündenfall [...].

[...] Daß aber alles, was Gott geschaffen hat, sehr gut ist, wie es die Heilige Schrift bezeugt, hat niemand, der nur gesunden Geistes war, jemals bezweifelt. Daher können wir in der Tat auch nicht den geringsten berechtigten Zweifel daran haben, daß der Mensch, um dessentwillen nachweislich alles sehr gut und unübertrefflich gemacht worden ist, nicht nur etwas Unübertreffliches ist, sondern sogar, um es so auszudrücken, etwas mehr als Unübertreffliches ist. Das menschliche Leben, dank dem der Mensch ja lebt, kann daher nicht grundsätzlich elend sein oder werden; andernfalls würde daraus folgen, daß dasjenige, was mit Gewißheit unübertrefflich ist, in einem dauerhaften und beständigen Elend lebt. Da dies offensichtlich falsch ist, ergibt es sich ganz klar, daß all die [...] Dichter, Redner und Philosophen, von denen bekannt ist, daß sie über das Elend des menschlichen Lebens gesprochen und geschrieben haben, sich als irrig, nichtig und gehaltlos erwiesen haben.

Giannozzo Manetti: Über die Würde und Erhabenheit des Menschen. De dignitate et excellentia hominis. Übers. von Hartmut Leppin. Hrsg. und eingel. von August Buck. Hamburg: Meiner, 1990. S. 25–35, 47, 67–81, 98–120.

GIOVANNI PICO DELLA MIRANDOLA

Rede über die Würde des Menschen

Hochverehrte Väter! In den Schriften der Araber habe ich gelesen, der Sarazene Abdala habe auf die Frage, was sozusagen auf der Bühne dieser Welt als das Bewundernswerteste erscheine, geantwortet, nichts erscheine der Bewunderung würdiger als der Mensch. Dieser Ansicht pflichtet jener Ausspruch des Merkur bei: »Asklepius,* ein großes Wunder ist der Mensch.« Als ich über die Bedeutung dieser Worte nachsann, stellten die vielen Äußerungen mich nicht zufrieden, die über die Vortrefflichkeit der menschlichen Natur von vielen Leuten vorgetragen werden, es sei der Mensch der Mittler unter den Geschöpfen, den Wesen über ihm sei er vertrauter Freund, und Lenker sei er derer, die tiefer stehen als er; mit der Schärfe seiner Sinne, mit seinem Forschergeist und mit dem Lichte seines Verstandes begreife er die Natur, zwischen ewiger Dauer und verfließender Zeit sei er das Zwischenglied, sei (wie

* *Asklepius:* dt. Äskulap, der Gott der Heilkunst in der griechischen Mythologie.

die Perser sagen) mit der Welt verbunden, ja sei sogar mit ihr vermählt und stehe nach dem Zeugnis Davids* im Rang nur wenig unterhalb der Engel. Bedeutende Vorzüge sind dies zwar, doch nicht entscheidende, so daß sie das Vorrecht auf höchste Bewunderung mit Recht für sich in Anspruch nehmen dürften. Denn warum sollten wir nicht die Engel selbst und die seligsten Chöre des Himmels mehr bewundern? Schließlich glaubte ich erkannt zu haben, warum der Mensch das glücklichste und demgemäß das Lebewesen ist, das jegliche Bewunderung verdient, und worin schließlich jene Stellung besteht, die er in der Ordnung des Universums erhalten hat, um die ihn nicht allein die Tiere, sondern auch die Gestirne und auch die überweltlichen Geister beneiden. Die Sache übersteigt den Glauben und scheint wunderbar. Warum auch nicht? Denn auch deshalb sagt man mit Recht und glaubt es auch, der Mensch sei ein großes Wunder und in der Tat ein Lebewesen, das Bewunderung verdient. Doch hört, ihr Väter, was es denn mit dieser Sache auf sich hat, und schenkt mit gütigem Gehör – wollt ihr so freundlich sein – mir für mein heutiges Bemühen eure Nachsicht.

Schon hatte der höchste Vater und Schöpfergott dieses Haus der Welt, das wir hier sehen, den hocherhabenen Tempel seiner Göttlichkeit nach den Gesetzen geheimer Weisheit kunstvoll errichtet. Die Gegend oberhalb des Himmels hatte er mit Geistern ausgestattet, des Himmels Sphären mit unsterblichen Seelen belebt und die schmutzigen und unreinen Bereiche der unteren Welt mit einer Schar von Lebewesen aller Art gefüllt. Doch als das Werk vollendet war, da wünschte sein Erbauer, es sollte jemanden geben, der imstande wäre, die Einrichtung des großen Werkes zu beurteilen, seine Schönheit zu lieben, seine Größe zu bewundern. Deswegen dachte er, als alles schon voll-

* *David:* König von Juda, gilt als Verfasser vieler der alttestamentlichen Psalmen.

endet war (wie Moses* und Timaios** es bezeugen), zuletzt daran, den Menschen zu erschaffen. Doch gab es unter den Urbildern keines, wonach er den neuen Sprößling hätte formen können, auch fand sich in den Schatzkammern nichts, das er dem neuen Sohn als Erbgut hätte schenken können, und nirgends auf der ganzen Welt gab es noch einen Platz, auf dem dieser Betrachter des Universums sitzen konnte. Schon voll besetzt war alles und alles an die obersten, die mittleren und untersten Rangordnungen verteilt. Es hätte aber nicht für eines Vaters Schöpferkraft gesprochen, wenn diese bei ihrer letzten Zeugung gleichsam erschöpft versagte, es hätte auch der Weisheit nicht entsprochen, aus Mangel an Entschlußkraft bei etwas Notwendigem geschwankt zu haben, auch nicht wohltätiger Liebe, wenn der, der göttliche Freigebigkeit bei anderen loben sollte, gezwungen würde, sie bei sich selbst als unzulänglich zu verwerfen. So traf der beste Bildner schließlich die Entscheidung, daß der, dem gar nichts Eigenes gegeben werden konnte, zugleich an allem Anteil habe, was jedem einzelnen Geschöpf nur für sich selbst zuteil geworden war. Also nahm er den Menschen hin als Schöpfung eines Gebildes ohne besondere Eigenart, stellte ihn in den Mittelpunkt der Welt und redete ihn so an: »Keinen bestimmten Platz habe ich dir zugewiesen, auch keine bestimmte äußere Erscheinung und auch nicht irgendeine besondere Gabe habe ich dir verliehen, Adam, damit du den Platz, das Aussehen und alle die Gaben, die du dir selber wünschst, nach deinem eigenen Willen und Entschluß erhalten und besitzen kannst. Die fest umrissene Natur der übrigen Geschöpfe entfaltet sich nur innerhalb der von mir vorgeschriebenen Gesetze. Du wirst von allen Einschränkungen frei nach deinem eigenen freien Willen, dem ich dich überlassen habe, dir selbst deine Natur bestimmen. In die Mitte

* *Moses:* führte die Israeliten in das Gelobte Land (s. Altes Testament).

** *Timaios:* Timaios von Lokrio (um 5. Jh. v. Chr.), angeblich ein Philosoph aus der Schule der Pythagoreer (kommt in zwei Dialogen Platons vor).

der Welt habe ich dich gestellt, damit du von da aus bequemer alles ringsum betrachten kannst, was es auf der Welt gibt. Weder als einen Himmlischen noch als einen Irdischen habe ich dich geschaffen und weder sterblich noch unsterblich dich gemacht, damit du wie ein Former und Bildner deiner selbst nach eigenem Belieben und aus eigener Macht zu der Gestalt dich ausbilden kannst, die du bevorzugst. Du kannst nach unten hin ins Tierische entarten, du kannst aus eigenem Willen wiedergeboren werden nach oben in das Göttliche.«

Welch übergroße Freigebigkeit des Vatergottes, welch übergroßes und bewundernswertes Glück des Menschen, dem gegeben ist zu haben, was er wünscht, und zu sein, was er zu sein verlangt. Die Tiere bringen bei ihrer Geburt aus dem Mutterleib (so sagt Lucilius*) alles mit sich, was sie besitzen werden. Die höchsten Geister sind entweder von Beginn an oder bald darauf gewesen, was sie von Ewigkeit zu Ewigkeit sein werden. Dem Menschen hat bei der Geburt der Vater Samen jedweder Art und Keime zu jeder Form von Leben mitgegeben. Die, die jeder pflegt, werden sich entwickeln und ihre Früchte an ihm tragen: Sind sie pflanzlicher Natur, wird er zur Pflanze werden. Sind es Keime der Sinnlichkeit, so wird er zum Tier werden. Sind es Keime der Vernunft, so wird er zum himmlischen Lebewesen werden. Sind es Keime des Geistes, wird er ein Engel sein und Gottes Sohn. Und wenn er unzufrieden ist mit jedem Lose der Geschöpfe und sich zurückzieht in den Mittelpunkt des eigenen einheitlichen Wesens, wird er mit Gott zu einem Geist vereint im einsamen Dunkel des Vaters, der über alle Dinge gesetzt ist, alle Geschöpfe übertreffen.

Giovanni Pico della Mirandola: Oratio de hominis dignitate / Rede über die Würde des Menschen. Lat./Dt. Auf der Textgrundlage der Editio princeps hrsg. und übers. von Gerd von der Gönna. Stuttgart: Reclam, 1997. S. 5–11.

* *Lucilius:* Gaius Lucilius (um 180 – 102 v. Chr.), Satiriker.

ERASMUS VON ROTTERDAM

Handbüchlein eines christlichen Streiters

[...] wenn die Leidenschaft zur Sünde aufwiegelt, so mögen sie inwendig im Herzen alsbald vor Augen haben, welch schnödes, verfluchtes und tödliches Ding die Sünde und wie groß dagegen die Würde des Menschen ist. Auch in nichtigen Angelegenheiten beratschlagen wir ein wenig bei uns selbst und in dieser entscheidendsten Angelegenheit sollen wir nicht, bevor wir uns durch unsere Zustimmung gleichsam dem Teufel verschreiben, in unserem Herzen erwägen, von welchem großen Bildner wir geschaffen, an welchen hervorragenden Platz wir gestellt, um welchen Preis wir erlöst und zu welcher hohen Seligkeit wir berufen worden sind; daß der Mensch jenes edle Wesen ist, dem zuliebe allein Gott diese wunderbare Bühne der Welt gebaut hat, ein Mitbürger der Engel, ein Sohn Gottes, ein Erbe der Unsterblichkeit, ein Glied Christi, ein Glied der Kirche; daß unser Leib ein Tempel des Heiligen Geistes ist, unser Geist Abbild zugleich und Heiligtum der Gottheit; anderseits, daß die Sünde eine gar abscheuliche Krankheit und Verwesung der Seele wie des Leibes ist? Durch die Unschuld erblühen allerdings beide wieder in ursprünglicher Schönheit. Die Wirkung der Sünde aber läßt beide sogar in dieser Welt verwelken. Die Sünde ist ein tödlicher Saft der garstigen Schlange, ein Handgeld des Teufels und der schändlichsten und erbärmlichsten Knechtschaft. Erwäge dieses und ähnliches bei dir und bedenke auch, ob es ratsam ist, wegen des falschen, augenblicklichen und vergifteten Vergnügens der Sünde aus so großer Würde in so große Unwürdigkeit zu fallen, aus der du dich nicht selbst befreien kannst! [...]

Gegen die Wollust

[...] Kein anderes Übel fällt uns früher an als dieses, ist heftiger, verbreiteter und zieht mehr Menschen in den Untergang. Wenn dich also einmal die schmutzige Wollust reizt, so sei darauf bedacht, ihr sogleich mit diesen Waffen zu begegnen: Bedenke besonders, wie unrein, wie schmutzig, wie jedes Menschen unwürdig diese Begierde ist, die uns, die wir Geschöpfe Gottes sind, nicht nur dem Kleinvieh, sondern auch den Schweinen, Böcken, Hunden, den unvernünftigsten der unvernünftigen Tiere gleichmacht. Ja, sie erniedrigt uns, die wir zur Partnerschaft mit den Engeln und zur Gemeinschaft mit Gott bestimmt sind, noch unter den Rang der Tiere. [...]

Gegen die Versuchungen des Geizes

Wenn du fühlst, daß du entweder von Natur aus zum Laster der Geldgier neigst oder vom Teufel dazu aufgestachelt wirst, bedenke nach den obigen Regeln die Würde deiner Bestimmung, der du allein dazu geschaffen und erlöst worden bist, jenes höchste Gut immer zu genießen. Gott hat diesen ganzen Bau der Welt geschaffen, damit alles deinen Bedürfnissen diene. Wie niedrig und wie engherzig ist es daher, die stummen und wertlosen Dinge nicht zu gebrauchen, sondern sosehr zu bewundern. Zerstöre die Verblendung der Menschen! Was wird Gold und Silber anderes sein als rote und weiße Erde? [...]

Gegen die Überheblichkeit und Aufgeblasenheit

Du wirst dich nicht aufblasen, wenn du nach jenem so oft gebrauchten Wort dich selbst erkennst, das heißt, wenn du alles, was an dir groß, schön und hervorragend ist, wenn du das alles als eine Gabe Gottes betrachtest und nicht als dein eigenes Gut, wenn du dagegen alles Niedrige, Schmutzige und Unrechte ganz dir allein zuschreibst, wenn du bedenkst, in wieviel Niedrigkeit du empfangen und geboren worden bist, wie nackt und hilflos, wie unvernünftig und armselig du das Licht erblickt hast, wie vielen Krankheiten, wie vielen Unfällen und wie vielen Drangsalen dieser armselige Körper von überall her ausgesetzt ist, und welche Kleinigkeit selbst einen Riesen, der von Geist strotzt, jäh zu Fall bringen kann.

Erasmus von Rotterdam: Ausgewählte Schriften. Ausgabe in acht Bänden. Lat./Dt. Hrsg. von Werner Welzig. Bd. 1: Epistola ad Paulum Volzium / Brief an Paul Volz. Enchiridion militis christiani / Handbüchlein eines christlichen Streiters. Übers., eingel. und mit Anm. versehen von Werner Welzig. Darmstadt: WBG 1968. S. 323–325, 331, 345, 357–359. –

Frühe Neuzeit

Größe und Elend des Menschen

Obwohl die Philosophen der Renaissance auch auf das Elend des menschlichen Daseins hinwiesen, steigerten sie unabhängig davon die Würde des Menschen ins Grenzenlose. Diese hohen Bewertungen werden in der frühen Neuzeit wieder zurückgenommen. Doch geht es nun nicht mehr so sehr um die Darstellung des menschlichen Elends als vielmehr um eine Aufhebung des übertriebenen menschlichen Stolzes. Nachdrücklich betonen der Dichter William Shakespeare (1564–1616) oder die Philosophen Michel de Montaigne (1533–1592) und Blaise Pascal (1623–1662), dass für das menschliche Dasein gleichermaßen »Elend« und »Größe« charakteristisch sind.

Montaigne zieht die Vorstellung ins Lächerliche, dass alles für den Menschen und um seinetwillen erschaffen wurde. Doch lässt er wie der tiefgläubige Pascal keinerlei Zweifel an der Existenz Gottes aufkommen, der sich besonders des Menschen angenommen habe. Auffälligerweise nehmen die Autoren aber die Idee der Menschenwürde aus dem religiösen Deutungsrahmen heraus.

Weder körperliche Merkmale wie der aufrechte Gang des Menschen noch dessen Stellung in der Welt gelten nun noch als Indizien für seine besondere Würde. Letzteres bleibt schon deshalb ausgeschlossen, weil sich bereits zu dieser Zeit die Vorstellung von einem räumlich unendlichen Universum durchzusetzen begann.

Von den drei Elementen zur Begründung der Menschenwürde im religiösen Deutungshorizont, Gottebenbildlichkeit, Menschwerdung Gottes und Personalität, bleibt nur noch die Personalität übrig, von Pascal »Denken« genannt.

Diese auf das »Denken« reduzierte Begründung lässt aber die Vorstellung von der Würde als eigentlichem Wesensmerkmal des Menschen und Gestaltungsauftrag für den Menschen weiterhin unangetastet.

WILLIAM SHAKESPEARE

Hamlet, Prinz von Dänemark

HAMLET: Welch ein Meisterwerk ist der Mensch! wie edel durch Vernunft! wie unbegrenzt an Fähigkeiten! in Gestalt und Bewegung wie bedeutend und wunderwürdig! im Handeln wie ähnlich einem Engel! im Begreifen wie ähnlich einem Gott! die Zierde der Welt! das Vorbild der Lebendigen! Und doch, was ist mir diese Quintessenz von Staube?

William Shakespeare. Hamlet, Prinz von Dänemark. Tragödie. Übers. von August Wilhelm Schlegel. Hrsg. von Dietrich Klose. Stuttgart: Reclam, 2001. S. 48.

MICHEL DE MONTAIGNE

Apologie des Raimund Sebundus

[Der Schöpfer] hat diesen großen Werken den Stempel seiner Göttlichkeit aufgedrückt, und es liegt nur an unserem Unverstand, wenn wir ihn nicht entdecken können. [...] Das Mittel, zu dem ich greife, um diesen Wahnwitz [der Gottlosigkeit] einzudämmen, und das mir am tauglichsten scheint, ist dies, den Stolz und den menschlichen Hochmut zu brechen und unter die Füße zu treten; sie die Hohlheit, die Nichtigkeit und Wesenlosigkeit des Menschen fühlen zu lassen; ihnen die kläglichen Waffen ihrer Vernunft aus den Händen zu schlagen; ihnen unter der Macht und

Furcht der Majestät Gottes den Nacken zu beugen und sie in den Staub zu werfen. Ihr allein gebührt die Erkenntnis und die Weisheit; ihr, die allein sich irgendeines Dinges rühmen kann und der wir den Ruhm entwenden, den wir uns beilegen und mit dem wir uns blähen wollen.

[...] Betrachten wir denn einmal den Menschen allein, ohne fremde Hilfe, nur mit seinen eigenen Waffen gerüstet, und beraubt der Gnade und Erkenntnis Gottes, die all seine Ehre, seine Kraft und der Urgrund seines Daseins ist. Sehen wir, wie er sich in dieser schönen Rüstung ausnimmt. Mache er mir durch die Kraft seiner Schlußfolgerungen begreiflich, auf welchen Fels er diese großen Vorzüge gegründet hat, die er vor der übrigen Kreatur zu haben meint. Wer hat ihm in den Kopf gesetzt, daß dieser bewundernswürdige Reigen des Himmelsgewölbes; das ewige Licht dieser Flammenkörper, die so erhaben über seinem Haupte kreisen, die ungeheuren Bewegungen dieses unendlichen Meeres zu seiner Annehmlichkeit und zu seinen Diensten geschaffen und so viele Jahrhunderte in Gang gehalten wurden? Läßt sich etwas Lächerlicheres ausdenken, als wenn dieses elende und erbärmliche Geschöpf, das nicht einmal seiner selbst Herr und von allen Seiten jeder Unbill ausgesetzt ist, sich für den Herrn und Meister des Alls ausgibt, von dem auch nur den geringsten Teil zu überschauen, geschweige denn zu beherrschen, nicht in seiner Macht steht? [...]

Die Anmaßung ist unsere natürliche Erbkrankheit. Das unglückseligste und gebrechlichste aller Geschöpfe ist der Mensch, und allzumal das hoffärtigste. Er sieht und fühlt sich hienieden im Kot und Auswurf der Erde hausen, in den übelsten, abgestorbensten und vermodertsten Winkel des Alls ausgesetzt und angeschmiedet [...] und geht hin und setzt sich in seiner Einbildung über den Mondkreis und macht den Himmel zum Schemel seiner Füße*. Aus

* *Schemel seiner Füße:* typische alttestamentliche Fügung für »er gewinnt völlige Macht über etwas«.

dem Hochmut dieser gleichen Einbildung kommt es, daß er sich Gott gleichstellt, daß er sich göttliche Eigenschaften beimißt, daß er sich auserlesen dünkt und vom großen Haufen der übrigen Geschöpfe absondert [...].

[...] Wir stehen weder über noch unter den übrigen Geschöpfen: alles, was unter dem Himmel ist, sagt der Weise, hat einerlei Gesetz und einerlei Los [...].

Michel de Montaigne: Essais. Ausw. und Übers. von Herbert Lüthy. Zürich: Manesse Verlag, 1953. S. 421–435. –

BLAISE PASCAL

Gedanken

Das Denken macht die Größe des Menschen aus.

[...]

Der Mensch ist nur ein Schilfrohr, das schwächste der Natur, aber er ist ein denkendes Schilfrohr.

Das ganze Weltall braucht sich nicht zu waffnen, um ihn zu zermalmen; ein Dampf, ein Wassertropfen genügen, um ihn zu töten. Doch wenn das Weltall ihn zermalmte, so wäre der Mensch nur noch viel edler als das, was ihn tötet, denn er weiß ja, daß er stirbt und welche Überlegenheit ihm gegenüber das Weltall hat. Das Weltall weiß davon nichts.

Unsere ganze Würde besteht also im Denken. Daran müssen wir uns wieder aufrichten und nicht an Raum und Zeit, die wir nicht ausfüllen können. Bemühen wir uns also, gut zu denken: Das ist die Grundlage der Moral.

[...]

Denkendes Schilfrohr.

Nicht im Raum muß ich meine Würde suchen, sondern in der Ordnung meines Denkens. Ich werde keinen Vorteil davon haben, wenn ich Grund und Boden besitze.

Durch den Raum erfaßt und verschlingt das Universum mich wie einen Punkt: Durch das Denken erfasse ich es.

[...]

An Port-Royal. Größe und Elend.

Da man das Elend aus der Größe schließt und die Größe aus dem Elend, haben die einen um so stärker auf das Elend geschlossen, als sie zum Beweis dafür die Größe genommen haben, und die anderen haben mit um so stärkerer Eindringlichkeit auf die Größe geschlossen, weil sie diese gerade aus dem Elend geschlossen haben. Alles, was die einen sagen konnten, um die Größe zu zeigen, hat den anderen nur als Argument gedient, um auf das Elend zu schließen, denn es heißt ja, um so elender zu sein, je größer die Höhe war, aus der man herabgestürzt ist, und bei den anderen ist es umgekehrt. Die einen haben sich gegen die anderen in einem Kreis ohne Ende gewandt, wobei es gewiß ist, daß, je mehr Einsicht die Menschen haben, sie im Menschen sowohl Größe als auch Elend entdecken. Mit einem Wort: Der Mensch erkennt, daß er elend ist. Er ist also elend, weil er es ist, aber er ist sehr groß, weil er es erkennt.

[...]

Es ist gefährlich, dem Menschen zu eindringlich vor Augen zu führen, wie sehr er den Tieren gleicht, ohne ihm seine Größe zu zeigen. Und es ist weiter gefährlich, ihm zu eindringlich seine Größe ohne seine Niedrigkeit vor Augen zu führen. Es ist noch gefährlicher, ihn in Unkenntnis des einen und des anderen zu lassen, aber es ist sehr vorteilhaft, ihm das eine und das andere darzulegen.

Der Mensch soll nicht glauben, er gleiche den Tieren oder den Engeln, er soll auch nicht in Unkenntnis des einen und des anderen sein, sondern beides wissen.

Blaise Pascal: Gedanken über die Religion und einige andere Themen. Hrsg. von Jean-Robert Armogathe. Aus dem Frz. übers. von Ulrich Kunzmann. Stuttgart: Reclam, 1997. S. 406, 140f., 81, 84f., 84.

Neuzeit

Krone der Schöpfung

Einerseits ist für die Neuzeit der Verlust einer einheitlichen Tendenz im Verständnis des Begriffs Menschenwürde charakteristisch. Denn nun stehen verschiedenartige Positionen nahezu gleichrangig nebeneinander. Andererseits wird die Idee der Menschenwürde fortan immer öfter aus dem religiösen Deutungsrahmen herausgelöst. Schrittweise tritt die Menschenwürde als Begriff von der Metaphysik und Theologie hin zur Rechts- und Sozialphilosophie über.

Der in Leipzig wirkende reformierte Pastor Georg Joachim Zollikofer (1730–1788), der einst seiner zahlreichen auch veröffentlichten Predigten wegen in religiösen Kreisen hohes Ansehen genoss, ist heute fast gänzlich in Vergessenheit geraten. Zu seinen Schriften gehört ein zweibändiges Werk mit dem Titel *Predigten über die Würde des Menschen*. Obwohl seine Ausführungen nicht originell sind, haben sie dennoch einigen Wert, denn sie stellen alle bis dahin erarbeiteten Bestimmungen und Begründungen der Menschenwürde als Wesensmerkmal und Gestaltungsauftrag in einer Art Zusammenschau vor: Die Gottebenbildlichkeit, die Menschwerdung Christi sowie Verstand und Vernunft sind, so Zollikofer, die wahren Gründe für die Würde, die den Menschen über alle anderen Geschöpfe erhebt. Nutzt der Mensch seinen Verstand und seine Vernunft nicht, folgt er Christus nicht nach und macht sich zum Sklaven der Sinnlichkeit, so erniedrigt er sich selbst. Auch den aufrechten Gang des Menschen interpretiert Zollikofer wie viele Philosophen und Theologen zuvor als körperliches Indiz für die menschliche besondere Stellung.

GEORG JOACHIM ZOLLIKOFER

Predigten über die Würde des Menschen

1. Predigt. Worinn besteht die Würde des Menschen?

Worinn besteht [...] die Würde des Menschen? oder was giebt ihm den Werth, den er hat? Und wie und wodurch äußert sich seine Würde? oder, was bringt sie in ihm und außer ihm hervor? Dies sind die Hauptfragen, die wir hier zu beantworten haben.

Verstand, Freyheit, Thätigkeit, immer zunehmende Vollkommenheit, Unsterblichkeit, das Verhältniß, in welchem er gegen Gott, und gegen seinen Sohn Jesum steht, die Stelle, die er auf dem Erdboden einnimmt, und das, was er in Absicht auf denselben ist und thut; das machet die Würde des Menschen aus, das giebt ihm seinen vorzüglichen großen Werth.

Verstand und Vernunft adeln den Menschen. Dies ist der erste und vornehmste Grund seiner Würde. Dies erhebt ihn weit über alle andere Geschöpfe des Erdbodens. Dadurch wird er zum Verwandten der Engel; dadurch schwingt er sich bis zur Gottheit empor. [...]

Freyheit, moralische Freyheit ist ein anderer charakteristischer Zug des Menschen, ein anderer Grund seiner Würde [...].

[...] Und welche Würde der Menschheit liegt nicht in ihrem Verhältnisse gegen Jesum, den sie als ihren Widerhersteller, und ihr Haupt verehret! [...]

Betrachtet endlich den Menschen nach seiner äußern Gestalt, und in seinem Verhältniße gegen den Erdboden; betrachtet die Stelle, die er auf demselben einnimmt, das, was er in Absicht auf alle übrige Erdbewohner, auf alles, was ihn da umgiebt, ist und thut: so werdet ihr auch in dieser Rüksicht seine Würde nicht verkennen können. Seht, wie der Mensch mitten unter allen niedrigen Geschöpfen, die ihn umringen, voll Selbstgefühls da steht; wie ihn alles vor denselben auszeichnet und über sie erhebt: wie ihn alles, als den Beherrscher dieses Erdbodens und seiner Bewohner, als den Stellvertreter seines Schöpfers auf demselben, als den Priester der Natur, ankündiget! mit welchem weitreichenden Blicken er alles, was um ihn her ist, überschauet, sondert, ordnet, verbindet, umfasset; bald von der Erde gen Himmel hinauf staunet, und dann wieder von dem Himmel auf die Erde mit Wonnegefühl herabsieht [...].

Wie schön, wie erhaben ist nicht seine Gestalt! wie bedeutungsvoll jeder Zug seines Antlitzes, jede Stellung, jede Bewegung seines Körpers! Wie mächtig sein Auge spricht! wie sich da seine ganze Seele zeiget und mit unwiderstehlicher Gewalt bald Ehrfurcht, bald Unterwerfung und Gehorsam, bald Liebe fordert; izt* Muth und Entschlossenheit einflößt, dann Vergnügen und Zufriedenheit um sich her verbreitet! wie es oft mit Einem Blicke die Bosheit entwaffnet, alle Anschläge der Ungerechtigkeit zernichtet, den Kummer aus der Brust des Geängstigten verscheucht, und da, wo Finsterniß und Traurigkeit herrschten, Licht und himmlische Freuden schaffet! wer kann da die Hoheit, die Würde des Menschen verkennen? [...]

2. *Predigt. Was ist der Würde des Menschen zuwider?*

[...] Gott, wie müssen wir uns vor dir, und vor uns selbst schämen, daß wir nicht weiser, nicht besser, nicht glükseliger sind; daß wir uns der Vollkommenheit, welcher du uns fähig gemacht hast, so langsam nähern; daß wir die Ehre der Menschheit nicht würdiger behaupten! [...] Wehe uns, daß wir so tief von unsrer Würde herabgesunken sind, und den Glanz deines Bildes an uns so sehr verdunkelt ha-

* *izt:* jetzt, im Moment.

ben! Möchten wir uns doch alle aus dieser Tiefe der Schuld und des Elendes wieder erheben, und nach deinem Ebenbilde erneuert werden! [...]

Adeln Verstand und Vernunft den Menschen; so handelt er seiner Würde zuwider, so erniedriget er sich selbst, wenn er seinen Verstand und seine Vernunft nicht anbauet, wenn er sie nicht darzu gebrauchet, wozu sie ihm der Schöpfer gegeben hat; wenn ihm Wahrheit und Irrthum, Schein und Wirklichkeit gleichgültige Dinge sind [...]. Wo bleibt denn eure Würde, wodurch zeiget sich euer Adel, Menschen die ihr das Nachdenken, und die ihm so günstige, oft so unentbehrliche Stille und Einsamkeit scheuet; die ihr in einer immerwährenden, den Geist betäubenden, geräuschvollen Zerstreuung lebet; so selten zu einem klaren innigen Bewußtseyn euer selbst und eures Zustandes gelanget; eure Besonnenheit und eure Überlegungskraft so selten anwendet, und immer weit mehr außer euch, als in euch, weit mehr in der Meinung und dem Urtheile anderer, als in dem mit Selbstgefühl verbundenen Gebrauche eurer innern Kräfte existiret und lebet? [...]

Alles ferner, [...] alles, was mit der Freyheit des Menschen streitet, was ihren Gebrauch einschränket und hindert, das streitet mit der Würde der Menschheit, das entehret, erniedriget den Menschen, und machet ihn der Stelle unwürdig, die er unter den Geschöpfen Gottes bekleidet [...].

[...] Ihr seyd Sklaven, Sklaven der Sinne, Sklaven des Zufalls, Sklaven der Menschen, Sklaven eurer Lüste und Begierden, und so lange ihr das seyd, so lange setzet ihr euch zu den Thieren des Feldes herab, so lange ist die Würde der Menschheit kaum an euch zu erkennen; nur selten blikt ein schwacher Strahl ihres Glanzes aus der finstern Hülle hervor, die sie verbirgt. Soll sie wieder heller an euch glänzen, o so zerbrechet die Fesseln der Knechtschaft, womit euch die Sinnlichkeit gefangen hält [...].

[...] willst du deine Würde behaupten, o Mensch, so vergiß nie, daß du zur Unsterblichkeit bestimmt bist [...]. Hänge nicht mit deinem ganzen Herzen an Dingen, die du gewiß, die du vielleicht so bald verlieren wirst! Behandle nicht mit Gleichgültigkeit Dinge, die einen so großen, immerwährenden Einfluß in alle deine künftigen Schiksale haben können und werden! [...]

[...] Hüte dich vor allem, was mit dem Sinne Jesu, dieses Musters aller menschlichen Würde, dieses vollkommensten Ebenbildes des Vaters, streitet. [...]

Bist du der erste, der vornehmste, Bewohner dieses Erdbodens, o Mensch, herrschest und regierest du da im Namen deines höchsten Oberherrn, und willst du die Würde eines Statthalters Gottes in dieser Provinz seines Reichs behaupten, o so herrsche und regiere mit Weisheit und Güte! Sey nicht der Tyrann, sey der Beschützer, der Versorger, der Führer aller niedrigern Arten von Geschöpfen. [...]

3. Predigt. Wie und wodurch stellet das Christenthum die Würde des Menschen wieder her?

[...] Wie viel hat nicht Gott insbesondere durch seinen Sohn Jesum zur Wiederherstellung der menschlichen Würde gethan? War die nicht die lezte Absicht seines ganzen großen Werks auf Erden? Wie sehr hat nicht Gott die Menschheit durch ihre genaue Verwandtschaft und Verbindung mit seinem Sohne, dem Erstgebornen unter aller Creaturen, geehret und erhöhet! [...] Wie und wodurch hat das Christenthum in dem Menschen das Gefühl seiner Würde wieder erwecket, gestärket und ihm die Behauptung derselben erleichtert? [...]

Erstlich, sage ich, setzet das Christenthum unsre Verhältnisse gegen Gott in das helleste Licht; und dadurch läßt er den Menschen seine Würde fühlen, und erleichtert ihm die Behauptung derselben. Müßte sich der Mensch für ein Werk des blinden Zufalls, für einen Erdensohn im strengsten Sinne des Wortes halten; dürfte er sich keiner andern Herkunft rühmen, als die er mit den Pflanzen, oder mit dem sonst für Geburten der Fäulniß und der Gährung gehaltenen Insekten gemein hätte; könnte er sich nicht bis zum Gedanken und zum Glauben an eine höchste Gottheit emporschwingen, oder wäre ihm diese Gottheit nicht als der Schöpfer der Welt, als der Vater der Menschen bekannt: wie wenig Werth müßte nicht sein Daseyn und seine Natur in seinen eignen Augen haben! Was ist unbedeutender als ein Spiel des Zufalls, der heute schaffet und morgen sein Werk zerstöret, nie nach Absichten und Regeln handelt, und stets im Widerspruche mit sich selbst ist! Was ist wichtiger und ungewisser, als die Existenz einer so oder anders gebildeten Masse von Staub, die nichts als Staub ist, und früher oder später wieder ganz und auf immer in Staub aufgelöset werden soll! Und waren dies nicht die erniedrigenden Vorstellungen, die sich nur gar zu viele Weise und Nichtweise unter den Heiden von dem Menschen und seinem Ursprunge machten? -- Wie ganz anders ist nicht der Unterricht, den uns das Christenthume davon giebt! Gott, rufet es einem jeden seiner Bekenner zu, Gott, der Einzige, der Ewige, der Höchstvollkommene ist dein Schöpfer und Vater, so wie er der Schöpfer aller Welten, aller Heere des Himmels, und aller Bewohner des Erdsbodens ist! Nicht der Zufall, nicht die Nothwendigkeit; nein, die höchste Weisheit und Güte hat dich ins Daseyn gerufen, dir Leben und Odem, und alles gegeben. [...]

[...] der Mensch, für den Gott so viel gethan hat und noch thut; der Mensch, um dessentwillen Gott selbst seines Sohnes, des Eingebohrnen, nicht geschonet, für den er seinen Sohn, den Geliebten in den Tod dahin gegeben hat! dieser Mensch sollte ein unbedeutendes, verächtliches Geschöpf seyn? sollte nicht einen großen Werth, eine vorzügliche Würde haben? sollte diese Würde nicht fühlen, und in dem Gefühle derselben nicht selig seyn, so bald er sich daran erinnert, wie sehr Gott seiner achtet, wie gnädig Gott gegen ihn gesinnet ist, und wie väterlich Gott für ihn sorget? [...]

Das Christenthum machet uns, die Würde der Menschheit in der Person Jesu, ihres Hauptes und Wiederherstellers, in seinem Verhalten und in seinen Schiksalen, recht anschaulich, und lehret uns dadurch auf eine eben so faßliche als unleugbare Weise, wessen die menschliche Natur fähig ist, und zu welcher Stufe der Vollkommenheit sie sich zu erheben vermag. [...] O Mensch, erkenne hier die Würde deiner Natur! Fühle hier, was du als Mensch zu thun, zu dulden, zu erkämpfen, zu erstreben vermagst, zu welcher Höhe du dich als Mensch emporzuschwingen Kraft und Fähigkeit hast! Fühle den ganzen Werth der Vorzüge, womit Gott die Menschheit in der Person ihres Hauptes und Wiederherstellers geehret hat! [...]

[...] Welch ein Gefühl seiner Würde, seiner Größe, seiner künftigen Hoheit muß das nicht in ihm erwecken, wenn er zu sich selbst sagen kann: Ich lebe, ich denke, ich arbeite, ich dulde, ich leide, ich übe mich für die Ewigkeit! Mein gegenwärtiger Zustand ist nur Vorbereitung zu dem künftigen: mein künftiger Zustand Fortsetzung und Vergeltung des gegenwärtigen.

G[eorg] J[oachim] Zollikofer: Predigten über die Würde des Menschen, und den Werth der vornehmsten Dinge, die zur menschlichen Glükseligkeit gehören, oder dazu gerechnet werden. Bd. 1. Reutlingen: Grözinger, 1790. S. 5f., 12–15, 19–25, 31, 37–47.

Gleichheit der Menschen

Der wohl bedeutendste deutsche Naturrechtslehrer Samuel Pufendorf (1632–1694) vertrat die Ansicht, dass die wichtigsten Rechte und Pflichten des Menschen in dessen

Natur verankert sind. Obgleich traditionelle Bestimmungen der Menschenwürde in seinem Werk fortleben, finden sich dort auch zwei neue Aspekte, die es verdienen, besonders hervorgehoben zu werden: Zum einen wandert die Menschenwürde aus der Metaphysik und Theologie in die Rechtsphilosophie (wohlgemerkt aber noch nicht ins Recht), zum anderen treten nun wichtige soziale Implikationen der Menschenwürde deutlich hervor.

Der Mensch an sich hat nach Pufendorf von Natur aus Würde, die sich letztlich Gott verdankt. Aus dieser allen Menschen gemeinsamen Wesenswürde leitet er die Gleichheit aller Menschen und ein Prinzip der Gegenseitigkeit ab: Alle Menschen sind aufgrund ihrer Wesenswürde gleich und sollen sich deshalb auch gegenseitig als Gleiche achten. Jeder einzelne soll anderen das zugestehen, was er für sich selbst beansprucht. Je nach Situation sollten die Menschen einander gewähren lassen oder einander unterstützen. Eine Bevorzugung ist nur jenen Personen gegenüber gerechtfertigt, die große Verdienste um die Gesellschaft erworben haben. Erneut wird also Menschenwürde als Wesensmerkmal und Gestaltungsauftrag betrachtet.

SAMUEL VON PUFENDORF

Über die Pflicht des Menschen

Über die Anerkennung der natürlichen Gleichheit der Menschen

§1 Der Mensch ist nicht nur ein auf Selbsterhaltung bedachtes Lebewesen. Ihm ist auch ein feines Gefühl der Selbstachtung eingegeben, dessen Verletzung ihn nicht weniger tief trifft als ein Schaden an Körper oder Vermögen. In dem Wort Mensch selbst scheint sogar eine gewisse Würde zum Ausdruck zu kommen, so daß das äußerste und wirksamste Argument zur Zurückweisung einer dreisten Verhöhnung der Hinweis ist: Immerhin bin ich kein Hund, sondern ein Mensch gleich dir. Also steht allen die menschliche Natur in gleicher Weise zu, und niemand möchte gern jemandem zugesellt werden oder kann jemandem zugesellt werden, der ihn nicht zumindest ebenfalls als Menschen betrachtet, der an der gleichen Natur teilhat. Deswegen steht folgende Regel an zweiter Stelle unter den Pflichten aller gegen alle: Daß jeder jeden anderen Menschen als jemanden, der ihm von Natur aus gleich ist und in gleicher Weise Mensch ist, ansieht und behandelt.

§2 Die Gleichheit der Menschen besteht aber nicht nur darin, daß erwachsene Menschen fast gleiche Fähigkeiten haben, so daß auch ein Schwächerer einen Stärkeren aus dem Hinterhalt mit Hilfe seiner Geschicklichkeit oder mit Waffen töten kann. Denn auch wer von Natur vor dem anderen durch Geistesgaben oder Körperkräfte ausgezeichnet ist, muß die Gebote des Naturrechts im Umgang mit den anderen beachten und erwartet dasselbe von ihnen. Auch aufgrund einer solchen Überlegenheit steht niemandem die Freiheit zu, anderen Unrecht anzutun. Und umgekehrt ist niemand, den die Natur sparsam bedacht hat und dessen Glücksgüter gering sind, ohne weiteres beim Genuß der gemeinsamen Rechte zu einer schlechteren Lage verurteilt als andere. Was vielmehr der eine vom anderen fordern oder erwarten kann, das können unter gleichen Bedingungen auch die anderen von ihm fordern oder erwarten. Und was jemand als sein Recht gegenüber anderen hinstellt, muß er in besonderem Maße auch selbst anwenden. Denn alle Menschen bindet in gleicher Weise die Verpflichtung zur Pflege des Lebens in Gesellschaft mit anderen Menschen. Und dem einen steht es ebensowenig frei, die Naturgesetze zu verletzen, wie dem anderen. Und es fehlt auch nicht an allgemein verständlichen Begründungen, um diese Gleichheit anschaulich zu machen, z.B. daß alle Menschen eine gemeinsame Wurzel haben, daß wir auf dieselbe Weise geboren und aufgezogen werden und auch sterben, und daß Gott niemandem ein beständiges und unerschütterliches Glück sichert. Und so empfehlen auch die Lehren der christlichen Religion als Mittel zum Erwerb der Gnade Gottes nicht hohe Geburt, Macht oder Reichtum, sondern aufrichtige Frömmigkeit, die in gleicher Weise einem niedrig Gestellten wie einem Menschen in hoher Stellung zuteil werden kann.

§3 Aus dieser Gleichheit folgt ferner: daß derjenige, der die Hilfe anderer zu seinem Vorteil heranziehen will, sich als Gegenleistung auch zu deren Nutzen einsetzen muß. Denn wer fordert, daß die anderen ihm zu Diensten sind, selbst hingegen stets frei von Leistungen sein will, der betrachtet die anderen nicht als gleichwertig. Daher sind diejenigen am meisten zum Leben in der Gemeinschaft geeignet, die allen bereitwillig das erlauben, was sie auch für sich selbst als erlaubt ansehen. Unsozial sind demnach diejenigen, die sich anderen überlegen fühlen und sich allein alles herausnehmen wollen, die vor allen anderen Ehre für sich beanspruchen und den besten Teil von allem, was zur Verfügung steht, obwohl sie nicht mehr Rechte haben als die anderen. Daher gehört es zu den grundlegenden Pflichten des Naturrechts, daß niemand, der nicht ein besonderes Recht erworben hat, für sich mehr beansprucht als die anderen, sondern zuläßt, daß die anderen gleiches Recht genießen wie er selbst.

§4 Gerade der Grundsatz der Gleichberechtigung zeigt auch, wie sich jemand verhalten muß, dessen Aufgabe es ist, Verteilungsgerechtigkeit zu üben. Er muß nämlich alle gleich behandeln und darf niemanden ohne besonderes Verdienst vor einem anderen bevorzugen. Wo das nicht geschieht, erleidet der, der hintangesetzt wird, Mißachtung und Unrecht, und wird die ihm von Natur aus zustehende Würde genommen. Daraus folgt, daß eine allen zustehende Sache rechtmäßigerweise nach gleichen Teilen unter Gleichen zu verteilen ist. Wo die Sache eine Teilung nicht gestattet, müssen die, die ein gleiches Recht daran haben, sie auch gemeinsam gebrauchen. Und wenn die vorhandene Menge es erlaubt, nimmt jeder so viel, wie er will. Wenn aber die Beschaffenheit der Sache das nicht zuläßt, dann soll man den Gegenstand in einer zuvor festgelegten Art und Weise benutzen, die sich nach der Zahl der Benutzer richtet. Ein anderer Weg kann nämlich nicht gefunden werden, wenn man den Grundsatz der Gleichheit einhalten will. Wenn aber die Sache weder geteilt noch gemeinsam benutzt werden kann, dann soll sie entweder abwechselnd gebraucht werden, und wenn nicht einmal das gelingt oder den übrigen ein Ausgleich nicht geboten werden kann, dann soll sie durch Los einem zugesprochen werden. Denn in Fällen dieser Art kann kein besserer Ausweg gefunden werden als das Los. Denn das Los läßt das Gefühl der Zurücksetzung nicht aufkommen und nimmt dem, dem es nicht günstig ist, nichts von seiner Würde.

§5 Gegen diese Pflicht sündigt durch Hochmut, wer sich selbst ohne Grund oder ohne zureichenden Grund vor andere stellt und sie im Vergleich zu sich selbst für nicht gleichberechtigt hält. »Ohne Grund« sagen wir. Denn wenn jemand rechtmäßig ein Recht erworben hat, das ihm vor anderen einen Vorrang verschafft, dann darf er dieses rechtmäßig ausüben und verteidigen, jedoch nur, soweit es ohne bloße Willkür und ohne Mißachtung anderer geschieht. Auch umgekehrt soll ein jeder dem anderen nach Gebühr den Rang und die Ehre belassen, die ihm zukommen. Abgesehen davon wird die wahre Großmut stets von einer gewissen Bescheidenheit begleitet. Diese besteht im Nachdenken über die Schwäche unserer Natur und über die Fehler, die wir möglicherweise einst begangen haben oder demnächst begehen werden, und die nicht weniger schwerwiegend sind als die Fehler, die von anderen begangen werden können. Dadurch wird bewirkt, daß wir vor niemandem den Vorrang beanspruchen und uns immer vor Augen halten, daß andere von ihrem freien Willen, wovon sie ebensoviel haben wie wir, ebensogut Gebrauch machen können. Dessen rechtmäßiger Gebrauch ist das einzige, was der Mensch für sich selbst in Anschlag bringen kann und wofür er sich selbst hochschätzen oder gering achten kann. Sich ohne Grund über andere erhaben zu fühlen, ist wirklich ein lächerliches Laster. Denn es ist schon an sich töricht, sich wegen nichts groß zu tun. Und zudem hält jemand, der das tut, alle anderen für so dumm, daß sie ihn geradezu ohne jeden Grund bewundern.

§6 Noch mehr wird gesündigt, wenn jemand seine Verachtung für andere durch äußere Zeichen durch Handlungen, Worte und Mienenspiel, Gelächter und jede Art von Mißachtung zeigt. Diese Verfehlung ist als um so schlimmer einzustufen, je mehr in den anderen dadurch Zorn und Rachsucht geweckt werden. Das gilt um so mehr, als es viele Menschen gibt, die lieber ihr Leben in große Gefahr bringen und den Frieden brechen, als eine Ehrverletzung ungerächt hinzunehmen. Denn dadurch werden Ruf und Ansehen geschädigt, von deren Frische und Unversehrtheit das gesamte Wohlbefinden abhängt.

Samuel von Pufendorf: Über die Pflicht des Menschen und des Bürgers nach dem Gesetz der Natur. Hrsg. und übers. von Klaus Luig. Frankfurt a. M.: Insel Verlag, 1994. S. 78–81. –

Humaner Stolz

Der französische Aufklärungsphilosoph Denis Diderot (1713–1784) hält an der traditionellen Vorstellung fest, entsprechend der »eine gewisse Würde mit der menschlichen Natur innig verknüpft«* ist, blendet aber Begründungsfragen aus. Ähnlich wie Pufendorf rückt er die Idee der Würde in den sozialen Kontext, um Verstöße gegen die Grundannahmen der Idee geltend zu machen. Im philosophischen Dialog *Rameaus Neffe* befasst er sich in einem fiktiven Gespräch zwischen sich und der titelgebenden Hauptfigur mit deren gescheitertem Leben. Die Hauptfigur soll ein Neffe des berühmten Musikers Jean-Philippe Rameau (1683–1764) sein, des Hofkomponisten Ludwigs XV.

Dieser Neffe ließ sich als Possenreißer von einem reichen Wohltäter aushalten, der ihn jedoch aus dem Haus warf, nachdem er bei einer Abendgesellschaft aus Sicht des Hausherrn zu weit gegangen war, als er nämlich einen hochstehenden Gast auf die gleiche, gesellschaftlich gesehen niedrige Stufe setzte. Diderots Empfehlung, sich bei seinem bisherigen Gönner hierfür zu entschuldigen, um so dessen Gunst wieder zu gewinnen, lehnt Rameaus Neffe mit Bezug auf seine Würde ab, die hier auf freiheitliche Selbstbestimmung gegründet wird. So möchte er sich nur aus freien Stücken zum unterwürfigen Untertanen machen, sich aber hierzu nicht zwingen lassen, denn dies verbietet sein Stolz durch seine Würde. Seltsamerweise lehnt Rameaus Neffe »Kriecherei« nicht grundsätzlich als Würdeverletzung ab, sondern nur die Nötigung zu dieser.

DENIS DIDEROT

Rameaus Neffe

ICH. So rat ich Euch denn, ein- für allemal, geschwind in das Haus zurückzukehren, woraus Ihr Euch so ungeschickt habt verjagen lassen.

ER. Um das zu tun, was Ihr im eigentlichen Sinne nicht

* Denis Diderot, *Rameaus Neffe*, Stuttgart 1984, S. 19.

mißbilligt und was mir im figürlichen ein wenig zuwider ist?

ICH. Welche Sonderbarkeit!

ER. Ich finde nichts Sonderbares daran. Ich will mich wohl wegwerfen, aber ohne Zwang; ich will von meiner Würde heruntersteigen ... Ihr lacht?

ICH. Ja! Eure Würde macht mich lachen.

ER. Jeder hat die seinige. Ich will die meine vergessen, aber nach Belieben und nicht auf fremden Befehl. Sollte man mir sagen: Krieche! und ich müßte kriechen? Der Wurm kriecht wohl, ich auch, und wir wandern beide so fort, wenn man uns gehn läßt; aber wir bäumen uns, wenn man uns auf den Schwanz tritt. Man hat mir auf den Schwanz getreten und ich werde mich bäumen.

Denis Diderot: Rameaus Neffe. Ein Dialog. Aus dem Manuskript übers. und mit Anmerkungen begleitet von Johann Wolfgang Goethe. Nachw. von Günter Metken. Stuttgart: Reclam, 1984. S. 40f.

Achtung vor der sittlichen Vernunft

Die Idee der Menschenwürde spielt eine herausragende Rolle in der Ethik und Rechtsphilosophie von Immanuel Kant (1724–1804). Ausgehend von der Zweiteilung des Menschen in ein Eigeninteresse verfolgendes Sinnen- und in ein sittliches Vernunftwesen, ordnet Kant unmissverständlich die Würde der sittlichen Vernunft zu. Der Mensch besitzt als aus der Natur herausgehobenes Vernunftwesen einen unverrechenbaren, durch nichts zu ersetzenden Eigenwert. Würde wird hier verstanden als unbedingter, absoluter Wert.

Im besonderen gründe dieser auf dem Sittengesetz, das – so Kant – wir uns als Vernunftwesen aus eigenem Antrieb selbst geben und dem zufolge wir nach Zurückstellung unserer sinnlichen Neigungen jederzeit widerspruchsfrei verallgemeinerbar handeln sollen. Dabei ruft das Sittengesetz in uns Achtung vor dem Gesetz hervor. Je größer die Achtung vor dem Sittengesetz, umso größer wird die Einschränkung unserer eigeninteressierten Sinnlichkeit. Da wir jedoch immer auch Sinnenwesen bleiben, bedeutet diese Einschränkung eine Demütigung des Menschen als eines Sinnenwesens. So geht mit der Achtung vor dem Sittengesetz eine Demütigung des Menschen als eines Sinnenwesens einher. Das Sittengesetz entlarvt gewissermaßen unsere egoistisch ausgerichtete sinnliche Natur als moralisch prekär und erniedrigt sie auf diese Weise.

Der Einwand, dementsprechend sich die freie Vernunft doch auch nach etwas anderem als nach dem Sittengesetz bestimmen könnte, ist für Kant sinnlos, weil es seiner Auffassung nach in der Eigenart der Vernunft liegt, sich aus freien Stücken das Sittengesetz zu geben.

Die Achtung vor dem Sittengesetz ist gleichbedeutend mit der Achtung vor dem Menschen als Vernunftwesen, weil auf ihn das Sittengesetz zurückgeht. Die Würde des Menschen als eines Vernunftwesens und die Würde des Sittengesetzes bezeichnen folglich dasselbe.

Als Vernunftwesen ist der Mensch zwar frei, so Kant, dennoch darf er nicht nach Belieben über sich verfügen. Die sittliche Vernunft bleibt sich selbst unverfügbar, was Kant in der Formel zusammenfasst, dass der Mensch zwar »Herr seiner selbst«, nicht aber »Eigentümer seiner selbst« sei.

Die Würde gebietet dem Menschen, sich und andere niemals *nur* als Mittel zum Zweck oder als Sache zu gebrauchen: Zum Beispiel kommen wir als Fahrgäste nicht umhin, den Busfahrer auch als Mittel zur Erreichung unserer Fahrziele zu sehen. Zugleich aber gebietet uns seine Menschenwürde einen höflichen Umgang mit ihm. Mit der Würde des Menschen unvereinbar hält Kant etwa üble Nachrede, Hochmut und Verhöhnung oder Suizid, Lüge, Geiz und Kriecherei.

Auch Kant bringt die Idee der Würde mit dem aufrechten Gang in Verbindung. Allerdings gilt der aufrechte Gang in der Aufklärung nicht mehr als körperliches Zeichen der metaphysischen Wertbesonderheit des Menschen, sondern vielmehr als Zeichen für das neue Selbstbewusstsein des Bürgertums gegenüber der Feudalgesellschaft. Der aufrechte Gang wird nun eher zu einer politischen als zu einer religiösen Kategorie. Der bürgerliche Mann geht aufrecht, Kriecherei, Buckeln und Bücken sind ihm zuwider. Die aus dem theologischen Deutungsrahmen herausgelöste Menschenwürde wird damit als Wesensmerkmal und Gestaltungsauftrag verstanden.

IMMANUEL KANT

Anthropologie in pragmatischer Hinsicht

Vom Bewußtsein seiner selbst

§1. Daß der Mensch in seiner Vorstellung das Ich haben kann, erhebt ihn unendlich über alle andere auf Erden lebende Wesen. Dadurch ist er eine *Person* und vermöge der Einheit des Bewußtseins bei allen Veränderungen, die ihm zustoßen mögen, eine und dieselbe Person, d.i. ein von *Sachen*, dergleichen die vernunftlosen Tiere sind, mit denen man nach Belieben schalten und walten kann, durch Rang und Würde ganz unterschiedenes Wesen, selbst wenn er das Ich noch nicht sprechen kann, weil er es doch in Gedanken hat: wie es alle Sprachen, wenn sie in der ersten Person reden, doch denken müssen, ob sie zwar diese Ichheit nicht durch ein besonderes Wort ausdrücken.

Immanuel Kant: Anthropologie in pragmatischer Hinsicht. Hrsg. und eingel. von Wolfgang Becker. Mit einem Nachw. von Hans Ebeling. Stuttgart: Reclam, 1983. S. 37.

IMMANUEL KANT

Grundlegung zur Metaphysik der Sitten

Übergang von der gemeinen sittlichen Vernunfterkenntnis zur philosophischen

Man könnte mir vorwerfen, als suchte ich hinter dem Worte *Achtung* nur Zuflucht in einem dunkelen Gefühle, anstatt durch einen Begriff der Vernunft in der Frage deutliche Auskunft zu geben. Allein wenn Achtung gleich ein Gefühl ist, so ist es doch kein durch Einfluß *empfangenes*, sondern durch einen Vernunftbegriff *selbstgewirktes* Gefühl und daher von allen Gefühlen der ersteren Art, die sich auf Neigung oder Furcht bringen lassen, spezifisch unterschieden. Was ich unmittelbar als Gesetz für mich erkenne, erkenne ich mit Achtung, welche bloß das Bewußtsein der *Unterordnung* meines Willens unter einem Gesetze ohne Vermittelung anderer Einflüsse auf meinen Sinn bedeutet. Die unmittelbare Bestimmung des Willens durchs Gesetz und das Bewußtsein derselben heißt *Achtung*, so daß diese als *Wirkung* des Gesetzes aufs Subjekt und nicht als *Ursache* desselben angesehen wird. Eigentlich ist Achtung die Vorstellung von einem Werte, der meiner Selbstliebe Abbruch tut. Also ist es etwas, was weder als Gegenstand der Neigung, noch der Furcht betrachtet wird, obgleich es mit beiden zugleich etwas Analogisches hat. Der *Gegenstand* der Achtung ist also lediglich das *Gesetz* und zwar dasjenige, das wir *uns selbst* und doch als an sich notwendig auferlegen. Als Gesetz sind wir ihm unterworfen, ohne die Selbstliebe zu befragen; als uns von uns selbst auferlegt, ist es doch eine Folge unsers Willens und hat in der ersten Rücksicht Analogie mit Furcht, in der zweiten mit Neigung. Alle Achtung für eine Person ist eigentlich nur Achtung fürs Gesetz (der Rechtschaffenheit etc.), wovon jene uns das Beispiel gibt. [...]

Übergang von der populären sittlichen Weltweisheit zur Metaphysik der Sitten

[...] Im Reiche der Zwecke hat alles entweder einen *Preis*, oder eine *Würde*. Was einen Preis hat, an dessen Stelle kann auch etwas anderes als *Äquivalent* gesetzt werden; was dagegen über allen Preis erhaben ist, mithin kein Äquivalent verstattet, das hat eine Würde.

Was sich auf die allgemeinen menschlichen Neigungen und Bedürfnisse bezieht, hat einen *Marktpreis*; das, was, auch ohne ein Bedürfnis vorauszusetzen, einem gewissen Geschmacke, d.i. einem Wohlgefallen am bloßen zwecklosen Spiel unserer Gemütskräfte, gemäß ist, einen *Affektionspreis*; das aber, was die Bedingung ausmacht, unter der allein etwas Zweck an sich selbst sein kann, hat nicht bloß einen relativen Wert, d.i. einen Preis, sondern einen innern Wert, d.i. *Würde*.

Nun ist Moralität die Bedingung, unter der allein ein vernünftiges Wesen Zweck an sich selbst sein kann, weil nur durch sie es möglich ist, ein gesetzgebend Glied im Reiche der Zwecke zu sein. Also ist Sittlichkeit und die Menschheit, sofern sie derselben fähig ist, dasjenige, was allein Würde hat. Geschicklichkeit und Fleiß im Arbeiten haben einen Marktpreis; Witz, lebhafte Einbildungskraft und Launen einen Affektionspreis; dagegen Treue im Versprechen, Wohlwollen aus Grundsätzen (nicht aus Instinkt) haben einen innern Wert. [...] Denn es hat nichts einen Wert als den, welchen ihm das Gesetz bestimmt. Die Gesetzgebung selbst aber, die allen Wert bestimmt, muß eben darum eine Würde, d.i. unbedingten, unvergleichbaren Wert, haben, für welchen das Wort *Achtung* allein den geziemenden Ausdruck der Schätzung abgibt, die ein vernünftiges Wesen über sie anzustellen hat. *Autonomie* ist also der Grund der Würde der menschlichen und jeder vernünftigen Natur. [...]

Man kann aus dem kurz vorhergehenden sich es jetzt

leicht erklären, wie es zugehe: daß, ob wir gleich unter dem Begriffe von Pflicht uns eine Unterwürfigkeit unter dem Gesetze denken, wir uns dadurch doch zugleich eine gewisse Erhabenheit und *Würde* an derjenigen Person vorstellen, die alle ihre Pflichten erfüllt. Denn sofern ist zwar keine Erhabenheit an ihr, als sie dem moralischen Gesetze *unterworfen* ist, wohl aber sofern sie in Ansehung eben desselben zugleich *gesetzgebend* und nur darum ihm untergeordnet ist. Auch haben wir oben gezeigt, wie weder Furcht, noch Neigung, sondern lediglich Achtung fürs Gesetz diejenige Triebfeder sei, die der Handlung einen moralischen Wert geben kann. Unser eigener Wille, sofern er nur unter der Bedingung einer durch seine Maximen möglichen allgemeinen Gesetzgebung handeln würde, dieser uns mögliche Wille in der Idee ist der eigentliche Gegenstand der Achtung, und die Würde der Menschheit besteht eben in dieser Fähigkeit, allgemein gesetzgebend, obgleich mit dem Beding, eben dieser Gesetzgebung zugleich selbst unterworfen zu sein.

Immanuel Kant: Grundlegung zur Metaphysik der Sitten. Hrsg. von Theodor Valentiner. Stuttgart: Reclam, 2008. S. 26 (Fußnote), 72–80.

IMMANUEL KANT

Die Metaphysik der Sitten

Der äußere Gegenstand, welcher der Substanz nach das Seine von jemandem ist, ist dessen *Eigentum* (*dominium*), welchem alle Rechte in dieser Sache (wie Akzidenzen der Substanz) inhärieren*, über welche also der Eigentümer (*dominus*) nach Belieben verfügen kann (*ius disponendi de re sua*). Aber hieraus folgt von selbst, daß ein solcher Gegenstand nur eine körperliche Sache (gegen die man keine

* *inhärieren:* innewohnen.

Verbindlichkeit hat) sein könne, daher ein Mensch sein eigener Herr (*sui iuris*), aber nicht Eigentümer *von sich selbst* (*sui dominus*, über sich nach Belieben disponieren* zu können), geschweige denn von anderen Menschen sein kann, weil er der Menschheit** in seiner eigenen Person verantwortlich ist […].

Was aber die Pflicht des Menschen gegen sich selbst *bloß* als moralisches Wesen (ohne auf seine Tierheit zu sehen) betrifft, so besteht sie im *Formalen* der Übereinstimmung der Maximen seines Willens mit der *Würde* der Menschheit*** in seiner Person; also im Verbot, daß er sich selbst des *Vorzugs* eines moralischen Wesens, nämlich nach Prinzipien zu handeln, d.i. der inneren Freiheit, nicht beraube und dadurch zum Spiel bloßer Neigungen, also zur Sache mache. – Die Laster, welche dieser Pflicht entgegenstehen, sind: die *Lüge*, der *Geiz* und die *falsche Demut* (Kriecherei). Diese nehmen sich Grundsätze, welche ihrem Charakter als moralischer Wesen, d.i. der inneren Freiheit, der angeborenen Würde des Menschen geradezu (schon der Form nach) widersprechen, welches soviel sagt: sie machen es sich zum Grundsatz, keinen Grundsatz und so auch keinen Charakter zu haben, d.i. sich wegzuwerfen und sich zum Gegenstande der Verachtung zu machen. – Die Tugend, welche allen diesen Lastern entgegensteht, könnte die *Ehrliebe* (*honestas interna, iustum sui aestimium*), eine von der *Ehrbegierde* (*ambitio*) (welche auch sehr niederträchtig sein kann) himmelweit unterschiedene Denkungsart, genannt werden, wird aber unter dieser Betitelung in der Folge besonders vorkommen.

[…] Das Subjekt der Sittlichkeit in seiner eigenen Person zernichten, ist ebensoviel als die Sittlichkeit selbst ihrer Existenz nach, soviel an ihm ist, aus der Welt vertilgen,

* *disponieren:* verfügen.
** *Menschheit:* hier gleich Menschen, d.i. Vernunft.
*** Ebenso.

welche doch Zweck an sich selbst ist; mithin über sich als bloßes Mittel zu ihm beliebigen Zweck zu disponieren, heißt die Menschheit in seiner Person (*homo noumenon*) abwürdigen, der doch der Mensch (*homo phaenomenon*) zur Erhaltung anvertrauet war. [...]

I. Von der Lüge

Die größte Verletzung der Pflicht des Menschen gegen sich selbst, bloß als moralisches Wesen betrachtet (die Menschheit in seiner Person), ist das Widerspiel der Wahrhaftigkeit: die *Lüge* [...]. Die Lüge kann eine äußere (*mendacium externum*) oder auch eine innere sein. Durch jene macht er sich in anderer, durch diese aber, was noch mehr ist, in seinen eigenen Augen zum Gegenstande der Verachtung und verletzt die Würde der Menschheit in seiner eigenen Person [...]. – Die Lüge ist Wegwerfung und gleichsam Vernichtung seiner Menschenwürde. [...]

III. Von der Kriecherei

Der Mensch im System der Natur (*homo phaenomenon, animal rationale*) ist ein Wesen von geringer Bedeutung und hat mit den übrigen Tieren, als Erzeugnissen des Bodens, einen gemeinen Wert (*pretium vulgare*). Selbst daß er vor diesen den Verstand voraus hat und sich selbst Zwecke setzen kann, das gibt ihm doch nur einen *äußeren* Wert seiner Brauchbarkeit (*pretium usus*), nämlich eines Menschen vor dem anderen, d.i. einen *Preis* als einer Ware in dem Verkehr mit diesen Tieren als Sachen, wo er doch noch einen niedrigeren Wert hat als das allgemeine Tauschmittel, das Geld, dessen Wert daher ausgezeichnet (*pretium eminens*) genannt wird.

Allein der Mensch als *Person* betrachtet, d.i. als Subjekt

einer moralisch-praktischen Vernunft, ist über allen Preis erhaben; denn als ein solcher (*homo noumenon*) ist er nicht bloß als Mittel zu anderer ihren, ja selbst seinen eigenen Zwecken, sondern als Zweck an sich selbst zu schätzen, d. i. er besitzt eine *Würde* (einen absoluten inneren Wert), wodurch er allen anderen vernünftigen Weltwesen *Achtung* für ihn abnötigt, sich mit jedem anderen dieser Art messen und auf den *Fuß* der Gleichheit schätzen kann.

Die Menschheit* in seiner Person ist das Objekt der Achtung, die er von jedem anderen Menschen fordern kann; deren er aber auch sich nicht verlustig machen muß. Er kann und soll sich also nach einem kleinen sowohl als großen Maßstabe schätzen, nachdem er sich als Sinnenwesen (seiner tierischen Natur nach) oder als intelligibeles Wesen (seiner moralischen Anlage nach) betrachtet. Da er sich aber nicht bloß als Person überhaupt, sondern auch als Mensch, d. i. als eine Person, die Pflichten auf sich hat, die ihm seine eigene Vernunft auferlegt, betrachten muß, so kann seine Geringfähigkeit als *Tiermensch* dem Bewußtsein seiner Würde als *Vernunftmensch* nicht Abbruch tun, und er soll die moralische Selbstschätzung in Betracht der letzteren nicht verleugnen, d. i. er soll sich um seinen Zweck, der an sich selbst Pflicht ist, nicht kriechend, nicht *knechtisch* (*animo servili*), gleich als sich um Gunst bewerbend, bewerben, nicht seine Würde verleugnen, sondern immer mit dem Bewußtsein der Erhabenheit seiner moralischen Anlage (welches im Begriff der Tugend schon enthalten ist); und diese *Selbstschätzung* ist Pflicht des Menschen gegen sich selbst.

Das Bewußtsein und Gefühl der Geringfähigkeit seines moralischen Werts in *Vergleichung mit dem Gesetz* ist die *Demut* (*humilitas moralis*). Die Überredung von einer Größe dieses seines Werts, aber nur aus Mangel der Ver-

* Vernunft.

gleichung mit dem Gesetz, kann der *Tugendstolz* (*arrogantia moralis*) genannt werden. – Die Entsagung alles Anspruchs auf irgend einen moralischen Wert seiner selbst in der Überredung, sich ebendadurch einen geborgten zu erwerben, ist die sittlich-falsche *Kriecherei* (*humilitas spuria*).

Demut in Vergleichung mit anderen Menschen (ja überhaupt mit irgend einem endlichen Wesen, und wenn es auch ein Seraph wäre) ist gar keine Pflicht; vielmehr ist die Bestrebung, in diesem Verhältnisse anderen gleichzukommen oder sie zu übertreffen, mit der Überredung, sich dadurch auch einen inneren größeren Wert zu verschaffen, *Hochmut* (*ambitio*), welcher der Pflicht gegen andere gerade zuwider ist. Aber die bloß als Mittel zu Erwerbung der Gunst eines anderen (wer es auch sei) ausgesonnene Herabsetzung seines eigenen moralischen Werts (Heuchelei und Schmeichelei)* ist falsche (erlogene) Demut und, als Abwürdigung seiner Persönlichkeit, der Pflicht gegen sich selbst entgegen.

Aus unserer aufrichtigen und genauen Vergleichung mit dem moralischen Gesetz (dessen Heiligkeit und Strenge) muß unvermeidlich wahre Demut folgen: aber daraus, daß wir einer solchen inneren Gesetzgebung fähig sind, daß der (physische) Mensch den (moralischen) Menschen in seiner eigenen Person zu verehren sich gedrungen fühlt, zugleich *Erhebung* und die höchste Selbstschätzung als Gefühl seines inneren Werts (*valor*), nach welchem er für keinen Preis (*pretium*) feil ist, und eine unverlierbare Würde (*dignitas interna*) besitzt, die ihm Achtung (*reverentia*) gegen sich selbst einflößt.

* *Heucheln* (eigentlich häuchlen) scheint vom ächzenden, die Sprache unterbrechenden Hauch (Stoßseufzer) abgeleitet zu sein; dagegen *Schmeicheln* vom *Schmiegen*, welches als Habitus *Schmiegeln* und endlich von den Hochdeutschen *Schmeicheln* genannt worden ist, abzustammen. [Anm. I. Kant.]

Mehr oder weniger kann man diese Pflicht in Beziehung auf die Würde der Menschheit in uns, mithin auch gegen uns selbst in folgenden Beispielen kennbar machen.

Werdet nicht der Menschen Knechte. – Laßt euer Recht nicht ungeahndet von anderen mit Füßen treten. – Macht keine Schulden, für die ihr nicht volle Sicherheit leistet. – Nehmt nicht Wohltaten an, die ihr entbehren könnt, und seid nicht Schmarotzer oder Schmeichler oder gar (was freilich nur im Grad von dem vorigen unterschieden ist) Bettler. Daher seid wirtschaftlich, damit ihr nicht bettelarm werdet. – Das Klagen und Winseln, selbst das bloße Schreien bei einem körperlichen Schmerz ist euer schon unwert, am meisten, wenn ihr euch bewußt seid, ihn selbst verschuldet zu haben: daher die Veredlung (Abwendung der Schmach) des Todes eines Delinquenten* durch die Standhaftigkeit, mit der er stirbt. – Das Hinknien oder Hinwerfen zur Erde, selbst um die Verehrung himmlischer Gegenstände sich dadurch zu versinnlichen, ist der Menschenwürde zuwider, sowie die Anrufung derselben in gegenwärtigen Bildern; denn ihr demütigt euch alsdann nicht unter einem *Ideal*, das euch eure eigene Vernunft vorstellt, sondern unter einem *Idol*, was euer eigenes Gemächsel** ist.

*Kasuistische*** Fragen*

Ist nicht in dem Menschen das Gefühl der Erhabenheit seiner Bestimmung, d.i. die *Gemütserhebung* (*elatio animi*) als Schätzung seiner selbst, mit dem *Eigendünkel* (*arrogantia*), welcher der wahren *Demut* (*humilitas moralis*) gerade entgegengesetzt ist, zu nahe verwandt, als daß zu jener aufzumuntern es ratsam wäre, selbst in Vergleichung mit anderen Menschen, nicht bloß mit dem Gesetz? oder

* *eines Delinquenten:* eines Schuldigen.
** *Gemächsel:* Gemachtes.
*** *kasuistische:* auf einen speziellen Fall bezogene.

würde diese Art von Selbstverleugnung nicht vielmehr den Ausspruch anderer bis zur Geringschätzung unserer Person steigern und so der Pflicht (der Achtung) gegen uns selbst zuwider sein? Das Bücken und Schmiegen vor einem Menschen scheint in jedem Fall eines Menschen unwürdig zu sein.

Die vorzügliche Achtungsbezeigung in Worten und Manieren, selbst gegen einen nicht Gebietenden in der bürgerlichen Verfassung – die Reverenzen, Verbeugungen (Komplimente), höfische – den Unterschied der Stände mit sorgfältiger Pünktlichkeit bezeichnende Phrasen, – welche von der Höflichkeit (die auch sich gleich Achtenden notwendig ist) ganz unterschieden sind, – das Du, Er, Ihr und Sie oder Ew. Wohledlen, Hochedlen, Hochedelgeborenen, Wohlgeborenen (*ohe, iam satis est!*[*]) in der Anrede –, als in welcher Pedanterei die Deutschen unter allen Völkern der Erde (die indischen Kasten[**] vielleicht ausgenommen) es am weitesten gebracht haben, sind das nicht Beweise eines ausgebreiteten Hanges zur Kriecherei unter Menschen? (*Hae nugae in seria ducunt*[***]). Wer sich aber zum Wurm macht, kann nachher nicht klagen, wenn er mit Füßen getreten wird.

[...]

Von den Tugendpflichten gegen andere Menschen aus der ihnen gebührenden Achtung

Mäßigung in Ansprüchen überhaupt, d.i. freiwillige Einschränkung der Selbstliebe eines Menschen durch die Selbstliebe anderer, heißt *Bescheidenheit*. Der Mangel *die-*

* *ohe, iam satis est!:* (lat.) ›genug davon‹.

** *Kasten:* Anspielung auf das indische Kastenwesen, in dem man qua Geburt einer bestimmten Kaste zugeordnet wird und diese zeitlebens nicht verlassen kann.

*** *Hae nugae in seria ducunt:* »Dieser Unsinn führt zum Ersten«.

ser Mäßigung (Unbescheidenheit) in Ansehung der Würdigkeit, von anderen *geliebt* zu werden, die *Eigenliebe* (*philautia*). Die Unbescheidenheit der Forderung aber, von anderen *geachtet* zu werden, ist der *Eigendünkel* (*arrogantia*). *Achtung*, die ich für andere trage, oder die ein anderer von mir fordern kann (*observantia aliis praestanda*), ist also die Anerkennung einer *Würde* (*dignitas*) an anderen Menschen, d.i. eines Werts, der keinen Preis hat, kein Äquivalent, wogegen das Objekt der Wertschätzung (*aestimii*) ausgetauscht werden könnte. – Die Beurteilung eines Dinges als eines solchen, das keinen Wert hat, ist die Verachtung.

Ein jeder Mensch hat rechtmäßigen Anspruch auf Achtung von seinen Nebenmenschen, und *wechselseitig* ist er dazu auch gegen jeden anderen verbunden.

Die Menschheit selbst ist eine Würde; denn der Mensch kann von keinem Menschen (weder von anderen noch sogar von sich selbst) bloß als Mittel, sondern muß jederzeit zugleich als Zweck gebraucht werden, und darin besteht eben seine Würde (die Persönlichkeit), dadurch er sich über alle anderen Weltwesen, die nicht Menschen sind und doch gebraucht werden können, mithin über alle Sachen erhebt. Gleichwie er also sich selbst für keinen Preis weggeben kann (welches der Pflicht der Selbstschätzung widerstreiten würde), so kann er auch nicht der ebenso notwendigen Selbstschätzung anderer als Menschen entgegenhandeln, d.i. er ist verbunden, die Würde der Menschheit* an jedem anderen Menschen praktisch anzuerkennen; mithin ruht auf ihm eine Pflicht, die sich auf die jedem anderen Menschen notwendig zu erzeigende Achtung bezieht.

Andere *verachten* (*contemnere*), d.i. ihnen die dem Menschen überhaupt schuldige Achtung weigern, ist auf alle

* Vernunft.

Fälle pflichtwidrig; denn es sind Menschen. Sie vergleichungsweise mit anderen innerlich *geringschätzen* (*despicatui habere*) ist zwar bisweilen unvermeidlich, aber die äußere Bezeigung der Geringschätzung ist doch Beleidigung. [... Ich kann] selbst dem Lasterhaften als Menschen nicht alle Achtung versagen, die ihm wenigstens in der Qualität eines Menschen nicht entzogen werden kann; ob er zwar durch seine Tat sich derselben unwürdig macht. So kann es schimpfliche, die Menschheit selbst entehrende Strafen geben (wie das Vierteilen, von Hunden zerreißen lassen, Nasen und Ohren abschneiden), die nicht bloß dem Ehrliebenden (der auf Achtung anderer Anspruch macht, was ein jeder tun muß) schmerzhafter sind als der Verlust der Güter und des Lebens, sondern auch dem Zuschauer Schamröte abjagen, zu einer Gattung zu gehören, mit der man so verfahren darf.

Von den die Pflichten der Achtung für andere Menschen verletzenden Lastern

Diese Laster sind: A. der *Hochmut*, B. das *Afterreden* und C. die *Verhöhnung*.

A. Der Hochmut

Der *Hochmut* (*superbia* und, wie dieses Wort es ausdrückt, die Neigung, immer *oben* zu schwimmen), ist eine Art von *Ehrbegierde* (*ambitio*), nach welcher wir anderen Menschen ansinnen, sich selbst in Vergleichung mit uns gering zu schätzen, und ist also ein der Achtung, worauf jeder Mensch gesetzmäßigen Anspruch machen kann, widerstreitendes Laster. [...]

B. Das Afterreden

Die üble Nachrede (*obtrectatio*) oder das Afterreden, worunter ich nicht die *Verleumdung* (*contumelia*), eine *falsche*, vor Recht zu ziehende Nachrede, sondern bloß die unmittelbare, auf keine besondere Absicht angelegte Neigung verstehe, etwas der Achtung für andere Nachteiliges ins Gerücht zu bringen, ist der schuldigen Achtung gegen die Menschheit überhaupt zuwider: weil jedes gegebene Skandal* diese Achtung, auf welcher doch der Antrieb zum Sittlichguten beruht, schwächt und soviel möglich gegen sie ungläubisch macht. [...]

C. Die Verhöhnung

Die leichtfertige Tadelsucht und der Hang, andere zum Gelächter bloßzustellen, die *Spottsucht*, um die Fehler eines anderen zum unmittelbaren Gegenstande seiner Belustigung zu machen, ist Bosheit, und von dem *Scherz*, der Vertraulichkeit unter Freunden, sie nur zum Schein als Fehler, in der Tat aber als Vorzüge des Muts, bisweilen auch außer der Regel der Mode zu sein, zu belachen (welches dann kein *Hohnlachen* ist), gänzlich unterschieden.

Immanuel Kant: Die Metaphysik der Sitten. Mit einer Einl. hrsg. von Hans Ebeling. Stuttgart: Reclam, 1990. S. 116, 301, 304, 312, 319–322, 354 f., 358–360.

Unterwegs zur Humanität

Der Philosoph und Theologe Johann Gottfried Herder (1744–1803) entdeckte in der Menschheitsgeschichte eine auf ein höchstes Ziel gerichtete Tendenz. Dazu gehört die Menschenwürde als letzter Zweck. Zwar ist, so Herder, be-

* *Skandal:* als Neutrum (»das Skandal«) damals korrekt.

reits der aufrechte Gang des Menschen sichtbares Zeichen für seine Vernunftfähigkeit, Wertbesonderheit und Sonderstellung in der Natur, zugleich jedoch ist der Mensch als »Aufwärtsblickender, der sein Antlitz und Auge aufrecht emporträgt«* ein schwaches, hinfälliges Lebewesen voller Mängel. Über alles Trennende hinweg stimmt Herder in der Betonung dieser Doppelheit des Menschen mit den Philosophen der Renaissance und Frühen Neuzeit überein.

Obwohl selbst Theologe, verzichtet Herder aber auf die Idee der Wesenswürde und isoliert so die Würde als Gestaltungsziel. In Anbetracht der Demütigungen überall auf der Welt kommt er zu dem Schluss, dass es Menschenwürde noch gar nicht ernsthaft gibt. Sie wird sich erst vollständig entwickelt haben, wenn sich die Menschheit zur Humanität gebildet hat.

Im 20. Jahrhundert wird der Geschichtsphilosoph Ernst Bloch einen vergleichbaren Standpunkt vertreten.**

JOHANN GOTTFRIED HERDER

Ideen zur Philosophie der Geschichte der Menschheit

Organischer Unterschied der Tiere und Menschen

1. *Die Gestalt des Menschen ist aufrecht; er ist hierin einzig auf der Erde.* Denn ob der Bär gleich einen breiten Fuß hat und sich im Kampf aufwärts richtet, obgleich der Affe und Pygmäe zuweilen aufrecht gehen oder laufen, so ist doch seinem Geschlecht allein dieser Gang beständig und natürlich. [...]

* Johann Gottfried Herder, *Briefe zur Beförderung der Humanität*, 28. Brief, Rudolstadt [o. J.], S. 62.

** Vgl. Ernst Bloch, *Naturrecht und menschliche Würde*, Frankfurt a. M. 1991.

2. *Der aufrechte Gang des Menschen ist ihm einzig natürlich: ja er ist die Organisation zum ganzen Beruf seiner Gattung und sein unterscheidender Charakter.*

[...] Beim Menschen ist auf die Gestalt, die er jetzt hat, alles eingerichtet; aus ihr ist in seiner Geschichte alles, ohne sie nichts erklärlich; und da auf diese, als auf die erhabne Göttergestalt und künstlichste Hauptschönheit der Erde, auch alle Formen der Tierbildung zu konvergieren* scheinen und ohne jene sowie ohne das Reich des Menschen die Erde ihres Schmucks und ihrer herrschenden Krone beraubt bliebe: warum wollten wir dies Diadem unsrer Erwählung in den Staub werfen und gerade den Mittelpunkt des Kreises nicht sehen wollen, in welchem alle Radien zusammenzulaufen scheinen? Als die bildende Mutter ihre Werke vollbracht und alle Formen erschöpft hatte, die auf dieser Erde möglich waren, stand sie still und übersann ihre Werke; und als sie sah, daß bei ihnen allen der Erde noch ihre vornehmste Zierde, ihr Regent** und zweiter Schöpfer fehlte: siehe, da ging sie mit sich zu Rat, drängte die Gestalten zusammen und formte aus allen ihr Hauptgebilde, die menschliche Schönheit. Mütterlich bot sie ihrem letzten künstlichen Geschöpf die Hand und sprach: »Steh auf von der Erde! Dir selbst überlassen, wärest du Tier wie andre Tiere; aber durch meine besondre Huld und Liebe *gehe aufrecht* und werde der Gott der Tiere!«

Johann Gottfried Herder: Ideen zur Philosophie der Geschichte der Menschheit. Bd. 1. Berlin/Weimar: Aufbau Verlag, 1965. S. 109–113.

* *konvergieren:* sich zuzubewegen bzw. sich anzunähern.
** *Regent:* Herrscher.

JOHANN GOTTFRIED HERDER

Ideen zur Philosophie der Geschichte der Menschheit

Humanität ist der Zweck der Menschennatur, und Gott hat unserm Geschlecht mit diesem Zweck sein eigenes Schicksal in die Hände gegeben

[...] Kein Zweifel [...], daß überhaupt, was auf der Erde noch nicht geschehen ist, künftig geschehen werde; denn unverjährbar sind die Rechte der Menschheit und die Kräfte, die Gott in sie legte, unaustilgbar. Wir erstaunen darüber, wie weit Griechen und Römer es in ihrem Kreise von Gegenständen in wenigen Jahrhunderten brachten; denn wenn auch der Zweck ihrer Wirkung nicht immer der reinste war, so beweisen sie doch, daß sie ihn zu erreichen vermochten. Ihr Vorbild glänzt in der Geschichte und muntert jeden ihresgleichen, unter gleichem und größerm Schutze des Schicksals, zu ähnlichen und bessern Bestrebungen auf. Die ganze Geschichte der Völker wird uns in diesem Betracht eine Schule des Wettlaufs zu Erreichung des schönsten Kranzes der Humanität und Menschenwürde.

Johann Gottfried Herder: Ideen zur Philosophie der Geschichte der Menschheit. Bd. 2. Berlin/Weimar: Aufbau-Verlag, 1965. S. 214, 219.

JOHANN GOTTFRIED HERDER

Briefe zur Beförderung der Humanität

Über das Wort und den Begriff der Humanität

Sie fürchten, daß man dem Wort Humanität einen Fleck anhängen werde; könnten wir nicht das Wort ändern? Menschheit, Menschlichkeit, Menschenrechte, Menschenpflichten, Menschenwürde, Menschenliebe?

Menschen sind wir allesamt und tragen sofern die Menschheit an uns, oder wir gehören zur Menschheit. Leider aber hat man in unserer Sprache dem Wort Mensch und noch mehr dem barmherzigen Wort Menschlichkeit so oft eine Nebenbedeutung von Niedrigkeit, Schwäche und falschem Mitleid angehängt, daß man jenes nur mit einem Blick der Verachtung, dies mit einem Achselzucken zu begleiten gewohnt ist. »Der Mensch!« sagen wir jammernd oder verachtend und glauben einen guten Mann aufs lindeste* mit dem Ausdruck zu entschuldigen: »es habe ihn die Menschlichkeit übereilt.« Kein Vernünftiger billigt es, daß man den Charakter des Geschlechts, zu dem wir gehören, so barbarisch hinabgesetzt hat; man hat hiermit unweiser gehandelt, als wenn man den Namen seiner Stadt oder Landsmannschaft zum Ekelnamen machte. Wir also wollen uns hüten, daß wir zu Beförderung solcher Menschlichkeit keine Briefe schreiben.

Der Name Menschenrechte kann ohne Menschenpflichten nicht genannt werden; beide beziehen sich aufeinander, und für beide suchen wir ein Wort.

So auch Menschenwürde und Menschenliebe. Das Menschengeschlecht, wie es jetzt ist und wahrscheinlich lange noch sein wird, hat seinem größten Teil nach keine Würde; man darf es eher bemitleiden, als verehren. Es soll aber zum Charakter seines Geschlechts, mithin auch zu dessen Wert und Würde gebildet werden. Das schöne Wort Menschenliebe ist so trivial geworden, daß man meistens die Menschen liebt, um keinen unter den Menschen wirksam zu lieben. Alle diese Worte enthalten Teilbegriffe unseres Zweckes, den wir gern mit einem Ausdruck bezeichnen möchten.

Also wollen wir bei dem Wort Humanität bleiben, an welches unter Alten und Neuern die besten Schriftsteller so würdige Begriffe geknüpft haben. Humanität ist der Charakter unseres Geschlechts; er ist uns aber nur in An-

* *aufs lindeste:* aufs vorsichtigste.

lagen angeboren und muß uns eigentlich angebildet werden. Wir bringen ihn nicht fertig auf die Welt mit; auf der Welt aber soll er das Ziel unseres Bestrebens, die Summe unserer Übungen, unser Wert sein: denn eine Angelität* im Menschen kennen wir nicht, und wenn der Dämon, der uns regiert, kein humaner Dämon ist, werden wir Plagegeister der Menschen. Das Göttliche in unserem Geschlecht ist also Bildung zur Humanität; alle großen und guten Menschen, Gesetzgeber, Erfinder, Philosophen, Dichter, Künstler, jeder edle Mensch in seinem Stande, bei der Erziehung seiner Kinder, bei der Beobachtung seiner Pflichten, durch Beispiel, Werk, Institut und Lehre hat dazu mitgeholfen. Humanität ist der Schatz und die Ausbeute aller menschlichen Bemühungen, gleichsam die Kunst unseres Geschlechts. Die Bildung zu ihr ist ein Werk, das unablässig fortgesetzt werden muß, oder wir sinken, höhere und niedere Stände, zur rohen Tierheit, zur Brutalität zurück.

Sollte das Wort Humanität also unsere Sprache verunzieren? Alle gebildeten Nationen haben es in ihre Mundart aufgenommen, und wenn unsere Briefe einem Fremden in die Hand kämen, müßten sie ihm wenigstens unverfänglich erscheinen: denn Briefe zur Beförderung der Brutalität wird doch kein ehrliebender Mensch wollen geschrieben haben.

Johann Gottfried Herder: Briefe zur Beförderung der Humanität. Rudolstadt: Der Greifenverlag [o.J.]. S. 60f.

Gegen Elend und Unwissenheit

Der Naturforscher und Reiseschriftsteller Johann Georg Adam Forster (1754–1794), der an der zweiten Weltumsegelung von James Cook (1728–1779) teilnahm, gründet –

* *Angelität:* Engelgleichheit.

wie die meisten Philosophen der Neuzeit – die Menschenwürde auf die Vernunft. Allerdings kann sich die Menschenwürde erst dann zeigen, wenn die menschlichen Geistesgaben, die Vernunft, durch Bildung entwickelt werden. Das wiederum setzt ausreichend materielle Versorgung voraus, die jedoch nicht gegeben ist. Die Entdeckung der eigenen Würde ist der armen Bevölkerung also nahezu unmöglich. Wohlgemerkt sind materielle Versorgung und Bildung für Forster nicht gleichbedeutend mit der Umsetzung von Menschenwürde. Sie sind für ihn lediglich Bedingungen, unter denen sie leichter hervortreten kann.

Wenden sich Diderot und Kant bei ihren Darlegungen zur Menschenwürde hauptsächlich gegen Erniedrigung durch Unterdrückung der Freiheit, so richtet sich Forster im Namen der Menschenwürde insbesondere gegen materielles Elend. Im ersten Falle geht es mehr um liberale, im zweiten stärker um sozialpolitische Werte. Herders Ausführungen umfassen dagegen beide Spielarten.

GEORG FORSTER

Über die Beziehung der Staatskunst auf das Glück der Menschheit

[...] Der wohlhabendere Mann, der allen Überfluß seiner fetten Äcker und Weiden genießt, gut gekleidet ist und in einem netten, reinen, mit schönem Geräte versehenen Hause wohnt, ist zugleich in Rücksicht seines Geistes, seines Gefühls, seiner Grundsätze, seiner Überlegung, seiner Kenntnisse, mit einem Worte, als *Mensch* derjenige, der bei weitem den Vorzug verdient. Ihm ist wohl in allen seinen Verhältnissen; und in diesem behaglichen Zustande blickt er um sich her, forscht nach, wer, von wannen und zu welchem Ende er sei, gibt also dem bessern Teile seines Wesens, der Vernunft, die ihn über die ganze sichtbare

Schöpfung hebt, ihre zweckmäßige Entwickelung und fängt an, sich seiner Menschenwürde bewußt zu sein. Der ausgemergelte Sklav des sarmatischen* Edelmanns hingegen, in einer morschen, räucherigen, nackten Hütte, im schmutzigen Schafpelze, vom Ungeziefer halb verzehrt, bei schwerer Arbeit und geringer, wo nicht gar ungesunder Kost, kennt bloß tierische Affekten, ruhet gedankenleer von seiner Anstrengung, und stirbt hin, ohne den höheren Sinnengenuß gekostet, ohne sich seiner Geisteskräfte gefreuet oder sie nur gekannt zu haben, um den Zweck seines Hierseins gänzlich betrogen. [...]

Unselige, grausame Menschenverachtung! Sie war es selbst, die jene traurigen Erscheinungen der Unwissenheit und Sklaverei unter der Menge verewigte, indem sie den Ehrgeizigen zuerst über seinesgleichen hob; und sie wagt es jetzt, sich auf ihr eigenes Werk zu berufen? Über den gegenwärtigen Zustand unserer Gattung ist der Philosoph mit dem Politiker einverstanden; aber er fühlt oder weiß vielmehr, was Menschen sein könnten und sollten; er geht daher den Ursachen ihrer Herabwürdigung nach und sucht das Mittel aufzufinden, welches sie wieder ihrer Bestimmung nähern kann. Mit einem Trauergefühle, das sich zur reinsten Philanthropie** gesellt, blickt er auf ein Wesen hin, das die göttlichen Vorrechte der Vernunft und Sittlichkeit nicht genießen darf und statt dessen, unter den Lasten der Gesellschaft, unglücklicher als die Tiere seine ganze Wirksamkeit von seinen Trieben entlehnt. Wenngleich das Menschengeschlecht in diesem unwürdigen Zustande wenig Achtung einflößt, so bleibt doch hier, wie überall, Hülflosigkeit die Quelle der zärtlichsten Pflicht, und der wahre Menschenfreund, so gerührt*** und aufgefordert, erkennt in diesem gemißhandelten und um seine

* *sarmantischen Edelmanns:* der in Sarmatien wohnt (Gebiet zwischen Weichsel und Wolga).

** *Philanthropie:* Menschenliebe.

*** *gerührt:* hier: berührt, in Bewegung gebracht.

Bestimmung betrogenen Haufen den Gegenstand seiner uneigennützigen und immerwährenden Sorge [...].

[...] Allein, wenn die einzige Gattung von Wesen, welche zur moralischen Freiheit geeigenschaftet ist, bisher nur in äußerst wenigen ihrer Glieder, auf eine meistens unvollkommene Art, dieses Vorrecht hat genießen können; oder, daß ich mich eines ziemlich passenden Gleichnisses bediene, wenn unter vielen Millionen Raupen kaum eine dazu gelangt, ihre Verwandlung zu vollbringen, in Schmetterlingsgestalt auf leichten Schwingen die Ätherbahnen* zu durchirren und ungefesselt des Daseins und des Weltalls froh zu werden [...].

[...] schwerer kann sich niemand am Menschengeschlechte versündigen, als indem er jenen Raupenstand, jene fortwährende tierische Erniedrigung, worin alle seine höheren Anlagen unbenutzt und unentwickelt bleiben, absichtlich zu verlängern sucht [...].

Endlich, mein Freund, scheint die Zeit gekommen zu sein, wo jenes lügenhafte Bild des *Glücks*, das so lange am Ziele der menschlichen Laufbahn stand, von seinem Fußgestelle gestürzt und der echte Wegweiser des Lebens, *Menschenwürde*, an seine Stelle gesetzt werden soll. Des Schmerzes und des Vergnügens fähig, gebildet zu leiden und sich zu freuen, lasse der Mensch die Sorge seines Glücks der Natur, die allen Geschöpfen das Maß des Genusses nach ihrer Dauer und ihren Verrichtungen bestimmt. Der Gebrauch der Geistesgaben, womit der Mensch ausschließend ausgestattet worden ist, bleibt ihm allein anheimgestellt; weise und tugendhaft zu werden, ist eines jeden eigenes Werk, eines jeden eigene Pflicht. Auf sich selbst zu wirken, ist der Zweck des so reichbegabten Wesens, nicht in träger Ruhe die Pfunde zu vergraben, wovon es die Zinsen seinem Urheber und Gläubiger darbringen sollte. Jene eingebildete Kunst, uns zu beglücken,

* *Ätherbahnen:* im oberen Himmel, so die griechische Mythologie.

womit man das Herrscherrecht beschönigen will, war nie etwas anders als Verstümmelung. Man machte den Menschen ärmer, als ihn die Natur geschaffen hatte; man raubte ihm seine Empfänglichkeit, man suchte ihn fühllos, unempfindlich, gleichgültig zu machen, die Summe seiner Bedürfnisse zu verkleinern und die Heftigkeit seiner Triebe abzustumpfen.

Georg Forster: Über die Beziehung der Staatskunst auf das Glück der Menschheit und andere Schriften. Hrsg. von Wolfgang Rödel. Frankfurt a. M.: Insel Verlag, 1966. S. 141, 149f., 167–169.

Freiheit in der Erscheinung

Der Dichter und Dramatiker Friedrich Schiller (1759–1805) ist als Philosoph besonders interessiert am Thema der Würde, wie schon seine zahlreichen Ausführungen zu diesem Thema eindrucksvoll belegen. In *Anmut und Würde* (1793) definiert er die Menschenwürde über die Fähigkeit, Körper und Trieb mit Geist und Vernunft beherrschen zu können. Diese Macht und Selbständigkeit des Geistes dem rohen Sinnlichen gegenüber bezeugt eine Freiheit, deren Darstellung in der Welt als Würde erscheint. Achtung ist die angemessene Haltung dieser Würde gegenüber. Derjenige, der diese achtunggebietende und würdevolle Freiheit vollkommen repräsentiert, hat Majestät. Von der »wahren Würde« unterscheidet Schiller eine »falsche Würde«, die nicht die sinnliche Natur mit Freiheit beherrscht, sondern diese unter künstlichen Gewändern, Perücken und Manierismen verbirgt. Schillers Überlegungen zur Menschenwürde wurden stark beeinflusst von Cicero (vgl. hier S. 33ff.) und Kant (vgl. hier S. 111ff.).

In dem Gedicht *Würde der Frauen* (1795) verbindet Schiller den Begriff Würde mit den Idealen des damaligen Bürgertums, denen zufolge sich die Würde der Frauen in häuslicher Fürsorge und sanftmütiger Güte äußert, während sich die *Männerwürde* (1782) in dominantem Auftreten zeigt, das den Mann zum Eroberer, Versorger und Beschützer der Frau macht. Diesem Rollenverständnis widersprach zur damaligen Zeit bereits Olympe de Gouges (1748–1794), die den Zugang der Frauen zu allen öffentlichen Ämtern und den Bürgerrechten forderte. In Artikel 1 ihrer *Erklärung der Rechte der Frau und Bürgerin* von 1791 heißt es: »Die Frau ist frei geboren und bleibt dem Mann gleich in allen Rechten«.

Stärker politisch orientiert konzipiert Schiller die Würde in dem Drama *Don Karlos* (1787), dem Gedicht *Die Künstler* (1789) und im Neunten der *Briefe über die ästhetische Erziehung des Menschen* (1793). Dort beruft Schiller die Künstler und Politiker zu Anwälten und Fürsprechern der Menschenwürde, auf die sie ihr ganzes Denken, Dichten und Handeln richten sollen. Geradezu klassenkämpferisch liest sich das kurze Gedankengedicht *Würde des Menschen* (1796), in dem Schiller wie Forster materielle Versorgung als notwendige Voraussetzung für die Entfaltung der Menschenwürde sieht. Menschenwürde ist für Schiller in den zuletzt genannten Schriften ein Kampfbegriff sowohl gegen soziales Elend als auch gegen Erniedrigung durch Unterdrückung der Freiheit.

In diesem Zusammenhang kommt er wie Kant im Kapitel über »Kriecherei« in der *Metaphysik der Sitten* auf den aufrechten Gang als die der Würde des aufgeklärten Bürgers einzig angemessene Körperhaltung zu sprechen. Im ersten Akt von *Kabale und Liebe* karikiert er in der Figur des sich ständig verbeugenden Sekretärs »Wurm« entsprechend den höfischen Knicks und Kniefall als Selbsterniedrigung, die dem aufgeklärten Geschmack zuwider sei. Er hat damit die Würde sowohl als Wesensmerkmal als auch als Gestaltungsauftrag konzipiert.

FRIEDRICH SCHILLER

Würde des Menschen

Nichts mehr davon, ich bitt euch. Zu essen gebt ihm, zu wohnen,
Habt ihr die Blöße bedeckt, gibt sich die Würde von selbst.

Friedrich Schiller: Sämtliche Werke. Auf Grund der Originaldrucke hrsg. von Gerhard Fricke und Herbert G. Göpfert. Bd. 1: Gedichte. München: Hanser, 1958–1959. S. 248.

FRIEDRICH SCHILLER

Über Anmut und Würde

Würde

So wie die Anmut der Ausdruck einer schönen Seele ist, so ist Würde der Ausdruck einer erhabenen Gesinnung.

[...]

Beherrschung der Triebe durch die moralische Kraft ist *Geistesfreiheit*, und *Würde* heißt ihr Ausdruck in der Erscheinung.

[...]

Bei der Würde also führt sich der Geist in dem Körper als Herrscher auf, denn hier hat er seine Selbständigkeit gegen den gebieterischen Trieb zu behaupten, der ohne ihn zu Handlungen schreitet und sich seinem Joch gern entziehen möchte [...]. Die Anmut läßt der Natur da, wo sie die Befehle des Geistes ausrichtet, einen Schein von Freiwilligkeit; die Würde hingegen unterwirft sie da, wo sie herrschen will, dem Geist [...].

Würde wird daher mehr im *Leiden* (πάθος), Anmut mehr im *Betragen* (ἦθος) gefordert und gezeigt; denn nur im Leiden kann sich die Freiheit des Gemüts, und nur im Handeln die Freiheit des Körpers offenbaren.

Da die Würde ein Ausdruck des Widerstandes ist, den der selbständige Geist dem Naturtriebe leistet, dieser also als eine Gewalt muß angesehen werden, welche Widerstand nötig macht, so ist sie da, wo keine solche Gewalt zu bekämpfen ist, lächerlich, und wo keine mehr zu bekämpfen sein *sollte*, verächtlich [...].

[...] Weit mehr Gefahr ist da, daß die Neigung den Zustand des Leidens endlich zum herrschenden mache, die Selbsttätigkeit des Geistes ersticke und eine allgemeine Erschlaffung herbeiführe. Um sich also bei einem edeln Gefühl in Achtung zu setzen, die ihr nur allein ein sittlicher Ursprung verschaffen kann, muß die Neigung sich jederzeit mit Würde verbinden. Daher fordert der Liebende Würde von dem Gegenstand seiner Leidenschaft. Würde allein ist ihm Bürge*, daß nicht das Bedürfnis zu ihm nötigte, sondern daß die Freiheit ihn wählte – daß man ihn nicht als Sache begehrt, sondern als Person hochschätzt.

[...]

Würde allein beweist zwar überall, wo wir sie antreffen, eine gewisse Einschränkung der Begierden und Neigungen. Ob es aber nicht vielmehr Stumpfheit des Empfindungsvermögens (Härte) sei, was wir für Beherrschung halten, und ob es wirklich moralische Selbsttätigkeit und nicht vielmehr Übergewicht eines andern Affektes, also absichtliche Anspannung sei, was den Ausbruch des gegenwärtigen im Zaume hält, das kann nur die damit verbundene Anmut außer Zweifel setzen. Die Anmut nämlich zeugt von einem ruhigen, in sich harmonischen Gemüt und von einem empfindenden Herzen.

Ebenso beweist auch die Anmut schon für sich allein

* *Bürge:* Garant.

eine Empfänglichkeit des Gefühlvermögens und eine Übereinstimmung der Empfindungen. Daß es aber nicht Schlaffheit des Geistes sei, was dem Sinn so viel Freiheit läßt und das Herz jedem Eindruck öffnet, und daß es das Sittliche sei, was die Empfindungen in diese Übereinstimmung brachte, das kann uns wiederum nur die damit verbundne Würde verbürgen. In der Würde nämlich legitimiert sich das Subjekt als eine selbständige Kraft; und indem der Wille die Lizenz der unwillkürlichen Bewegungen bändigt, gibt er zu erkennen, daß er die Freiheit der willkürlichen bloß zuläßt.

[...]

In der Würde nämlich wird uns ein Beispiel der Unterordnung des Sinnlichen unter das Sittliche vorgehalten, welchem nachzuahmen für uns Gesetz, zugleich aber für unser physisches Vermögen übersteigend ist. Der Widerstreit zwischen dem Bedürfnis der Natur und der Forderung des Gesetzes, deren Gültigkeit wir doch eingestehen, spannt die Sinnlichkeit an und erweckt das Gefühl, welches *Achtung* genannt wird und von der Würde unzertrennlich ist.

[...]

Von der Achtung kann man sagen, sie *beugt sich vor* ihrem Gegenstande; von der Liebe, sie *neigt sich zu* dem ihrigen; von der Begierde, sie *stürzt auf* den ihrigen. Bei der Achtung ist das Objekt die Vernunft und das Subjekt die sinnliche Natur.* Bei der Liebe ist das Objekt sinnlich,

* Achtung (nach ihrem reinen Begriff) geht nur auf das Verhältnis der sinnlichen Natur zu den Forderungen reiner praktischer Vernunft überhaupt, ohne Rücksicht auf eine wirkliche Erfüllung. »Das Gefühl der Unangemessenheit zu Erreichung einer Idee, die für uns Gesetz ist, heißt Achtung« (Kants Kritik der Urteilskraft [I I,2, § 27]). Daher ist Achtung keine angenehme, eher drückende Empfindung. Sie ist ein Gefühl des Abstandes des empirischen Willens von dem reinen. – Es kann daher auch nicht befremdlich sein, daß ich die sinnliche Natur zum Subjekt der Achtung mache, obgleich diese nur auf reine Vernunft geht; denn die Unangemessenheit zu Erreichung des Gesetzes kann nur in der Sinnlichkeit liegen. [Anm. F. Schiller.]

und das Subjekt die moralische Natur. Bei der Begierde sind Objekt und Subjekt sinnlich.

Friedrich Schiller: Kallias oder über die Schönheit. Über Anmut und Würde. Hrsg. von Klaus L. Berghahn. Stuttgart. Reclam, 1971. S. 113, 119, 122–129.

FRIEDRICH SCHILLER

Würde der Frauen

Ehret die Frauen! Sie flechten und weben
Himmlische Rosen ins irdische Leben,
Flechten der Liebe beglückendes Band,
Und, in der Grazie züchtigem Schleier,
Nähren sie wachsam das ewige Feuer
Schöner Gefühle mit heiliger Hand.

Ewig aus der Wahrheit Schranken
Schweift des Mannes wilde Kraft,
Unstät* treiben die Gedanken
Auf dem Meer der Leidenschaft.
Gierig greift er in die Ferne,
Nimmer wird sein Herz gestillt,
Rastlos durch entleg'ne Sterne
Jagt er seines Traumes Bild.

Aber mit zauberisch fesselndem Blicke
Winken die Frauen den Flüchtling zurücke,
Warnend zurück in der Gegenwart Spur.
In der Mutter bescheidener Hütte
Sind sie geblieben mit schaamhafter Sitte,
Treue Töchter der frommen Natur.

* *unstät:* unstet, ungleichmäßig.

Feindlich ist des Mannes Streben,
Mit zermalmender Gewalt
Geht der wilde durch das Leben,
Ohne Rast und Aufenthalt.
Was er schuf, zerstört er wieder,
Nimmer ruht der Wünsche Streit,
Nimmer, wie das Haupt der Hyder*
Ewig fällt und sich erneut.

Aber, zufrieden mit stillerem Ruhme,
Brechen die Frauen des Augenblicks Blume,
Nähren sie sorgsam mit liebendem Fleiß,
Freier in ihrem gebundenen Wirken,
Reicher als er in des Wissens Bezirken
Und in der Dichtung unendlichem Kreis.

Streng und stolz sich selbst genügend,
Kennt des Mannes kalte Brust,
Herzlich an ein Herz sich schmiegend,
Nicht der Liebe Götterlust,
Kennet nicht den Tausch der Seelen,
Nicht in Thränen schmilzt er hin,
Selbst des Lebens Kämpfe stählen
Härter seinen harten Sinn.

Aber, wie leise vom Zephyr** erschüttert
Schnell die aeolische*** Harfe erzittert,
Also die fühlende Seele der Frau.
Zärtlich geängstigt vom Bilde der Qualen
Wallet der liebende Busen, es strahlen
Perlend die Augen von himmlischem Thau.

* *Hydra:* mehrköpfige Schlange aus dem griechischen Mythos: Schlägt man ihr einen Kopf ab, wachsen an derselben Stelle mehrere Köpfe nach.

** *Zephyr:* Westwind.

*** *aeolisch:* in einer bestimmten Tonfolge gestimmt.

In der Männer Herrschgebiete
Gilt der Stärke trotzig Recht,
Mit dem Schwerdt beweist der Scythe*
Und der Perser wird zum Knecht.
Es befehden sich im Grimme
Die Begierden wild und roh,
Und der Eris** rauhe Stimme
Waltet wo die Charis*** floh.

Aber mit sanft überredender Bitte
Führen die Frauen den Scepter der Sitte,
Löschen die Zwietracht, die tobend entglüht,
Lehren die Kräfte, die feindlich sich hassen,
Sich in der lieblichen Form zu umfassen,
Und vereinen was ewig sich flieht.

Friedrich Schiller: Gedichte. Hrsg. von Norbert Oellers. Stuttgart: Reclam, 1999. S. 220f.

FRIEDRICH SCHILLER

Don Karlos

MARQUIS. Ich höre, Sire, wie klein,
Wie niedrig Sie von Menschenwürde denken,
Selbst in des freien Mannes Sprache nur
Den Kunstgriff eines Schmeichlers sehen, und
Mir deucht, ich weiß, wer Sie dazu berechtigt.
Die Menschen zwangen Sie dazu; *die* haben
Freiwillig ihres Adels sich begeben,
Freiwillig sich auf diese niedre Stufe
Herabgestellt. Erschrocken fliehen sie
Vor dem Gespenste ihrer innern Größe,

* *Scythe:* Scythen waren ein altes iranisches Volk berittener Nomadenhirten.
** *Eris:* Göttin der Zwietracht.
*** *Charis:* Göttin der Anmut.

Gefallen sich in ihrer Armut, schmücken
Mit feiger Weisheit ihre Ketten aus,
Und Tugend nennt man, sie mit Anstand tragen.
So überkamen Sie die Welt. So ward
Sie Ihrem großen Vater überliefert.
Wie könnten Sie in dieser traurigen
Verstümmlung – Menschen ehren?
[...] Weihen Sie
Dem Glück der Völker die Regentenkraft,
Die – ach so lang – des Thrones Größe nur
Gewuchert hatte – Stellen Sie der Menschheit
Verlornen Adel wieder her. Der Bürger
Sei wiederum, was er zuvor gewesen,
Der Krone Zweck – ihn binde keine Pflicht,
Als seiner Brüder gleich ehrwürd'ge Rechte.
Wenn nun der Mensch, sich selbst zurückgegeben,
Zu seines Werts Gefühl erwacht – der Freiheit
Erhabne, stolze Tugenden gedeihen –
Dann, Sire, wenn Sie zum glücklichsten der Welt
Ihr eignes Königreich gemacht – dann ist
Es Ihre Pflicht, die Welt zu unterwerfen.

Friedrich Schiller: Don Karlos. Infant von Spanien. Ein dramatisches Gedicht. Stuttgart: Reclam, 2001. S. 122, 127.

FRIEDRICH SCHILLER

Die Künstler

[...]
Der Menschheit Würde ist in eure Hand gegeben,
Bewahret sie!
Sie sinkt mit euch! Mit euch wird sie sich heben!
Der Dichtung heilige Magie
Dient einem weisen Weltenplane,

Still lenke sie zum Ozeane
Der großen Harmonie!
[...]

Friedrich Schiller: Gedichte. Hrsg. von Norbert Oellers. Stuttgart: Reclam, 1999. S. 261.

FRIEDRICH SCHILLER

Über die ästhetische Erziehung des Menschen

Aber ist hier nicht vielleicht ein Zirkel? Die theoretische Kultur soll die praktische herbeyführen und die praktische doch die Bedingung der theoretischen seyn? Alle Verbesserung im politischen soll von Veredlung des Charakters ausgehen – aber wie kann sich unter den Einflüssen einer barbarischen Staatsverfassung der Charakter veredeln? Man müßte also zu diesem Zwecke ein Werkzeug aufsuchen, welches der Staat nicht hergiebt, und Quellen dazu eröffnen, die sich bey aller politischen Verderbniß rein und lauter erhalten.

Jetzt bin ich an dem Punkt angelangt, zu welchem alle meine bisherigen Betrachtungen hingestrebt haben. Dieses Werkzeug ist die schöne Kunst, diese Quellen öffnen sich in ihren unsterblichen Mustern.

Von allem, was positiv ist und was menschliche Conventionen einführten, ist die Kunst, wie die Wissenschaft losgesprochen, und beyde erfreuen sich einer absoluten *Immunität* von der Willkühr der Menschen. Der politische Gesetzgeber kann ihr Gebiet sperren, aber darinn herrschen kann er nicht. Er kann den Wahrheitsfreund ächten, aber die Wahrheit besteht; er kann den Künstler erniedrigen, aber die Kunst kann er nicht verfälschen. Zwar ist nichts gewöhnlicher, als daß beyde, Wissenschaft und Kunst, dem Geist des Zeitalters huldigen, und der hervorbringende Geschmack von dem beurtheilenden das Gesetz empfängt. Wo der Charakter straff wird und sich verhärtet, da sehen wir die Wissenschaft streng ihre Grenzen bewachen, und die Kunst in den schweren Fesseln der Regel gehn; wo der Charakter erschlafft und sich auflöst, da wird die Wissenschaft zu gefallen und die Kunst zu vergnügen streben. Ganze Jahrhunderte lang zeigen sich die Philosophen wie die Künstler geschäftig, Wahrheit und Schönheit in die Tiefen gemeiner Menschheit hinabzutauchen; jene gehen darinn unter, aber mit eigner unzerstörbarer Lebenskraft ringen sich diese siegend empor.

Der Künstler ist zwar der Sohn seiner Zeit, aber schlimm für ihn, wenn er zugleich ihr Zögling oder gar noch ihr Günstling ist. Eine wohlthätige Gottheit reisse den Säugling bey Zeiten von seiner Mutter Brust, nähre ihn mit der Milch eines bessern Alters, und lasse ihn unter fernem griechischen Himmel zur Mündigkeit reifen. Wenn er dann Mann geworden ist, so kehre er, eine fremde Gestalt, in sein Jahrhundert zurück; aber nicht, um es mit seiner Erscheinung zu erfreuen, sondern furchtbar wie Agamemnons Sohn, um es zu reinigen. Den Stoff zwar wird er von der Gegenwart nehmen, aber die Form von einer edleren Zeit, ja jenseits aller Zeit, von der absoluten unwandelbaren Einheit seines Wesens entlehnen. Hier aus dem reinen Äther seiner dämonischen Natur rinnt die Quelle der Schönheit herab, unangesteckt von der Verderbniß der Geschlechter und Zeiten, welche tief unter ihr in trüben Strudeln sich wälzen. Seinen Stoff kann die Laune entehren, wie sie ihn geadelt hat, aber die keusche Form ist ihrem Wechsel entzogen. Der Römer des ersten Jahrhunderts hatte längst schon die Kniee vor seinen Kaisern gebeugt, als die Bildsäulen noch aufrecht standen, die Tempel blieben dem Auge heilig, als die Götter längst zum Gelächter dienten, und die Schandthaten eines *Nero*[*] und *Kommodus*[**] beschämte der edle Styl des Gebäudes, das

* *Nero:* römischer Kaiser (37–68 n. Chr.), steckte Rom in Brand.

** *Kommodus:* römischer Kaiser (161–192 n. Chr.), gilt als unfähiger Herrscher.

seine Hülle dazu gab. Die Menschheit hat ihre Würde verloren, aber die Kunst hat sie gerettet und aufbewahrt in bedeutenden Steinen; die Wahrheit lebt in der Täuschung fort, und aus dem Nachbilde wird das Urbild wieder hergestellt werden. So wie die edle Kunst die edle Natur *überlebte*, so schreitet sie derselben auch in der Begeisterung, bildend und erweckend, voran. Ehe noch die Wahrheit ihr siegendes Licht in die Tiefen der Herzen sendet, fängt die Dichtungskraft ihre Strahlen auf, und die Gipfel der Menschheit werden glänzen, wenn noch feuchte Nacht in den Thälern liegt.

Wie verwahrt sich aber der Künstler vor den Verderbnissen seiner Zeit, die ihn von allen Seiten umfangen? Wenn er ihr Urtheil verachtet. Er blicke aufwärts nach seiner Würde und dem Gesetz, nicht niederwärts nach dem Glück und nach dem Bedürfniß. Gleich frey von der eiteln Geschäftigkeit, die in den flüchtigen Augenblick gern ihre Spur drücken möchte, und von dem ungeduldigen Schwärmergeist, der auf die dürftige Geburt der Zeit den Maaßstab des Unbedingten anwendet, überlasse er dem Verstande, der hier einheimisch ist, die Sphäre des Wirklichen; er aber strebe, aus dem Bunde des Möglichen mit dem Nothwendigen das Ideal zu erzeugen. Dieses präge er aus in Täuschung und Wahrheit, präge es in die Spiele seiner Einbildungskraft, und in den Ernst seiner Thaten, präge es aus in allen sinnlichen und geistigen Formen und werfe es schweigend in die unendliche Zeit.

Aber nicht jedem, dem dieses Ideal in der Seele glüht, wurde die schöpferische Ruhe und der große geduldige Sinn verliehen, es in den verschwiegnen Stein einzudrücken, oder in das nüchterne Wort auszugießen, und den treuen Händen der Zeit zu vertrauen. Viel zu ungestüm, um durch dieses ruhige Mittel zu wandern, stürzt sich der göttliche Bildungstrieb oft unmittelbar auf die Gegenwart und auf das handelnde Leben, und unternimmt, den formlosen Stoff der moralischen Welt umzubilden. Dringend spricht das Unglück seiner Gattung zu dem fühlenden Menschen, dringender ihre Entwürdigung, der Enthusiasmus entflammt sich, und das glühende Verlangen strebt in kraftvollen Seelen ungeduldig zur That. Aber befragte er sich auch, ob diese Unordnungen in der moralischen Welt seine Vernunft beleidigen, oder nicht vielmehr seine Selbstliebe schmerzen? Weiß er es noch nicht, so wird er es an dem Eifer erkennen, womit er auf bestimmte und beschleunigte Wirkungen dringt. Der reine moralische Trieb ist aufs Unbedingte gerichtet, für ihn giebt es keine Zeit, und die Zukunft wird ihm zur Gegenwart, sobald sie sich aus der Gegenwart nothwendig entwickeln muß. Vor einer Vernunft ohne Schranken ist die Richtung zugleich die Vollendung, und der Weg ist zurückgelegt, sobald er eingeschlagen ist.

Gieb also, werde ich dem jungen Freund der Wahrheit und Schönheit zur Antwort geben, der von mir wissen will, wie er dem edeln Trieb in seiner Brust, bey allem Widerstande des Jahrhunderts, Genüge zu thun habe, gieb der Welt, auf die du wirkst, die *Richtung* zum Guten, so wird der ruhige Rhythmus der Zeit die Entwicklung bringen. Diese Richtung hast du ihr gegeben, wenn du, lehrend, ihre Gedanken zum Nothwendigen und Ewigen erhebst, wenn du, handelnd oder bildend, das Nothwendige und Ewige in einen Gegenstand ihrer Triebe verwandelst. Fallen wird das Gebäude des Wahns und der Willkührlichkeit, fallen muß es, es ist schon gefallen, sobald du gewiß bist, daß es sich neigt; aber in dem innern, nicht bloß in dem äußern Menschen muß es sich neigen. In der schaamhaften Stille deines Gemüths erziehe die siegende Wahrheit, stelle sie aus dir heraus in der Schönheit, daß nicht blos der Gedanke ihr huldige, sondern auch der Sinn ihre Erscheinung liebend ergreife. Und damit es dir nicht begegne, von der Wirklichkeit das Muster zu empfangen, das du ihr geben sollst, so wage dich nicht eher in ihre bedenkliche Gesellschaft, bis du eines idealischen Gefolges in deinem Herzen versichert bist. Lebe mit deinem Jahrhundert, aber sey nicht sein Geschöpf; leiste deinen Zeitgenossen, aber was sie bedürfen, nicht was sie loben. Ohne ihre Schuld getheilt zu haben, theile mit edler Resignation ihre Strafen, und beuge dich mit Freyheit unter das Joch, das sie gleich schlecht entbehren und tragen. Durch den standhaften Muth, mit dem du ihr Glück verschmähest, wirst du ihnen beweisen, daß nicht deine Feigheit sich ihren Leiden unterwirft. Denke sie dir, wie sie seyn sollten, wenn du auf sie zu wirken hast, aber denke sie dir, wie sie sind, wenn du für sie zu handeln versucht wirst. Ihren Beyfall suche durch ihre Würde, aber auf ihren Unwerth berechne ihr Glück, so wird dein eigener Adel dort den ihrigen aufwecken, und ihre Unwürdigkeit hier deinen Zweck nicht vernichten. Der Ernst deiner Grundsätze wird sie von dir scheuchen, aber im Spiele ertragen sie sie noch; ihr Geschmack ist keuscher als ihr Herz, und hier mußt du den scheuen Flüchtling ergreifen. Ihre Maximen wirst du umsonst bestürmen, ihre Thaten umsonst verdammen, aber an ihrem Müssiggange kannst du deine bildende Hand versuchen. Verjage die Willkühr, die Frivolität, die Rohigkeit aus ihren Vergnügungen, so wirst du sie unvermerkt auch aus ihren Handlungen, endlich aus ihren Gesinnungen verbannen. Wo du sie findest, umgieb sie mit edeln, mit großen, mit geistreichen Formen, schließe sie ringsum mit den Symbolen des Vortrefflichen ein, bis der Schein die Wirklichkeit und die Kunst die Natur überwindet.

Friedrich Schiller: Über die ästhetische Erziehung des Menschen in einer Reihe von Briefen. Mit den Augustenburger Briefen hrsg. von Klaus L. Berghahn. [Neunter Brief.] Stuttgart: Reclam, 2000. S. 33–37.

Selbstbewusstsein

Zu Beginn seiner *Anthropologie* gründete Immanuel Kant die Würde auf das Selbstbewusstsein des Menschen, das ihn über alle sonstigen Lebewesen erhebt und über die er frei verfügen darf.* Johann Gottlieb Fichte (1762–1814) vertieft in seiner Abhandlung *Über die Würde des Menschen* diese Sichtweise: Das menschliche Subjekt, dessen Besonderheit im Selbstbewusstsein liegt, existiert unabhängig von der Welt, die es überhaupt erst konstituiert und gestaltet. Als solches Subjekt besitzt es eine derartige Erhabenheit und Würde, dass es nach sorgfältiger Reflexion tiefe Ehrfurcht vor sich selbst empfinden muss. Jeder, der zu sich selbst »Ich« sagen kann, steht über allen übrigen Lebewesen und Dingen. Dieses gilt nicht nur für rechtschaffene Bürger, sondern genauso für Verbrecher und Sklaven, die ebenso Subjekte sind. Ähnlich hatte der Kirchenvater Augustinus betont, dass noch der schlimmste Sünder Ebenbild Gottes bleibe und als solches mehr Wert besitze als der gestirnte Himmel. Fichte hat diese Idee aus dem religiösen Deutungsrahmen gelöst und in einen vernunftphilosophischen Zusammenhang gestellt.

JOHANN GOTTLIEB FICHTE

Über die Würde des Menschen

Die Philosophie lehrt uns alles im Ich aufsuchen. Erst durch das Ich kommt Ordnung und Harmonie in die todte, formlose Masse. Allein vom Menschen aus verbreitet sich *Regelmässigkeit* rund um ihn herum bis an die Grenze seiner Beobachtung, – und wie er diese weiter vorrückt wird Ordnung und Harmonie weiter vorgerückt. Seine

* Vgl. Immanuel Kant, *Anthropologie in pragmatischer Hinsicht*, in: Kants Werke, Bd. 7, Berlin 1968, S. 127.

Beobachtung weist dem bis ins unendliche verschiedenen, – jedem seinen Platz an, dass keines das andere verdränge; sie bringt Einheit in die unendliche Verschiedenheit. Durch sie halten sich die Weltkörper zusammen, und werden nur *Ein* organisirter Körper; durch sie drehen die Sonnen sich in ihren angewiesenen Bahnen. Durch das Ich steht die ungeheure Stufenfolge da von der Flechte* bis zum Seraph**; in *ihm* ist das System der ganzen Geisterwelt, und der Mensch erwartet mit Recht, dass das Gesetz, das er sich und ihr giebt, für sie gelten müsse; erwartet mit Recht die einstige allgemeine Anerkennung desselben. Im Ich liegt das sichere Unterpfand, das von ihm aus ins unendliche Ordnung und Harmonie sich verbreiten werde, wo jetzt noch keine ist; dass mit der fortrückenden Cultur des Menschen, zugleich die Cultur des Weltalls fortrücken werde. Alles, was jetzt noch unförmlich und ordnungslos ist, wird durch den Menschen in die schönste Ordnung sich auflösen, und was jetzt schon harmonisch ist, wird – nach bis jetzt unentwickelten Gesetzen – immer harmonischer werden. Der Mensch wird Ordnung in das Gewühl, und einen Plan in die allgemeine Zerstörung hineinbringen; durch ihn wird die Verwesung bilden, und der Tod zu einem neuen herrlichen Leben rufen.

Das ist der Mensch, wenn wir ihn bloss als beobachtende Intelligenz ansehen; was ist er erst, wenn wir ihn als praktisch-thätiges Vermögen denken!

Er *legt* nicht nur die *nothwendige Ordnung* in die Dinge; er giebt ihnen auch diejenige, die er sich *willkürlich* wählte; da, wo er hintritt, erwacht die Natur; bei seinem Anblick bereitet sie sich zu, von ihm die neue schönere Schöpfung zu erhalten. Schon sein Körper ist das vergeistigtste, was aus der ihn umgebenden Materie gebildet wer-

* *Flechte:* Symbiose aus Pilz und anderer Lebensform, niedere Art der Vegetation.

** *Seraph:* sechsflügelige Engel, z. T. als Spitze in der Hierarchie der Engel gesehen.

den konnte; in seinem Dunstkreise wird die Luft sanfter, das Klima milder, und die Natur erheitert sich durch die Erwartung, von ihm in einen Wohnplatz und in eine Pflegerin lebender Wesen umgewandelt zu werden. Der Mensch gebietet der rohen Materie, sich nach seinem Ideal zu organisiren, und ihm den Stoff zu liefern, dessen er bedarf. Ihm schiesst das, was vorher kalt und todt war, in das nährende Korn, in die erquickende Frucht, in die belebende Traube herauf, und sie wird ihm in etwas anderes heraufschiessen, sobald er ihr anders gebieten wird. – Um ihn herum veredeln sich die Thiere, legen unter seinem gescheueten Auge ihre Wildheit ab, und empfangen eine gesündere Nahrung aus der Hand ihres Gebieters, die sie ihm durch willigen Gehorsam vergüten.

Was mehr ist, um den Menschen herum veredeln sich die Seelen; je mehr einer Mensch ist, desto tiefer und ausgebreiteter wirkt er auf Menschen; und was den wahren Stempel der Menschlichkeit trägt, wird von der Menschheit nie verkannt; jedem reinen Ausflusse der Humanität schliesst sich auf jeder menschliche Geist, und jedes menschliche Herz. Um den höheren Menschen herum schliessen die Menschen einen Kreis, in welchem derjenige sich dem Mittelpuncte am meisten nähert, der die grössere Humanität hat. Ihre Geister streben und ringen sich zu vereinigen, und nur Einen Geist in mehreren Körpern zu bilden. Alle sind Ein Verstand und Ein Wille, und stehen da als Mitarbeiter an dem grossen einzigmöglichen Plane der Menschheit. Der höhere Mensch reisst gewaltig sein Zeitalter auf eine höhere Stufe der Menschheit herauf; sie sieht zurück, und erstaunt über die Kluft, die sie übersprang; der höhere Mensch reisst mit Riesenarmen, was er ergreifen kann, aus dem Jahrbuche des Menschengeschlechts heraus. –

Brecht die Hütte von Leimen*, in der er wohnt! Er ist seinem Daseyn nach schlechthin unabhängig von allem,

* *von Leimen:* aus Leim notdürftig zusammengefügt.

was ausser ihm ist; er ist schlechthin durch sich selbst; und er hat schon in der Hütte von Leimen das Gefühl dieser Existenz, in den Momenten seiner Erhebung, wenn Zeit und Raum, und alles, was nicht Er selbst ist, ihm schwinden; wenn sein Geist sich gewaltsam von seinem Körper losreisst, – und dann wieder freiwillig, zu Verfolgung der Zwecke, die er durch ihn noch erst ausführen möchte, in denselben zurückkehrt. – Trennt die zwei letzten nachbarlichen Stäubchen, die ihn jetzt umgeben; er wird *noch* seyn; und er *wird* seyn, weil er es *wollen* wird. Er ist ewig, durch sich selbst und aus eigener Kraft.

Hindert, vereitelt seine Pläne! – Aufhalten könnt ihr sie: aber was sind tausend und abermals tausend Jahre in dem Jahrbuche der Menschheit? – was der leichte Morgentraum ist beim Erwachen. Er dauert fort, und er *wirkt* fort, und was euch Verschwinden scheint, ist bloss eine Erweiterung seiner Sphäre: was euch Tod scheint, ist seine Reife für ein höheres Leben. Die *Farben* seiner Pläne, und die *äusseren Gestalten* derselben können ihm verschwinden; sein *Plan* bleibt derselbe; und in jedem Momente seiner Existenz reisst er etwas neues ausser sich in seinen Kreis mit fort, und er wird fortfahren an sich zu reissen, bis er alles in denselben verschlinge: bis alle Materie das Gepräg seiner Einwirkung trage, und alle Geister mit seinem Geiste Einen Geist ausmachen.

Das ist der Mensch; das ist jeder, der sich sagen kann: *Ich bin Mensch.* Sollte er nicht eine heilige Ehrfurcht vor sich selbst tragen, und schaudern und erbeben vor seiner eigenen Majestät! – Das ist jeder, der mir sagen kann: *Ich bin.* – Wo du auch wohnest, du, der du nur Menschenantlitz trägst; – ob du auch noch so nahe grenzend mit dem Thiere, unter dem Stecken des Treibers Zuckerrohr pflanzest, oder ob du an des Feuerlandes Küsten* dich an der

* *Feuerlandes Küsten:* Feuerland, Inselgruppe an der Südspitze von Südamerika.

nicht durch dich entzündeten Flamme wärmst, bis sie verlischt, und bitter weinst, dass sie sich nicht selbst erhalten will – oder ob du mir der verworfenste, elendeste Bösewicht scheinest – du bist darum doch, was ich bin; denn du kannst mir sagen: Ich bin. Du bist darum doch mein Gesell und mein Bruder. O, ich stand einst gewiss auf der Stufe der Menschheit, auf der du jetzt stehest; denn es *ist* eine Stufe derselben, und es giebt auf dieser Leiter keinen Sprung – vielleicht ohne Fähigkeit des deutlichen Bewusstseyns, vielleicht so schnell darüber hineilend, dass ich nicht die Zeit hatte, meinen Zustand zum Bewusstseyn zu erheben: aber ich stand einst gewiss da: – und du wirst einst gewiss – und dauere es Millionen, und millionenmal Millionen Jahre – was ist die Zeit? – du wirst einst gewiss auf der Stufe stehen, auf der *ich jetzt* stehe: und du wirst einst gewiss auf einer Stufe stehen, auf der ich auf dich, und du auf mich wirken kannst. Auch du wirst einst in meinen Kreis mit hingerissen werden, und mich in den deinigen mit hinreissen; auch dich werde ich einst als meinen Mitarbeiter an meinem grossen Plane anerkennen. – Das ist mir, der ich Ich bin, jeder, der Ich ist. Sollte ich nicht beben vor der Majestät im Menschenbilde; und vor der Gottheit, die vielleicht im heimlichen Dunkel – aber die doch gewiss in dem Tempel, der dessen Gepräge trägt, wohnt?

Erd und Himmel und Zeit und Raum und alle Schranken der Sinnlichkeit schwinden mir bei diesem Gedanken; und das Individuum sollte mir nicht schwinden? – Ich führe Sie nicht zu demselben zurück.

Alle Individuen sind in der Einen grossen Einheit des reinen Geistes eingeschlossen;* dies sey das letzte Wort,

* Selbst ohne mein System zu kennen, ist es unmöglich, diesen Gedanken für spinozistisch zu halten, wenn man nur wenigstens den Gang dieser Betrachtung im Ganzen übersehen will. Die Einheit des reinen Geistes ist mir *unerreichbares Ideal*; letzter Zweck, der aber nie wirklich wird. [Anm. J. G. Fichte.]

wodurch ich mich Ihrem Andenken empfehle; und das Andenken, zu dem ich mich Ihnen empfehle.

Fichtes Werke. Hrsg. von Immanuel Hermann Fichte. Bd. 1: Zur theoretischen Philosphie 1. Berlin: de Gruyter, 1971. S. 413–416.

Macht des Geistes

Das Bemerkenswerte an Georg Wilhelm Friedrich Hegels (1770–1831) Darlegungen zur Menschenwürde liegt in der nebensächlichen Rolle, die sie in seiner Philosophie spielt: Sie taucht eher am Rande seiner Vorlesungen zur Religions- und Geschichtsphilosophie auf. Der damaligen Tradition folgend, macht er die Menschenwürde an Freiheit und Geist fest, aber nur insofern sie das ansonsten verschlossene Wesen des Universums, Sittlichen und Göttlichen erkennen und sich hiervon leiten lassen. Menschenwürde sei kein abstrakter Begriff, sondern werde vermittelt über die verschiedenen Formen der Kultur wie etwa durch Moral, Recht, Politik, Religion und Philosophie.

GEORG WILHELM FRIEDRICH HEGEL

Die bestimmte Religion

Die Vorstellung von der Unsterblichkeit hängt zusammen mit der Vorstellung von Gott, hängt überhaupt immer von der Stufe ab, auf welcher der metaphysische Begriff von Gott steht. Je mehr die Macht der Geistigkeit nach ihrem Inhalt auf ewige Weise aufgefaßt wird, je würdiger ist die Vorstellung von Gott und die des Geistes des menschlichen Individuums und der Unsterblichkeit des Geistes.

So schwach, so unkräftig die Menschen hier erscheinen, so erscheinen sie auch bei den Griechen und bei Homer. In der Szene des Odysseus am Styx* ruft dieser die Toten hervor: er schlachtet einen schwarzen Bock; erst durch das Blut vermögen die Schatten Erinnerung und Sprache zu bekommen. Sie sind begierig nach dem Blut, damit Lebendigkeit in sie komme; Odysseus läßt einige trinken und hält die anderen mit dem Schwert zurück.

So sinnlich die Vorstellung von dem Geiste des Menschen ist, ebenso sinnlich ist die von dem, was die Macht an und für sich ist.

In dem angeführten Beispiel ist auch zugleich enthalten, wie wenig Wert der Mensch *als Individuum* auf diesem Standpunkt hat; diese Verachtung, Geringachtung des Menschen durch andere ist auch unter den Negern als Zustand der Sklaverei bekannt, die ganz allgemein unter ihnen ist. Gefangene sind entweder Sklaven oder werden geschlachtet. Mit der Vorstellung der Unsterblichkeit wächst der Wert des Lebens; man sollte meinen, es sei umgekehrt: dann habe das Leben weniger Wert. Einerseits ist dies auch der Fall, aber andererseits wird damit das Recht des Individuums an das Leben um so größer, und das Recht wird erst groß, wenn der Mensch als frei in sich erkannt ist. Beide Bestimmungen, des subjektiven endlichen Fürsichseins und der absoluten Macht, was späterhin als absoluter Geist hervortreten soll, hängen aufs engste zusammen.

Auch deshalb sollte man meinen, der Mensch, weil er als diese *Macht* so viel gilt, sei hier hoch geehrt und habe das Gefühl seiner *Würde*. Aber im Gegenteil, vollkommenen Unwert hat hier der Mensch – denn Würde hat der Mensch nicht dadurch, was er als *unmittelbarer Wille* ist, sondern nur indem er von einem *Anundfürsichseienden*, einem Substantiellen weiß und diesem seinen natürlichen

* *Styx:* ein Fluss der Unterwelt nach griechischer Mythologie.

Willen unterwirft und gemäß macht. Erst durch das Aufheben der natürlichen Unbändigkeit und durch das Wissen, daß ein Allgemeines, Anundfürsichseiendes das Wahre sei, erhält er eine Würde, und dann ist erst das Leben selbst auch etwas wert.

Georg Wilhelm Friedrich Hegel: Werke. Redaktion von Eva Moldenhauer und Karl Markus Michel. Bd. 16: Vorlesungen über die Philosophie der Religion I. Frankfurt a. M.: Suhrkamp, 1969. S. 300f.

GEORG WILHELM FRIEDRICH HEGEL

Vorlesungen über die Geschichte der Philosophie

Einleitung

Der Mut der Wahrheit, der Glaube an die Macht des Geistes ist die erste Bedingung der Philosophie. Der Mensch, da er Geist ist, *darf und soll sich selbst des Höchsten würdig achten;* von der Größe und Macht seines Geistes kann er nicht groß genug denken. Und mit diesem Glauben wird nichts so spröde und hart sein, das sich ihm nicht eröffnete. Das zuerst verborgene und verschlossene Wesen des Universums hat keine Kraft, die dem Mute des Erkennens Widerstand leisten könnte; es muß sich vor ihm auftun und seinen Reichtum und seine Tiefen ihm vor Augen legen und zum Genusse geben.

Georg Wilhelm Friedrich Hegel: Werke. Redaktion von Eva Moldenhauer und Karl Markus Michel. Bd. 18: Vorlesungen über die Geschichte der Philosophie I. Frankfurt a. M.: Suhrkamp, 1971. S. 13f.

Talent zur höheren Kultur

Nach dem Philosophen und Theologen Friedrich Schleiermacher (1734–1834) ist wie für Georg Wilhelm Friedrich Hegel die Menschenwürde nicht allein an der menschlichen Freiheit ablesbar. Erst die von den Kulturformen des Geistes wie Sittlichkeit, Recht und Religion geprägte Freiheit kann einen lebendigen »Eindruck von der Würde der Menschheit«* vermitteln.

Auf der gleichen Linie bewegt sich Wilhelm von Humboldt (1767–1835), der als Leiter des Kultus- und Unterrichtswesens die Berliner Universität und das neuhumanistische Gymnasium Preußens begründete. Humboldt zufolge ist das letzte Ziel, dem alles Menschliche unterzuordnen ist, und der höchste Maßstab, an dem alles Menschliche beurteilt werden soll, die Würde, die er über den »Geist der Menschheit« definiert. Damit ist nicht einfach der Geist jedes einzelnen oder dessen Freiheit gemeint, sondern jene Bildung, Moral und Gelehrsamkeit, welche die Vorstellung von einem edlen, vollkommenen Menschen mit Leben erfüllt. Bei der Bestimmung des Würde prägenden »Geistes« unterscheidet Humboldt zwischen einem Erfahrungs- und einem Vernunftweg. Auf dem »Erfahrungsweg« könnten wir einen Begriff von der Wertbesonderheit des Menschen durch Vergleiche zwischen großen kulturellen Werken und Taten herausragender Persönlichkeiten unserer Geschichte gewinnen. Dagegen macht der »Vernunftweg« den Würde bestimmenden »Geist« in der vielseitigen Bildungskraft des Menschen zu Wissenschaft, Philosophie, Recht, Moral, Kunst und anderen Kulturformen ausfindig. Hier wird Würde also gleichfalls sowohl als Wesensmerkmal als auch als Gestaltungsauftrag verstanden.

* Friedrich Schleiermacher, *Reden über die Religion*, in: Schleiermachers Werke, Bd. 4, Aalen 1981, S. 221.

WILHELM VON HUMBOLDT

Über den Geist der Menschheit

Wenn [...] alles ausser uns wankt, so ist allein noch in unserm Innern eine sichere Zuflucht offen [...].

Der Mensch muss daher Etwas aufsuchen, dem er, als einem letzten Ziele, alles unterordnen, und nach dem er, als nach einem absoluten Maassstab, alles beurtheilen kann. Dies kann er nicht anders, als in sich selbst finden, da in dem Inbegriff aller Wesen sich nur auf ihn allein alles bezieht; es kann sich aber weder auf seinen augenblicklichen Genuss, noch auf sein Glück überhaupt beziehen, da es vielmehr ein edler Vorzug seiner Natur ist, den Genuss verschmähen und das Glück entbehren zu können; es kann daher nur in seinem inneren Werth, in seiner höheren Vollkommenheit liegen.

Die Würde des Menschen ist es also, die er aufzusuchen, und die Frage, die er zu beantworten hat, ist die: was ist dasjenige, wonach, als nach einem allgemeinen Maassstabe der Werth der Dinge für den Menschen, und der Werth der Menschen gegen einander bestimmt werden kann? wie ist es zu erkennen, wo es vorhanden ist? wie hervorzubringen, wo es noch zu fehlen scheint?

Da es auf Alle Anwendung finden soll, muss es etwas Allgemeines seyn, da es aber niemanden einfallen kann, verschiedene Naturen nach einem einzigen Muster zu modeln, muss es der Verschiedenheit der Individuen keinen Eintrag thun. Es muss also Etwas seyn, das, immer Eins und eben dasselbe, auf mannigfaltige Weise ausgeführt werden kann.

[...]

Was er sucht, kann die Moral allein ihm nicht gewähren, und es kann daher nicht als etwas schon Bekanntes angesehen werden. Denn obgleich der moralische Werth allein alle menschliche Würde bestimmt, so ist er doch nur auf einen Theil unsres Wesens, nur auf die Gesinnung, eingeschränkt. Hier wird auch Bildung, hier überhaupt etwas so Allgemeines verlangt, dass es den ganzen Menschen in allen seinen Kräften und allen seinen Äusserungen umfasst.

[...]

Um nun dahin wirklich zu gelangen, kann der Mensch einen doppelten Weg einschlagen: einen Erfahrungs- und einen Vernunftweg.

Erfahrungsweg. – Er blickt um sich her und wählt sich diejenigen Individuen aus, welche ihm den besten und höchsten Begriff vollendeter Menschheit geben. Da er das Ideal selbst nicht anschauen kann, hält er sich an seine treuesten Abdrücke. Aus der Masse der Zeiten und Nationen sucht er sich die Dichter, Künstler, Philosophen und Naturforscher aus, die in einem wahrhaft grossen Stile gearbeitet haben, die jede dieser Gattungen am reinsten in ihrer besten Eigenthümlichkeit darstellen. Vor allem aber versäumt er nicht, aus dem Leben selbst diejenigen Menschen herbeizurufen, welche ihm durch ihre innere Beschaffenheit und ihre äussre Gestalt am sichtbarsten das Bild einer hohen und edeln Menschheit zeichnen.

Alle vergleicht er sorgfältig unter einander, und vorzüglich betrachtet er in allen dasjenige Gemeinsame, was sie für ihn auf eine so hohe Stufe des inneren Werthes stellt. Bei dieser Betrachtung gelangt er nach und nach zu folgenden Punkten:

dies ihm noch unbekannte Etwas ist 1., nichts Mechanisches; es lässt sich nicht durch blosse Befolgung vollständig angegebener Regeln nachmachen, ja durch den blossen Verstand, und ohne es, vermöge einer gewissen schon vorhandenen Aehnlichkeit, selbst gewissermaassen zu versuchen, nicht einmal begreifen. Wer keinen Sinn dafür hat, sieht es nicht; und wer es sieht, kann es nicht aussprechen.

[...]

Was sich in diesen so ausgezeichneten Menschen findet,

ist 2., nichts, was bloss Nutzen oder Vergnügen gewährt, dem Menschen bloss Mittel an die Hand giebt, oder unmittelbar nur seinen sinnlichen Neigungen schmeichelt; es greift tief in die Menschheit ein, und stärkt ihre innersten Kräfte.

So unterscheiden wir den ächten Dichter, der uns einen tiefen Blick in uns selbst und die Welt eröfnet, von dem bloss angenehmen oder beredten; den idealisch gebildeten Menschen von dem bloss nützlichen Geschäftsmann, dem bloss gutmüthigen Hausvater oder dem bloss unterhaltenden Gesellschafter u.s.f.

Es ist 3., von der Art, dass, wer es besitzt, dadurch zugleich eine höhere Menschheit an sich trägt. [...]

Es ist [...] ein Irrthum, wenn man den einzelnen Gattungen menschlicher Thätigkeit besondre Gesetze vorschreibt, durch deren Befolgung sie zugleich der allgemeinen Würde der Menschheit getreu bleiben sollen. – Unmittelbar und allein dadurch, dass die Kunst wahre Kunst und die Philosophie wahre Philosophie ist, wirkt sie wohlthätig auf den Charakter ein.

Jene ausgezeichneten Menschen, die uns hier zum Vorbilde dienen, haben 4., immer eine entschiedene und originelle Individualität. [...]

Was jene Menschen zu grossen Menschen macht, kennt 5., keine Grenze der Vervollkommnung. [...]

Aber es ist endlich 6., auch rund um sich her fruchtbar und begeisternd. Selbst lebendig sendet es überall belebende Funken von sich aus; und in dieser allgemeinen Wirksamkeit hat es zugleich drei dieselbe wesentlich auszeichnende Eigenschaften.

Erstlich: [...] Bloss dadurch dass es da ist, dass es handelt und wahrgenommen wird, übt es seine bildende Kraft aus.

Zweitens: es wirkt auf Menschen der verschiedensten Individualitäten. [...]

Drittens: [...] es weckt ihre innere geistige Lebenskraft

und diese bildet natürlich denjenigen Charakter in ihnen, der allein ihnen gemäss ist.

[...]

Der Mensch wirkt überhaupt entweder durch seine Person, oder sein Werk. Aber der grosse Mensch prägt seine Person auch seinem Werke ein, und erhält dadurch sein Daseyn weit über die Spanne seines Lebens hinaus. Daher kann man alle Bücher und Kunstwerke in lebendige und todte abtheilen; nur jene können bilden, diese allein belehren.

Indem also der Mensch, dem letzten Ziel seines moralischen Strebens nachforschend, diejenigen Individuen vergleicht, welche ihm den besten und höchsten Begriff vollendeter Menschheit gewähren, findet er in ihnen allen etwas, das, da es in seinen Wirkungen gleich ist, auch in seiner Beschaffenheit Gleichheit und Übereinstimmung ankündigt.

Er sieht, dass es in allen, trotz der Verschiedenheit ihres Charakters, zugleich die allgemeine Menschheit erhöht und die besondre Eigenthümlichkeit stärkt, zugleich diejenigen, die es besitzen, strenger in ihrer Individualität, und den, der sich ihnen nähert, in der seinigen erhält [...].

[...] Wenn er dann auf diesem Wege etwas findet, das, auf keine bedingte (mechanische) Weise entstanden, auch zu keinem bedingten (materialen) Ziel führt, das überall, wo es sich zeigt, zugleich den Begriff der Menschheit erweitert und den des Individuums bestimmt, und indem es die Vervollkommnung dessen, der es besitzt, über alle Schranken hinaus zu erweitern fähig ist, zugleich auf andre bildend und fruchtbar einwirkt, und was hinwiederum, wo diese Eigenschaften vorhanden sind, sie immer und unausbleiblich begleitet; so ist er sicher, was er suchte, gefunden, und damit sein Geschäft vollendet zu haben.

Um uns für die Folge der Untersuchung verständlicher zu machen, wollen wir jenem noch unbekannten Etwas vorläufig einen Namen geben, und es *den Geist der*

Menschheit nennen – eine Benennung, die sich fürs erste schon dadurch rechtfertigt, dass es in der That dasjenige ist, wodurch die achtungswürdigsten Individuen auch als die besten und höchsten Menschen erscheinen.

Vernunftweg. – Es soll die Bestimmung des Menschen, als das letzte Ziel seines Strebens, und der höchste Maassstab seiner Beurtheilung aufgesucht werden. Nun aber ist die Bestimmung des Menschen, als eines freien und selbstthätigen Wesens allein in ihm selbst enthalten.

[...]

Der Begriff der Menschheit aber ist nichts anders, als die lebendige Kraft des Geistes, der sie beseelt, aus ihr spricht, sich in ihr thätig und wirksam erweist.

[...]

Schluss-Anmerkung

Es war nicht leicht, einen Ausdruck zu finden, welcher das Wesen der Menschheit auf eine zugleich allgemeine, und doch eigenthümlichere Weise, als *Wesen* und *Kraft* selbst, bezeichnete. Wenn er passend seyn sollte, so musste er zugleich auf ihre sinnliche und unsinnliche Natur bezogen werden können, und noch ausserdem, dass er das darin eigenthümlich Herrschende sey, anzeigen.

In beiden Rücksichten schien *Geist* unter allen Wörtern, deren man sich hätte bedienen können, das Schicklichste.

Wilhelm von Humboldt: Werke in fünf Bänden. Hrsg. von Andreas Flitner und Klaus Giel. Bd. 1: Schriften zur Anthropologie und Geschichte. Stuttgart: Cotta, 1960. S. 506–515.

Moderne

Selbstachtung und Anerkennung

Wurde im 18. und beginnenden 19. Jahrhundert die Menschenwürde vorrangig über die Freiheit definiert, beispielsweise bei Diderot, Kant und Fichte, so überlagert Ende des 19. Jahrhunderts der Wertestreit zwischen Liberalismus und Sozialismus die Debatte: Steht individuelle Freiheit tatsächlich höher als soziale Chancengleichheit und materielles Wohlergehen? Die Kontrahenten begründen ihre Präferenz dabei auffällig oft mit emphatischem Hinweis auf die Menschenwürde. Jedoch gehören beide Aspekte zusammen, wie Ernst Bloch dann im 20. Jahrhundert betonen wird: »es gibt so wenig menschliche Würde ohne Ende der Not wie wunschgemäßes Glück ohne Ende alter oder neuer Untertänigkeit.«*

Der französische Ökonom und Philosoph Pierre-Joseph Proudhon (1809–1865) vertritt die These, dass der Mensch an sich eine von ihm nicht näher begründete Wesenswürde besitzt, die der einzelne im täglichen Leben verwirklichen soll – gemäß dem Wahlspruch: Werde, der du bist! Das Normensystem sei so einzurichten, dass man dieses Ziel auch erreichen könne. Dabei hegt Proudhon großes Misstrauen gegenüber jeder Bevorzugung der gesellschaftlichen Würde vor der persönlichen Würde. Er plädiert für eine Selbstorganisation der Gesellschaft von unten nach oben. In diesem Zusammenhang fällt der berühmte Ausspruch: »Anarchie ist Ordnung ohne Herrschaft«.

Für Proudhon ist eine Versöhnung der individuellen Würde mit der sozialen Würde unter der Bedingung mög-

* Ernst Bloch, *Naturrecht und menschliche Würde*, Frankfurt a. M.

lich, dass der einzelne seine Würde im Nächsten wie in seiner eigenen Person fühlt. Das Prinzip der persönlichen Würde ist, so Proudhon, Selbstachtung. Gerechtigkeit bedeutet Achtung vor der Würde im anderen wie in einem selbst. Hieraus leitet er eine Reihe sozialer Werte ab, etwa die Idee der Gleichheit und Bescheidenheit im Gegensatz zu Hochmut, Ehrgeiz und Ruhmesstreben. Proudhon hat damit wie fast alle zuvor die Menschenwürde als Wesensmerkmal und als Gestaltungsauftrag konzipiert.

PIERRE-JOSEPH PROUDHON

Die Gerechtigkeit in der Revolution und in der Kirche

[...] wie groß auch die Verschiedenheit der Sitten sein mag, es bleibt immer ein gemeinschaftlicher Grund und Boden unangetastet; derselbe macht das Wesen des Geschöpfes aus, an welchem die Abänderungen sich ansetzen, die es von außen empfängt. Die Unversehrtheit dieses Wesens gibt dem Geschöpfe seinen Werth; wir wollen dasselbe die *Würde* nennen.

Die Würde hat zur Maxime oder Leitungsregel die körperliche und geistige Glückseligkeit; so daß diese drei Begriffe, Glückseligkeit, Würde und Sitte adäquat und solidarisch sind und sich logischer Weise nie im Widerspruch befinden können.

Insofern können also die Sitten eines Subjekts gut oder schlecht, vortrefflich oder abscheulich, es selbst kann würdig oder unwürdig genannt werden, je nachdem das Ganze seines Betragens mehr oder weniger mit seiner Natur und seiner Bestimmung, mit den Gesetzen seiner Entwicklung und den Bedingungen seines Wohlbefindens, mit der Ordnung der umgebenden Natur und dem Ende aller Dinge im Einklang steht.

[...]

Alle Wesen, Individuen oder Gesellschaften streben durch die Spontaneität ihres Lebens ihre Würde in allen Verhältnissen geltend zu machen und ihre Sitten dem gemäß einzurichten. Es ist ein Widerspruch, daß ein Subjekt gegen sein eigenes Wesen streite und von Grund aus böse sei. Böse gegen sich selbst! das ist unsinnig. Ohne Zweifel können die Zufälligkeiten und Verwicklungen der Existenz das Zustandekommen gerechter Sitten aufhalten, verspäten oder erschweren, das ist eine Folge der Veränderlichkeit unserer Umgebung sowie unserer eigenen Organisation. Aber wenn das Subjekt nicht einer äußeren Gewalt unterliegt, triumphirt die Ordnung stets früher oder später in ihm. Die Immoralität kann so wenig als die Krankheit der natürliche und bleibende Zustand eines Subjekts werden.

Ich nenne *Tugend* im Allgemeinen die mehr oder weniger thätige Kraft, mit welcher das Subjekt, Mensch oder Nation, seine Sitten zu bestimmen und seine Würde aufrecht zu erhalten strebt.

Aber diese Tugend, wie Alles was Leben und Bewegung hat, ist Schwankungen und Abspannungen unterworfen. Sie hat ihre Ohnmachten, ihre Wechselschwächen, ihre Krankheiten, ihre Abwesenheiten; das ist: das *Laster*, die *Sünde*, das *Verbrechen*. [...]

[...] die Erfahrung zeigt, wie es alle Tage vorkommt, daß das Interesse des Individuums und das der Gruppe, trotz des sympathischen Bandes, das beide vereinigt, verschieden ja selbst entgegengesetzt sind; wie nun die beiden Interessen versöhnen, wenn für die eine wie die andere die Maxime der Sitten dieselbe bleibt, die Glückseligkeit?

Zur Lösung dieses Widerspruchs zeigt sich ein Weg, ein einziger, den der gesunde Menschenverstand anzeigt, und über den die Menge der Menschen und die Mehrzahl der Gesetzgeber einig sind; dieser ist, das Interesse des Individuums oder der kleinern Zahl dem Interesse zu größern, die persönliche Würde der gesellschaftlichen Würde aufzuopfern.

Diese Unterordnung soll die *Gerechtigkeit* vorstellen. Die individuelle Würde würde also den ersten Grad, die soziale Würde, nach dieser Auffassung, die Gerechtigkeit, würde den zweiten Grad menschlicher Moralität bilden. Da die erste der zweiten untergeordnet ist, so folgt daraus, daß, während die durch den Egoismus begränzte individuelle Würde ihren Grund in sich selbst und ihr Glück in der Achtung ihrer Vorrechte, ihr Weh in der Übertretung derselben findet – die Gerechtigkeit diese Ordnung durchbricht und das Subjekt peinigt, indem sie sich demselben mit einer Art von Zwangsrecht aufdringt, welches zuletzt die Aufopferung des Lebens verlangen kann, und weder Einsprache noch Nachlässigkeit duldet. In dieser Weise besteht die individuelle Würde, und hat der Mensch Glückseligkeit nur insoweit, als ihm die Gesellschaft, deren Glied er ist, dieses gestatten will.

[...]

So ist das Problem, dessen vorgängige Lösung allein einer Wissenschaft der Gerechtigkeit oder des Moralgebots die Thüre öffnen kann, indem eine solche, wie bereits erhellt, entweder auf die Unterordnung der individuellen Würde oder auf die Versöhnung, die Identität, der individuellen und der sozialen Würde gegründet werden muß, da für eine dritte Hypothese kein Platz vorhanden ist.

[...]

Nun hat es zwei Wege, die Realität der Gerechtigkeit zu fassen und festzuhalten:

Entweder durch den Druck des Collectivwesens auf das individuelle Ich, indem das erste das zweite nach seinem Bilde formt und zu seinem Organe macht.

Oder durch ein Vermögen des individuellen Ich's, das, ohne aus seinem Innern herauszugehen, seine Würde in der Person seines Nächsten mit derselben Lebhaftigkeit wie in seiner eigenen Person fühlt und sich so, ohne seine

Individualität aufzugeben, dem Collectivwesen identisch und adäquat weiß.

Im ersten Falle ist die Gerechtigkeit äußerlich und über dem Individuum stehend, sei es nun, daß sie ihren Sitz in der sozialen Collectivität hat und als ein Wesen *sui generis*, dessen Würde der Würde aller einzelnen Glieder der Gemeinschaft vorgeht, betrachtet wird; sei es, daß man sie noch höher in das transcendente und absolute Wesen verlegt, welches die Gesellschaft belebt und leitet, und das man *Gott* nennt.

Im zweiten Falle ist die Gerechtigkeit inbegriffen im Ich, gleichartig mit seiner Würde, und gleich dieser Würde, mit der Summe von Beziehungen multiplizirt, welche das gesellschaftliche Leben voraussetzt.

[...]

Princip der persönlichen Würde

[...] Ich beginne nun mit Aufstellung eines Princips, das ich *Princip der persönlichen Würde nenne*, und das der Wissenschaft der Sitten zur Grundlage dient; es heißt: *Achte dich.*

Nach Feststellung dieses Princips gehe ich weiter und sage: Aus demselben ergibt sich das Gebot: *Achte die menschliche Würde ebenso sehr in Anderen wie in dir selbst.* Die Nächstenliebe kommt erst nachher und zwar lange nachher; denn wir haben nicht die Freiheit, zu lieben, wohl aber die, zu achten; und Würde, wie wir unten sehen werden, ist Gerechtigkeit.

[...]

Definition der Gerechtigkeit

Wir können jetzt die Definition der Gerechtigkeit geben, später werden wir ihre Realität darthun.

1) Der Mensch hat kraft der Vernunft, mit welcher er

begabt ist, die Fähigkeit, seine Würde in der Person seines Nebenmenschen zu fühlen wie in seiner eigenen Person, und in dieser Beziehung seine Identität mit ihm zu bejahen.

2) Die *Gerechtigkeit* ist das Produkt dieser Fähigkeit; sie ist die *spontan empfundene und gegenseitig garantirte Achtung der menschlichen Würde, in welcher Person und unter welchen Umständen sie gefährdet sein, und welchen Gefahren uns ihre Vertheidigung aussetzen mag.*

3) Diese Achtung steht auf dem niedrigsten Grade bei dem Barbaren, welcher sie durch die Religion ersetzt; sie stärkt und entwickelt sich bei dem Civilisirten, der die Gerechtigkeit um ihrer selbstwillen ausübt und sich von jedem persönlichen Interesse und jeder religiösen Erwägung befreit.

4) So gefaßt, ist die Gerechtigkeit gleichbedeutend mit Seligkeit, dem Principe und Endzwecke der menschlichen Bestimmung.

5) Aus der Definition der Gerechtigkeit geht die des Rechts und der Pflicht hervor.

Das Recht besteht für Jeden in der Befugniß*, von dem Andern die Achtung der menschlichen Würde in seiner Person zu verlangen; die Pflicht, in der Verbindlichkeit für Jeden, diese Würde in dem Andern zu achten.

Im Grunde sind Recht und Pflicht identische Bezeichnungen, da sie immer der Ausdruck der Achtung sind, sei diese nun ein Guthaben oder eine Schuld; beide setzen sich gegenseitig voraus und unterscheiden sich nur durch das Subjekt, ich oder du, in welchem die Würde gefährdet ist.

6) Aus der Identität der Vernunft bei allen Menschen und dem Gefühle der Achtung, welches sie antreibt, um jeden Preis ihre gegenseitige Würde aufrecht zu erhalten, geht die *Gleichheit* vor der Gerechtigkeit hervor.

Die *Bescheidenheit* ist eine Form der Gerechtigkeit,

* *Befugniß:* in dem Recht.

eine höfliche Art zu sagen, daß man, obwohl man sich die Rechte der eigenen Würde vorbehalte, sich nicht über seinen Nebenmenschen erheben und seiner Eigenliebe nichts zu Leide thun wolle. Die Alten hatten ein sehr lebhaftes Gefühl für diese Tugend; ihre Biographien so wie ihre Reden bieten schöne Beispiele davon. Bei den Christen artet sie in gezierte Demuth aus und ist falsch und künstlich.

Der *Hochmuth*, der *Ehrgeiz*, der *Ruhm* verletzen offen die Gerechtigkeit; sie rufen Mißtrauen, Haß und Widerstreit hervor – eine positive und direkte Mißachtung der Würde des Nächsten.

Der Ruhm ist jener in der Fabel von dem Frosch und dem Ochsen* lächerlich gemachte Aufblähungs-Instinkt. Der Ruhm, sagt die Schrift, kommt nur Gott zu, der sich allein nicht überheben kann, weil er unendlich ist: *Dignus est accipere … gloriam***. Er ist in der Nation so hassenswerth wie im Individuum.

[…]

Fassen wir diese ganze Studie mit einigen Worten zusammen.

Der Ausgangspunkt der Gerechtigkeit ist das Gefühl der persönlichen Würde.

Dem Nebenmenschen gegenüber verallgemeinert sich dieses Gefühl und wird zum Gefühl der menschlichen Würde, welche das vernünftige Wesen, seiner Natur nach, in der Person des Anderen – Freund oder Feind – wie in seiner eigenen findet.

Dadurch unterscheidet sich die Gerechtigkeit von der Liebe und allen Gefühlen und Neigungen, daß sie unentgeltlich, der Gegensatz des Egoismus ist und daß sie einen Zwang auf uns ausübt, der allen anderen Gefühlen vorgeht.

* *Fabel von dem Frosch und dem Ochsen:* u. a. bei Phaedrus überlieferte Fabel: Ein Frosch versuchte, so groß wie ein Ochse zu werden, blies sich auf und platzte.

** »Es ist wert, Ruhm zu erlangen.«

Deshalb nimmt auch beim ursprünglichen Menschen, in welchem die Würde brutal und die Persönlichkeit absorbirend* ist, die Gerechtigkeit die Form eines übernatürlichen Befehls an und stützt sich auf die Religion.

Aber bald geht unter dem Einflusse dieses Bundesgenossen die Gerechtigkeit zu Grunde; im Widerspruche mit ihrer Formel wird sie aristokratisch und schreitet im Christenthum bis zur Entwürdigung der Menschheit vor. Die vorgebliche Achtung gegen Gott verbannt überall die Achtung gegen den Menschen, und nach Vernichtung der Achtung gegen den Menschen fällt die Gerechtigkeit und die Gesellschaft mit ihr.

Da kommt die Revolution, welche der Menschheit ein neues Zeitalter eröffnet. Durch sie erscheint die Gerechtigkeit, welche in der vorhergehenden Periode nur oberflächlich gekannt war und instinktmäßig befolgt wurde, in der Reinheit und Fülle ihrer Idee.

Die Gerechtigkeit ist absolut, unwandelbar, nicht der Stufenleiter des Mehr oder Weniger unterworfen; sie ist das unverletzliche Maaß aller menschlichen Handlungen.

Pierre-Joseph Proudhon: Die Gerechtigkeit in der Revolution und in der Kirche. Neue Principien praktischer Philosophie. Übers. von Ludwig Pfau. Hamburg: Meißner und Zürich: Meyer & Zeller, 1858. S. 56 f., 61 f., 72, 74 f., 98 f., 191 f., 205.

Bekämpfung materieller Not

Ferdinand Lassalle (1825–1864) ist der Begründer des Allgemeinen Deutschen Arbeitervereins. Er bringt die Menschenwürde nachdrücklich in Zusammenhang mit den materiellen Verhältnissen der Arbeiter und Kleinbürger seiner Zeit – des sogenannten vierten Standes neben Klerus, Adel und Großbürgertum. Inspiriert von sozialistischen Ideen,

* *absorbirend:* vollständig aufnehmend.

kämpft Lassalle für die Behebung der materiellen Not dieses Standes: Erst die Aufhebung von materiellem Elend ermögliche eine geistige Bildung aller Menschen, die notwendige Voraussetzung für würdige Verhältnisse sei.

Wie Georg Forster geht Lassalle nicht davon aus, dass eine ausreichende materielle Versorgung und geistige Bildung bereits die Menschenwürde umsetzen, sondern dass jene diese lediglich hervortreten lässt. Entsprechend konzipiert auch er die Würde als Wesensmerkmal und als Gestaltungsauftrag, ohne jedoch nähere Angaben darüber zu machen, worauf die Wesenswürde gründet. In Übereinstimmung mit der sozialistischen Geschichtsphilosophie glaubt er aber an das Ende der Periode des Großbürgertums, der Bourgeoisie, und an den Beginn der Herrschaft des Arbeiterstandes, des Proletariats.

FERDINAND LASSALLE

Arbeiterprogramm

Nach allen diesen Erörterungen, meine Herren, werden Sie nun ganz begreifen die wahre Bedeutung der berühmten Broschüre, welche 1788, ein Jahr vor der französischen Revolution, der Abbé Sieyès* veröffentlichte, und welche sich in die Worte resümiert: Qu'est-ce que c'est que le tiers-état? Rien! Qu'est ce qu'il doit être? Tout!

Tiers-état, oder dritter Stand, wurde nämlich in Frankreich die Bourgeoisie deshalb genannt, weil sie auf den französischen Reichsständen den beiden bevorrechteten Ständen, dem Adel und der Geistlichkeit gegenüber den *dritten* Stand bildete, der das ganze nicht privilegierte Volk bedeutete.

Jene Broschüre faßt sich also in die beiden von Sieyès

* Emmanuel-Joseph Sieyès (1748–1836), einer der Vordenker der Französischen Revolution.

daselbst aufgestellten Fragen und erteilten Antworten zusammen: »Was ist der dritte Stand? Nichts! Was sollte er sein? Alles!«

So formuliert Sieyès diese beiden Fragen und Antworten. Schärfer und richtiger ausgedrückt war aber, wie aus allem Früheren folgt, die wahre Bedeutung dieser Fragen und Antworten vielmehr folgende:

»Was ist der dritte Stand *faktisch, tatsächlich? Alles.*

Was aber ist er *rechtlich? Nichts!*«

Es handelte sich also darum, die *rechtliche* Stellung des dritten Standes seiner *tatsächlichen* Bedeutung *gleich* zu machen; es handelte sich darum, seine *tatsächlich* schon vorhandene Bedeutung auch zur *rechtlichen* Sanktion und Anerkennung zu bringen – und dies eben ist das Werk und die Bedeutung der siegreichen Revolution, die 1789 in Frankreich ausbrach und ihren umgestaltenden Einfluß auch auf die anderen Länder Europas ausübte.

Ich habe Ihnen hier nicht, meine Herren, die Geschichte der französischen Revolution zu geben. Nur die wichtigsten und entscheidendsten Übergangspunkte der gesellschaftlichen Perioden können wir hier betrachten, und auch diese nur wegen der sonst dazu erforderlichen Zeitdauer, ganz kurz und flüchtig.

Es ist daher hier die Frage aufzuwerfen, wer war dieser dritte Stand oder die Bourgeoisie, welche durch die französische Revolution den Sieg über die privilegierten Stände und die Herrschaft über den Staat erlangt?

Da dieser dritte Stand den privilegierten, gesetzlich bevorrechteten Ständen der Gesellschaft gegenüberstand, so faßte er damals im ersten Augenblick sich selbst als gleichbedeutend mit dem gesamten Volke, *seine* Sache als die Sache der ganzen *Menschheit* auf. Daher die erhebende und gewaltige Begeisterung, die in jener Periode herrscht. Die *Menschenrechte* werden erklärt und es scheint, als habe mit der Befreiung und Herrschaft des dritten Standes alle gesetzliche Bevorrechtung in der Gesellschaft aufgehört und als sei jede *rechtliche, privilegierte* Unterscheidung in die *eine* Freiheit des Menschen untergegangen.

Zwar schreibt schon damals, ganz im Anfang der Bewegung, im April 1789 bei Gelegenheit der Wahlen zu den Reichsständen, die vom König mit der Bestimmung zusammengerufen waren, daß der dritte Stand diesmal allein ebensoviele Vertreter schicken solle, wie Adel und Geistlichkeit zusammengenommen, zwar schreibt schon damals ein durchaus nicht revolutionäres Blatt* wie folgt: »qui peut nous dire, si le despotisme de la bourgeoisie ne succédera pas à la prétendue aristocratie des nobles?« zu deutsch: »Wer kann uns sagen, ob der Despotismus der Bourgeoisie nicht folgen wird auf die angebliche Aristokratie der Adligen?« Aber solche Rufe wurden in der allgemeinen Begeisterung damals noch völlig überhört.

Nichtsdestoweniger müssen wir zu jener Frage zurückkehren; wir müssen die Frage bestimmt aufwerfen: War die Sache des dritten Standes wirklich die Sache der *ganzen Menschheit*, oder trug dieser *dritte* Stand, die Bourgeoisie, innerlich noch einen *vierten* Stand in seinem Herzen, von welchem er sich [wieder] seinerseits rechtlich abscheiden und ihn seiner Herrschaft unterwerfen wollte?

Es ist hier an der Zeit, meine Herren, wenn ich nicht Gefahr laufen will, daß mein Vortrag vielleicht großen Mißverständnissen ausgesetzt sei, mich über die Bedeutung des Wortes *Bourgeoisie* oder große Bourgeoisie als *politischer Parteibezeichnung*, mich über die Bedeutung, die das Wort Bourgeoisie in *meinem* Munde hat, auszusprechen.

In die deutsche Sprache würde das Wort: Bourgeoisie mit *Bürgertum* zu übersetzen sein. Diese Bedeutung aber hat es bei mir nicht; *Bürger* sind wir *alle*, der Arbeiter, der Kleinbürger, der Großbürger usw. Das Wort Bourgeoisie hat vielmehr im Lauf der Geschichte die Bedeutung ange-

* Der Ami du roi, siehe Buchez et Roux, ›Hist. parlament‹. T I. p 310. [Anm. F. Lassalle.]

nommen, eine *ganz bestimmte politische Richtung* zu bezeichnen, die ich nun sofort darlegen will.

Die gesamte nicht adlige bürgerliche Klasse zerfiel, als die französische Revolution eintrat, und zerfällt noch heute im großen und ganzen wieder in *zwei* Unterklassen; nämlich erstens die Klasse derer, welche ganz oder *hauptsächlich* aus ihrer *Arbeit* ihr Einkommen beziehen und hierin durch gar kein oder nur durch ein bescheidenes Kapital unterstützt werden, welches ihnen eben die Möglichkeit gibt, eine produktive, sie und ihre Familie ernährende Tätigkeit auszuüben; in diese Klasse gehören also die Arbeiter, die Kleinbürger und Handwerker und im ganzen die Bauern. Und zweitens die Klasse derer, welche über einen großen bürgerlichen Besitz, über das *große Kapital* verfügen und auf Grund einer solchen großen Kapitalbasis produzieren oder Renteneinkommen daraus beziehen. Man könnte diese die *Großbürger* nennen. Aber auch ein *Großbürger*, meine Herren, ist darum an und für sich noch durchaus kein Bourgeois!

Kein Bürgerlicher hat etwas dagegen, wenn ein Adliger sich in seinem Zimmer über seine Ahnen und seinen Grundbesitz freut. Aber wenn der Adlige diese Ahnen oder diesen Grundbesitz zur Bedingung einer besonderen Geltung und Berechtigung im Staat, zur Bedingung einer Herrschaft über den Staatswillen machen will, – dann beginnt der Zorn des Bürgerlichen gegen den Adligen, und er nennt ihn einen *Feudalen*.

Es verhält sich nun ganz entsprechend mit den tatsächlichen Unterschieden des Besitzes innerhalb der bürgerlichen Welt.

Daß sich der Großbürger in seinem Zimmer der großen Annehmlichkeit und des großen Vorteils erfreue, welche ein großer bürgerlicher Besitz für den Besitzenden in sich schließt, – nichts einfacher, nichts natürlicher und nichts rechtmäßiger als das!

So sehr der Arbeiter und der Kleinbürger, mit einem

Worte die ganze nicht Kapital besitzende Klasse, berechtigt ist, vom Staate zu verlangen, daß er sein ganzes Sinnen und Trachten darauf richte, wie die kummervolle und notbeladene materielle Lage der arbeitenden Klassen zu verbessern, und wie auch ihnen, durch deren Hände alle die Reichtümer produziert worden, mit denen unsere Zivilisation prunkt, deren Händen alle die Produkte ihre Entstehung verdanken, ohne welche die gesamte Gesellschaft keinen Tag existieren könnte, zu einem reichlicheren und gesicherten Erwerbe und damit wieder zu der Möglichkeit *geistiger* Bildung und somit erst zu einem wahrhaft menschenwürdigen Dasein zu verhelfen sei – wie sehr, sage ich, die arbeitenden Klassen auch berechtigt sind, dies vom Staate zu fordern und dies als seinen wahrhaften *Zweck* hinzustellen, so darf und wird dennoch der Arbeiter niemals vergessen, daß alles einmal erworbene gesetzliche Eigentum vollständig unantastbar und rechtmäßig ist.

Wenn aber der Großbürger, nicht zufrieden mit der *tatsächlichen* Annehmlichkeit eines großen Besitzes, den *bürgerlichen Besitz*, das *Kapital*, auch noch als *die Bedingung* hinstellen will, an der Herrschaft über den Staat, an der Bestimmung des Staatswillens und Staatszweckes teilzunehmen, *dann* erst wird der Großbürger zum Bourgeois, *dann* macht er die Tatsache des Besitzes zur *rechtlichen* Bedingung der politischen Herrschaft, *dann* charakterisiert er sich als einen *neuen privilegierten* Stand im Volke, der nun das herrschende Gepräge *seines* Privilegiums allen gesellschaftlichen Einrichtungen ebensogut aufdrücken will, wie dies der Adel im Mittelalter, wie wir gesehen haben, mit dem Privilegium des *Grundbesitzes* getan.*

* Das ist eine für die sozialtheoretische Begriffsbestimmung unhaltbare Einschränkung. Es unterscheidet gerade den Bourgeois vom Feudalen, daß seine politische und soziale Machtstellung auch ohne formalrechtliche Privilegien besteht, eine bloße Wirkung seiner *ökonomischen* Übermacht ist … [Anm. F. Lassalle.]

[...]

Auch diese Periode, meine Herren, so wenig dies äußerlich den Anschein hat, ist innerlich bereits abgelaufen.

Am 24. Februar 1848 brach die erste Morgenröte einer neuen Geschichtsperiode an.

An diesem Tage brach nämlich in Frankreich, in diesem Lande, in dessen gewaltigen inneren Kämpfen die Siege wie die Niederlagen der Freiheit Siege und Niederlagen für die gesamte Menschheit bedeuten, eine Revolution aus, die einen Arbeiter in die provisorische Regierung berief, als den Zweck des Staates die Verbesserung des Loses der arbeitenden Klassen aussprach, und das allgemeine und direkte Wahlrecht proklamierte, durch welches jeder Bürger, der sein 21. Jahr erreicht hatte, ohne alle Rücksicht auf seine Besitzverhältnisse einen gleichmäßigen Anteil an der Herrschaft über den Staat, an der Bestimmung des Staatswillens und Staatszweckes empfing.

Sie sehen, meine Herren, wenn die Revolution von 1789 die Revolution des Tiers état, des *dritten* Standes war, so ist es diesmal der *vierte* Stand, der 1789 noch in den Falten des dritten Standes verborgen war und mit ihm zusammenzufallen schien, welcher jetzt sein Prinzip zum herrschenden Prinzip der Gesellschaft erheben und alle ihre Einrichtungen mit demselben durchdringen will.

Aber hier bei der Herrschaft des vierten Standes findet sofort der immense Unterschied statt, daß der vierte Stand der letzte und äußerste, der enterbte Stand der Gesellschaft ist, welcher *keine* ausschließende Bedingung weder rechtlicher noch tatsächlicher Art, weder Adel noch Grundbesitz, noch Kapitalbesitz, mehr aufstellt und aufstellen kann, die er als ein neues *Privilegium* gestalten und durch die Einrichtungen der Gesellschaft hindurchführen könnte.

Arbeiter sind wir *alle*, insofern wir nur eben den *Willen* haben, uns in irgend einer Weise der menschlichen Gesellschaft nützlich zu machen.

Dieser *vierte* Stand, in dessen Herzfalten daher *kein* Keim einer neuen Bevorrechtung mehr enthalten ist, ist eben deshalb gleichbedeutend mit dem *ganzen Menschengeschlecht. Seine* Sache ist daher in Wahrheit die Sache der *gesamten Menschheit, seine* Freiheit ist die Freiheit der *Menschheit selbst, seine* Herrschaft ist die Herrschaft *aller.*

Wer also die Idee des Arbeiterstandes als das herrschende Prinzip der Gesellschaft anruft, in dem Sinne, wie ich Ihnen dies entwickelt, der stößt nicht einen die Klassen der Gesellschaft spaltenden und trennenden Schrei aus; der stößt vielmehr einen Schrei der *Versöhnung* aus, einen Schrei, der die ganze Gesellschaft umfaßt, einen Schrei der Ausgleichung für alle Gegensätze in den gesellschaftlichen Kreisen, einen Schrei der *Einigung*, in den alle einstimmen sollten, welche Bevorrechtung und Unterdrückung des Volkes durch privilegierte Stände nicht wollen, einen Schrei der *Liebe*, der, seitdem er sich zum ersten Male aus dem Herzen des Volkes emporgerungen, *für immer der wahre Schrei des Volkes bleiben*, und um seines Inhalts willen selbst dann noch ein *Schrei der Liebe* sein wird, wenn er als Schlachtruf des Volkes ertönt.

Ferdinand Lassalle: Reden und Schriften. Mit einer Lassalle-Chronik. Hrsg. von Friedrich Jenaczek. München: Deutscher Taschenbuch Verlag, 1970. S. 37–40, 48–50.

Grenze der Erniedrigung

Wie kaum ein anderer Vertreter der modernen Weltliteratur führt der russische Schriftsteller Maxim Gorki (1868–1936) in seinen Erzählungen und Dramen materielles Elend und menschliche Not vor. In seinem Theaterstück *Nachtasyl* versammelt er eine kleine Schar gestrauchelter Existenzen, die auch als Opfer sozialer Verhältnisse sich die Preisgabe ihrer Menschenwürde niemals verzeihen würden. Der Mensch mag noch so nichtig und niederträchtig sein, »er behält doch als Mensch seinen Wert«.*

Ohne nähere Begründung hält er an der Wesenswürde fest, die den Menschen selbst im materiellen Elend und unter den Bedingungen von Entrechtung und Erniedrigung noch Selbstachtung einflößen kann, wenn diese nur den Glauben an sich und an die eigene Freiheit nicht verlieren, mag ihre Lage auch als noch so hoffnungslos erscheinen. Doch sind nicht alle hierzu imstande. Wie viele Menschen verloren schon den Glauben an ihre Würde, weil sie sich genauso erbärmlich fühlten, wie die Verhältnisse waren, in denen sie lebten.

Eine andere Sichtweise bringen die klassisch gewordenen Sätze des »Satin«, eines ehemaligen Sträflings, Falschspielers und Totschlägers, in Gorkis *Nachtasyl* zum Ausdruck.

MAXIM GORKI
Nachtasyl

PEPEL. Ich hab dir schon gesagt, daß ich lassen will vom Diebesgewerbe! Bei Gott – ich laß es! Wenn ich's gesagt habe, halt ich Wort! Ich hab Lesen und Schreiben gelernt … kann mich redlich ernähren … *(Mit einer Kopfbewegung nach Luka.)* Er hat mir geraten – ich soll's in Sibirien versuchen … freiwillig sollt' ich hingehen … Was meinst du – wollen wir hin? Glaub mir, ich habe mein Leben längst satt! Ach, Natascha! Ich seh doch, wie die Dinge liegen … Ich such mich damit zu trösten, daß andere noch mehr stehlen als ich – und dabei in Ehren leben … Aber was hilft mir das? Gar nichts! Reue verspür ich nicht … glaub auch an kein Gewissen …

* Maxim Gorki, *Nachtasyl*, Stuttgart 1957, S. 30.

Eins aber fühl ich: ich muß anders leben! Besser muß ich leben! So muß ich leben ... daß ich mich selber achten kann ...

LUKA. Ganz recht, mein Lieber! Der Herr sei mit dir ... Christus mag dir helfen! Ganz richtig sagst du: Der Mensch muß sich selber achten ...

[...]

SATIN. [...] Der Mensch – ist frei ... er hat selbst für alles aufzukommen: für seinen Glauben, seinen Unglauben, seine Liebe, seine Vernunft. Der Mensch trägt selbst die Kosten für alles, und darum ist er – frei! ... Der Mensch – ist die Wahrheit! Was heißt überhaupt »Mensch«? Das bist nicht du, und nicht ich bin's, und nicht sie sind es ... nein! Sondern du, ich, sie, der alte Luka, Napoleon, Muhammed ... alle miteinander sind es! *(Zeichnet in der Luft die Umrisse einer menschlichen Gestalt.)* Verstanden! Das ist – etwas ganz Großes! Das ist etwas, worin alle Anfänge stecken und alle Enden ... Alles im Menschen, alles für den Menschen. Nur der Mensch allein existiert, alles übrige – ist das Werk seiner Hände und seines Gehirns! Der M–ensch! Einfach großartig! So erhaben klingt das! M–men–nsch! Man soll den Menschen respektieren! Nicht bemitleiden ... nicht durch Mitleid erniedrigen soll man ihn ... sondern respektieren! Trinken wir auf das Wohl des Menschen, Baron! Wie schön ist's doch – sich als Mensch zu fühlen! Ich ... bin ein ehemaliger Sträfling, ein Totschläger, ein Falschspieler ... na ja! Wenn ich auf der Straße gehe, gucken die Leute mich an, als wär' ich der ärgste Spitzbube ... sie gehen mir aus dem Wege, sie starren hinter mir her ... und öfters sagen sie zu mir: Halunke! Windbeutel! Warum arbeitest du nicht? ... Arbeiten? Wozu? Um satt zu werden? *(Lacht laut auf.)* Ich habe die Menschen immer verachtet, die um das Sattwerden gar zu besorgt sind. Nicht darauf kommt's an, Baron! Nicht darauf! Der Mensch ist die Hauptsache! Der Mensch steht höher als der satte Magen! *(Erhebt sich von seinem Platze.)*

Maxim Gorki: Nachtasyl. Szenen aus der Tiefe in vier Akten. Übers. von August Scholz. Stuttgart: Reclam, 1957. S. 64f., 89f.

Krankheit als Privileg

In Thomas Manns (1875–1955) Roman *Der Zauberberg* (1924), der in einem Tuberkulose-Sanatorium spielt, vertritt der italienische Intellektuelle und Humanist Lodovico Settembrini eine von der Renaissance bis zur Aufklärung vorherrschende Wertauffassung. In diesem Zusammenhang wird Menschenwürde definiert über den aus der Natur herausragenden Geist, über dessen vernunftgemäße Vervollkommnung und einen gesunden Körper. Doch obgleich ein schöner Körper bereits Würde ausdrücke, werde der Mensch vorrangig durch seinen Geist geadelt, der mit Recht gegen alles Naturhafte, Körperliche und Kränkliche feindlich eingestellt sei.

Diese Position Settembrinis im *Zauberberg* gibt nicht Manns eigene Position wieder, wie er sie in seinem zwischen 1921 und 1925 mehrfach erweiterten Beitrag zu *Goethe und Tolstoi* darlegt. In diesem Text verbindet Mann den Begriff des Geistes zwar auch mit der Würde und setzt beide der Natur entgegen, aber – entsprechend der Idealisierung des Leidens im romantischen Geniekult – er stellt hier wie sonst oftmals auch die Krankheit auf die Seite des Geistes. Gemäß Hugo von Hofmannsthals Ausspruch: »Was Geist ist, erfasst nur der Bedrängte«, setzt Mann Krankheit mit Geist und Würde gleich.

In der Neuzeit wird öfter melancholischer Trübsinn mit Schaffensdrang und Nachdenklichkeit in Verbindung gebracht. Das Genie gilt als der Gezeichnete, über dessen ihn adelnde Berufung zu Kreativität seine Leidensfähigkeit und Kränklichkeit entscheidet. So schreibt etwa im 19. Jahrhundert der Philosoph Sören Kierkegaard: »Was ist ein Dichter? Ein unglücklicher Mensch, der tiefe Qualen birgt in seinem Herzen, aber seine Lippen sind so gebildet, dass, derweilen Seufzen und Schreien über sie hinströmt, es tönt gleich einer schönen Musik.«* Auch Mann zufolge ist Krankheit das Zeichen bzw. das Stigma des Auserwählten, eine Chiffre seiner überlegenen Sensibilität, die ihn veredelt und vergeistigt und ihm dadurch eine besondere Würde verleiht. Diese Form der Würde kommt insbesondere blutarmen schöngeistigen Personen mit zarten Seelen und schwächlichen, blassen Körpern zu, nicht aber den grobfleischigen Tatenmenschen, die in prallem Leben und strotzender Gesundheit stehen, dabei jedoch oftmals zur Einfalt neigen. Erst der von Krankheit gezeichnete Mensch wird zur Reflexion und damit zur Entwicklung seines Geistes getrieben, der sich so über die Natur erhebt und auf dem die Würde gründet. Diese Gleichsetzung der Würde mit dem kreativen Geistigen wie auch lebensverneinenden Kränklichen erinnert an die Position der Kirchenväter Cyprian und Ambrosius von Mailand, denen zufolge gerade die leidenden Märtyrer hohe Würde ausstrahlten. Auffälligerweise konzipiert Mann wie viele Philosophen zuvor Würde als höhere Bestimmung des geistigen Menschen in einer Zeit, zu der sie bereits ein Schlagwort im Kampf um soziale Rechte geworden war.

THOMAS MANN

Der Zauberberg

»[...] Wir Humanisten haben alle eine pädagogische Ader ... [...] Man soll dem Humanisten das Amt der Erziehung nicht nehmen, – man kann es ihm nicht nehmen, denn nur

* Sören Kierkegaard, *Entweder – Oder*, Tl. 1, Frankfurt a. M. 1964, S. 19.

bei ihm ist die Überlieferung von der Würde und Schönheit des Menschen. Einst löste er den Priester ab, der sich in trüben und menschenfeindlichen Zeiten die Führung der Jugend anmaßen durfte. [...]

[...] Was aber sei denn der Humanismus? Liebe zum Menschen sei er, nichts weiter, und damit sei er auch Politik, sei er auch Rebellion gegen alles, was die Idee des Menschen besudele und entwürdige. Man habe ihm eine übertriebene Schätzung der Form zum Vorwurf gemacht; aber auch die schöne Form pflege er lediglich um der Würde des Menschen willen, im glänzenden Gegensatze zum Mittelalter, das nicht allein in Menschenfeindschaft und Aberglauben, sondern auch in schimpfliche Formlosigkeit versunken gewesen sei, und von allem Anbeginn habe er die Sache des Menschen, die irdischen Interessen, habe er Gedankenfreiheit und Lebensfreude verfochten und dafür gehalten, daß der Himmel billig den Spatzen zu überlassen sei. Prometheus*! Er sei der erste Humanist gewesen [...].«

»Was haben Sie gegen den Körper?« unterbrach Hans Castorp ihn rasch und blickte ihn groß an mit seinen blauen Augen, deren Weißes von roten Adern durchzogen war. Ihm schwindelte vor seiner Tollkühnheit, und man sah es ihm an. ›Wovon spreche ich?‹ dachte er. ›Es wird ungeheuerlich. Aber ich habe mich einmal auf Kriegsfuß mit ihm gestellt und werde ihm, so lange es irgend geht, das letzte Wort nicht lassen. Natürlich wird er es haben, aber das macht nichts, ich werde immerhin dabei profitieren. Ich werde ihn reizen.‹ Er ergänzte seinen Einwand:

»Sie sind doch Humanist? Wie können Sie schlecht auf den Körper zu sprechen sein?«

Settembrini lächelte, diesmal ungezwungen und selbstgewiß.

* *Prometheus:* brachte nach verschiedenen Sagenkreisen den Menschen das Feuer, auch Werkzeuge und Mathematik, gilt als Lehrmeister der Menschen.

»›Was haben Sie gegen die Analyse?‹« zitierte er, den Kopf auf der Schulter. »›Sind Sie schlecht auf die Analyse zu sprechen?‹ – Sie werden mich immer bereit finden, Ihnen Rede zu stehen, Ingenieur«, sagte er mit Verbeugung und einer salutierenden Handbewegung gegen den Fußboden, »besonders wenn Ihre Einwendungen Geist haben. Sie parieren nicht ohne Eleganz. Humanist, – gewiß, ich bin es. Asketischer Neigungen werden Sie mich niemals überführen. Ich bejahe, ich ehre und liebe den Körper, wie ich die Form, die Schönheit, die Freiheit, die Heiterkeit und den Genuß bejahe, ehre und liebe, – wie ich die ›Welt‹, die Interessen des Lebens vertrete gegen sentimentale Weltflucht, – den Classicismo gegen die Romantik. Ich denke, meine Stellungnahme ist eindeutig. Eine Macht, ein Prinzip aber gibt es, dem meine höchste Bejahung, meine höchste und letzte Ehrerbietung und Liebe gilt, und diese Macht, dieses Prinzip ist der Geist. Wie sehr ich es verabscheue, irgendein verdächtiges Mondscheingespinst und -gespenst, das man ›die Seele‹ nennt, gegen den Leib ausgespielt zu sehen, – innerhalb der Antithese von Körper und Geist bedeutet der Körper das böse, das teuflische Prinzip, denn der Körper ist Natur, und die Natur – innerhalb ihres Gegensatzes zum Geiste, zur Vernunft, ich wiederhole das! – ist böse, – mystisch und böse. ›Sie sind Humanist!‹ Allerdings bin ich es, denn ich bin ein Freund des Menschen, wie Prometheus es war, ein Liebhaber der Menschheit und ihres Adels. Dieser Adel aber ist beschlossen im Geiste, in der Vernunft, und darum werden Sie ganz vergebens den Vorwurf des christlichen Obskurantismus* erheben …«

Hans Castorp wehrte ab.

»… Sie werden«, beharrte Settembrini, »diesen Vorwurf ganz vergebens erheben, wenn humanistischer Adelsstolz die Gebundenheit des Geistes an das Körperliche, an die

* *Obskurantismus:* gegen die Aufklärung gerichtete, dunkle Denkart.

Natur eines Tages als Erniedrigung, als Schimpf empfinden lernt. Wissen Sie, daß von dem großen Plotinus* die Äußerung überliefert ist, er schäme sich, einen Körper zu haben?« fragte Settembrini und verlangte so ernstlich eine Antwort, daß Hans Castorp genötigt war, zu gestehen, das sei das erste, was er höre.

»Porphyrius** überliefert es. Eine absurde Äußerung, wenn Sie wollen. Aber das Absurde, das ist das geistig Ehrenhafte, und nichts kann im Grunde ärmlicher sein als der Einwand der Absurdität, dort, wo der Geist gegen die Natur seine Würde behaupten will, sich weigert, vor ihr abzudanken ... Haben Sie von dem Erdbeben zu Lissabon*** gehört?«

»Nein, – ein Erdbeben? Ich sehe hier keine Zeitungen ...«

»Sie mißverstehen mich. Nebenbei bemerkt, ist es bedauerlich – und kennzeichnend für diesen Ort –, daß Sie es hier versäumen, die Presse zu lesen. Aber Sie mißverstehen mich, das Naturereignis, von dem ich spreche, ist nicht aktuell, es fand vor beiläufig hundertundfünfzig Jahren statt ...«

»Ja, so! Oh, warten Sie, – richtig! Ich habe gelesen, daß Goethe damals nachts in Weimar in seinem Schlafzimmer zu seinem Diener sagte ...«

»Ah, – nicht davon wollte ich reden«, unterbrach ihn Settembrini, indem er die Augen schloß und seine kleine braune Hand in der Luft schüttelte. »Übrigens vermengen Sie die Katastrophen. Sie haben das Erdbeben von Messina im Sinn. Ich meine die Erschütterung, die Lissabon heimsuchte, im Jahre 1755.«

»Entschuldigen Sie.«

* *Plotinus:* wichtigster Neuplatoniker (205–270 n. Chr.).
** *Porphyrius:* antiker Philosoph (230–301/305 n. Chr.), Schüler Plotins.
*** *Erdbeben zu Lissabon:* Naturkatastrophe 1755, die die Aufklärung tief erschütterte.

»Nun, Voltaire[*] empörte sich dagegen.«

»Das heißt ... wie? Er empörte sich?«

»Er revoltierte, ja. Er nahm das brutale Fatum[**] und Faktum nicht hin, er weigerte sich, davor abzudanken. Er protestierte im Namen des Geistes und der Vernunft gegen diesen skandalösen Unfug der Natur, dem drei Viertel einer blühenden Stadt und Tausende von Menschenleben zum Opfer fielen ... Sie staunen? Sie lächeln? Mögen Sie immerhin staunen, was das Lächeln betrifft, so nehme ich mir die Freiheit, es Ihnen zu verweisen! Voltaire's Haltung war die eines echten Nachkömmlings jener alten Gallier, die ihre Pfeile gegen den Himmel schleuderten ... Sehen Sie, Ingenieur, da haben Sie die Feindschaft des Geistes gegen die Natur, sein stolzes Mißtrauen gegen sie, sein hochherziges Bestehen auf dem Rechte zur Kritik an ihr und ihrer bösen, vernunftwidrigen Macht. Denn sie ist die Macht, und es ist knechtisch, die Macht hinzunehmen, sich mit ihr abzufinden ... wohlgemerkt, sich innerlich mit ihr abzufinden. Da haben Sie aber auch jene Humanität, die sich schlechterdings in keinen Widerspruch verstrickt, sich keines Rückfalls in christliche Duckmäuserei schuldig macht, wenn sie im Körper das böse, das widersacherische Prinzip zu erblicken sich entschließt. Der Widerspruch, den Sie zu sehen meinen, ist im Grunde immer derselbe. ›Was haben Sie gegen die Analyse?‹ Nichts ... wenn sie Sache der Belehrung, der Befreiung und des Fortschritts ist. Alles ... wenn ihr der scheußliche hautgoût[***] des Grabes anhaftet. Es ist mit dem Körper nicht anders. Man muß ihn ehren und verteidigen, wenn es sich um seine Emanzipation und Schönheit handelt, um die Freiheit der Sinne, um Glück, um Lust. Man muß ihn verachten, sofern er als Prinzip der Schwere und der Trägheit

[*] *Voltaire:* Philosoph (1694–1778), wichtigster Aufklärer.

[**] *Fatum:* Schicksal.

[***] *haut-goût:* frz., ›hoher Geschmack‹, Verwesungsgeruch (im wesentlichen bei Wild).

sich der Bewegung zum Lichte entgegensetzt, ihn verabscheuen, sofern er gar das Prinzip der Krankheit und des Todes vertritt, sofern sein spezifischer Geist der Geist der Verkehrtheit ist, der Geist der Verwesung, der Wollust und der Schande ...«

»[...] Ich finde, man muß sich klar sein über die verschiedenen Geistesrichtungen oder Geistesstimmungen, wie man wohl richtiger sagen sollte, es gibt die fromme und die freie. Sie haben beide ihre Vorzüge, aber was ich gegen die freie, die Settembrini'sche meine ich, auf dem Herzen habe, ist nur, daß sie die Menschenwürde so ganz in Pacht zu haben glaubt, das ist übertrieben. Die andere enthält auch viel menschliche Würde in ihrer Art und gibt Veranlassung zu einer Menge Wohlanstand und properer Haltung und nobler Förmlichkeit, mehr sogar als die ›freie‹, obgleich sie die menschliche Schwäche und Hinfälligkeit ja besonders im Auge hat und der Gedanke an Tod und Verwesung eine so wichtige Rolle darin spielt. [...]«

Thomas Mann: Der Zauberberg. Frankfurt a. M.: S. Fischer, 1952. S. 92, 220, 344–347, 406. –

THOMAS MANN

Goethe und Tolstoi
Fragmente zum Problem der Humanität

Krankheit

Schiller und Dostojewski also, um wieder von ihnen zu sprechen, wurden des Adels der Hochbetagtheit nicht teilhaftig, sie starben vergleichsweise jung. Warum? Nun, weil es kranke Menschen waren, bekanntlich – krank alle beide, der eine schwindsüchtig, der andere epileptisch. Ich fragte aber zweierlei. Empfinden wir die Krankheit nicht als etwas in dem Wesen dieser beiden tief Begründetes, als ein notwendiges und charakteristisches Zubehör ihres Typus? Und zweitens: scheint uns nicht, daß es die Krankheit ist, die in ihrem Falle einen Adel, eine Vornehmheit zeitigt oder zum Ausdruck bringt – sehr unterschieden von jenem autobiographischen Aristokratismus der Icherfülltheit und der »Liebe zu sich selbst«, der vorhin in Rede stand –, einen Adel, der eine ganz anders geartete Vertiefung, Erhöhung und Verstärkung ihrer Menschlichkeit, ja, ihre *Menschlichkeit*, bedeutet, so daß uns angesichts ihrer die Krankheit geradezu als Adelsattribut höheren Menschentums erscheint? Offenbar ist das Wort »natürlicher Adel« doch kein Pleonasmus*, und es existiert noch eine andere Vornehmheit als diejenige, die die Natur ihren Vorzugskindern verleiht. Offenbar gibt es zweierlei Erhöhung und Steigerung des Menschlichen: eine ins Göttliche, von Gnaden der Natur, und eine ins Heilige – von Gnaden einer anderen Macht, die der Natur entgegensteht, die die Emanzipation von ihr, die ewige Revolte gegen sie bedeutet: von Gnaden des *Geistes*. Die Frage aber, welcher Adel der höhere, welche Art von Erhöhung des Menschlichen die vornehmere ist, diese Frage ist es, was ich das »aristokratische Problem« nannte.

Hier ist ein wenig Philosophie der Krankheit am Platz – mit aller gebotenen Beschränkung. Krankheit hat ein doppeltes Gesicht, eine doppelte Beziehung zum Menschlichen und seiner Würde. Sie ist einerseits dieser Würde feindlich, indem sie durch Überbetonung des Körperlichen, durch ein Zurückweisen und Zurückwerfen des Menschen auf seinen Körper entmenschlichend wirkt, den Menschen zum bloßen Körper herabwürdigt. Andererseits aber ist es möglich, Krankheit sogar als etwas höchst Menschenwürdiges zu denken und zu empfinden. Denn

* *Pleonasmus:* in einer Gruppe aus mehreren Worten wird etwas mehrfach ausgedrückt (»kaltes Eis«).

wenn es zu weit ginge zu sagen, daß Krankheit Geist, oder gar (was sehr tendenziös klänge), daß Geist Krankheit sei, so haben diese Begriffe doch viel miteinander zu tun. Geist nämlich ist Stolz, ist emanzipatorische Widersetzlichkeit (dies Wort im rein logischen, wie auch im streitbaren Sinn genommen) gegen die Natur, ist Abgelöstheit, Entfernung, Entfremdung von ihr; Geist ist das, was den *Menschen*, dies von der Natur in hohem Grade gelöste, in hohem Maße sich ihr entgegengesetzt fühlende Wesen, vor allem übrigen organischen Leben auszeichnet, und die Frage, die *aristokratische* Frage ist, ob er nicht in desto höherem Grade *Mensch* sei, je gelöster von der Natur, das heißt, je kränker er sei. Denn was wäre Krankheit, wenn nicht Abgetrenntheit von der Natur? »Tut der Finger dir weh«, sagt Hebbel* epigrammatisch, »schied er vom Leibe sich ab,

> Und die Säfte beginnen, im Gliede gesondert zu kreisen:
> *Aber so ist auch der Mensch, fürcht' ich, ein Schmerz nur in Gott.«*

War es nicht Nietzsche, der den Menschen »das kranke Tier«** genannt hat? Und meinte er nicht damit, daß der Mensch eben nur insofern mehr sei denn Tier, als er krank sei? Im Geist also, in der Krankheit beruht die Würde des Menschen, und der Genius der Krankheit ist menschlicher als der der Gesundheit.

Sie werden dem widersprechen, werden es nicht wahrhaben wollen. Aber erstens ist Krankheit, als philosophischer Terminus gebraucht, ja keine Negation und Verurteilung, sondern nur eine Feststellung, die ebensoviel Anerkennung enthält wie das Urteil ›Gesundheit‹; denn es

* *Hebbel:* Friedrich H. (1813–1863), deutscher Lyriker und Dramatiker. Das zitierte Gedicht heißt *Urgeheimnis*.

** *das kranke Tier:* in *Jenseits von Gut und Böse* (1886/87), in der 3. Abhandlung »Was bedeuten asketische Ideale?«.

gibt einen Adel der Krankheit, wie es einen Adel der Gesundheit gibt. Und zweitens darf ich Sie erinnern, daß Goethe den Schillerschen Begriff des ›Sentimentalischen‹ mit dem des ›Kranken‹ identifiziert hat – nachdem er nämlich zuvor den Gegensatz von Naiv und Sentimental mit dem von ›Klassisch‹ und ›Romantisch‹ identifiziert hatte. »Der Begriff von klassischer und romantischer Poesie, der jetzt über die ganze Welt geht«, sagte er eines Tages zu Eckermann, »und so viel Streit und Spaltungen verursacht, ist ursprünglich von mir und Schiller ausgegangen. Ich hatte in der Poesie die Maxime des *objektiven* Verfahrens und wollte nur dieses gelten lassen. Schiller aber, der ganz subjektiv wirkte, hielt seine Art für die rechte, und, um sich gegen mich zu wehren, schrieb er den Aufsatz über naive und sentimentale Dichtung.«* Und ein andermal: »Mir ist ein neuer Ausdruck eingefallen, der das Verhältnis von ›klassisch‹ und ›romantisch‹ nicht übel bezeichnet. Das Klassische nenne ich das *Gesunde* und das Romantische das *Kranke*. Wenn wir nach solchen Qualitäten Klassisches und Romantisches scheiden, *werden wir bald im reinen sein.*«

Wir haben hier also eine Anordnung der Dinge, nach welcher sich das Naive, das Objektive, das Gesunde und das Klassische auf der einen Seite und das Sentimentalische, das Subjektive, das Pathologische und das Romantische auf der andern Seite als identisch erweisen. Man könnte also den Menschen, sofern er als geistiges Subjekt außer der Natur steht und in dieser seiner sentimentalischen Abgetrenntheit, dieser seiner Zweiheit von Natur und Geist seine Würde und sein Elend findet, schlechthin das romantische Wesen nennen. Die Natur ist glücklich – oder sie scheint ihm doch so; denn er selbst, in tragische

* Goethe und Eckermann im Gespräch am Sonntag, den 21. März 1830, in: Johann Peter Eckermann, Gespräche mit Goethe in den letzten Jahren seines Lebens, ohne Ort 1960, S. 289–291.

Antinomien* verstrickt, ist ein romantisch leidendes Geschöpf. Beruht nicht alle *Liebe* zum Menschen auf der sympathievollen, brüderlich-mitbeteiligten Erkenntnis dieser seiner fast hoffnungslos schwierigen Situation? Ja, es gibt einen Menschheitspatriotismus auf dieser Basis: man liebt den Menschen, weil er es schwer hat – und weil man selbst einer ist.

Thomas Mann: Goethe und Tolstoi. In: Th. M.: Leiden und Größe der Meister. Frankfurt a.M.: S. Fischer, 1982. S. 50–53. –

* *in Antinomien:* in unauflösbare Widersprüche.

Rechtsbestimmungen

Endlich im Recht – deutsche Rechtsdokumente

Industrialisierung, Verstädterung und Überbevölkerung ließen im Europa des ausgehenden 19. Jahrhunderts die sogenannte »soziale Frage« virulent werden, auf die der Sozialismus und der Sozialstaat mit seinen weitverzweigten Versicherungs- und Versorgungssystemen eine Antwort zu geben versuchten. Auch Papst Leo XIII. betonte in seiner Sozialenzyklika *Rerum novarum* aus dem Jahre 1891 die Fürsorgepflichten des Staates den Industriearbeitern gegenüber. Unter Otto von Bismarck (1815–1898) kam es in Deutschland zur Einführung der Unfall-, Kranken-, Invaliditäts- und Altersversicherung. Bereits 1862 hatte Ferdinand Lassalle in seinem Arbeiterprogramm die Schaffung menschenwürdiger Verhältnisse gefordert und die Idee der Menschenwürde gegen die sozialen Missstände und die materielle Not seiner Zeit gestellt.

Seine Formulierung über »menschenwürdiges Dasein« wurde in Artikel 151 der Weimarer Reichsverfassung von 1919 aufgenommen, wo zum ersten Mal in einem amtlichen Rechtsdokument der Ausdruck Menschenwürde auftaucht. Zwar wurde bereits in der Diskussion über die Paulskirchenverfassung vom 28. März 1849 über den Antrag des Abgeordneten Mohr diskutiert, die Gesellschaft müsse »einem jeden verbürgen ein der Würde und dem Wesen des Menschen entsprechendes Dasein«. Jedoch wurde der Antrag damals nicht angenommen. Erst im 20. Jahrhundert fand die über die Religionsphilosophie in die Rechtsphilosophie gelangte Menschenwürde endlich ihren Weg auch ins Recht.

Die Formulierung von Artikel 151 der Weimarer Reichsverfassung wurde dreißig Jahre später fast wortwörtlich in der sozialistischen Verfassung der ehemaligen DDR übernommen.

Im gleichen Jahr trat das von den Mitgliedern des Parlamentarischen Rates erarbeitete Grundgesetz der Bundesrepublik Deutschland in Kraft – mit besonderer Hervorhebung der Menschenwürde in Artikel 1, aber ohne besonderen Bezug auf das Wirtschaftsleben.

Ähnlich wie Artikel 1 des Grundgesetzes der BRD klang Artikel 19 der neuen, zweiten Verfassung der ehemaligen DDR von 1968. Allerdings gab es in der DDR im Unterschied zur BRD kein einklagbares Recht auf staatliche Erfüllung dieses Verfassungsgebots.

VERFASSUNG DES DEUTSCHEN REICHS

Das Wirtschaftsleben

Artikel 151

Die Ordnung des Wirtschaftslebens muss den Grundsätzen der Gerechtigkeit mit dem Ziele der Gewährleistung eines menschenwürdigen Daseins für alle entsprechen. In diesen Grenzen ist die wirtschaftliche Freiheit des Einzelnen zu sichern.

Verfassung des Deutschen Reichs vom 11. August 1919. – dokumentarchiv.de

VERFASSUNG DER DDR

Wirtschaftsordnung

Artikel 19

Die Ordnung des Wirtschaftslebens muss den Grundsätzen sozialer Gerechtigkeit entsprechen; sie muss allen ein menschenwürdiges Dasein sichern.

Verfassung der DDR vom 7. Oktober 1949. – dokumentarchiv.de

GRUNDGESETZ FÜR DIE BRD

Grundrechte

Artikel 1

Die Würde des Menschen ist unantastbar. Sie zu achten und zu schützen ist Verpflichtung aller staatlichen Gewalt.

Artikel 79

Eine Änderung dieses Grundgesetzes, durch welche [...] die in den Artikeln 1 und 20 niedergelegten Grundsätze berührt werden, ist unzulässig.

Grundgesetz für die Bundesrepublik Deutschland. Vom 23. Mai 1949 mit Gesetz über das Bundesverfassungsgericht. Textausg. Mit Sachreg. Hrsg. von Wolfgang Heyde.

VERFASSUNG DER DDR

Grundrechte und Grundpflichten der Bürger

Artikel 19

Achtung und Schutz der Würde und Freiheit der Persönlichkeit sind Gebot für alle staatlichen Organe, alle gesetzlichen Kräfte und jeden einzelnen Bürger.

Verfassung der DDR vom 6. April 1968, in der Fassung vom 7. Oktober 1974. – dokumentarchiv.de

Im Kampf der Ideologien – internationale Dokumente

Das Bekenntnis zur Menschenwürde in den Dokumenten der Vereinten Nationen nach dem Zweiten Weltkrieg ist als Antwort auf die Greueltaten des Nationalsozialismus zu verstehen. Bereits in der Gründungsakte der Vereinten Nationen, der sogenannten *UN-Charta* aus dem Jahre 1945, ist von »Würde und Wert der menschlichen Persönlichkeit« die Rede. Daran anknüpfend verweist auch die *Allgemeine Erklärung der Menschenrechte* von 1948 mehrfach auf die achtunggebietende Menschenwürde, die hier wie in den meisten anderen Dokumenten der Vereinten Nationen ohne nähere Erläuterung gleichzeitig als Wesensmerkmal und als Gestaltungsauftrag gesehen wird. Dabei gebraucht die »Allgemeine Menschenrechtserklärung« die Idee der Würde gleichermaßen zur Charakterisierung der menschlichen Wertbesonderheit und als sozialpolitisches Schlagwort.

Diese Spannung zwischen beiden Aspekten der Menschenwürde, die seit Ende des 19. Jahrhunderts immer wieder beobachtet werden kann, tritt deutlich in der Unterscheidung zwischen einem *Internationalen Bürger-*

rechtspakt und *Sozialrechtspakt*, beide aus dem Jahre 1966, hervor. Zwar ist die Würde-Formulierung in den Präambeln beider Pakte gleichlautend, der Bürgerrechtspakt, der vorbehaltlos gilt, gewichtet aber die liberalen und politischen Menschenrechte stärker als der Sozialrechtspakt, der mehr die sozialen Leistungsrechte betont. Dabei gilt der Sozialrechtspakt nur eingeschränkt, indem er die Vertragsstaaten lediglich verpflichtet, die Armut und Not im eigenen Land unter Ausschöpfung der jeweiligen wirtschaftlichen Möglichkeiten zu bekämpfen. Ursprünglich sollte es 1966 bloß einen völkerrechtlich bindenden Pakt geben: Dieses Projekt scheiterte aber am damaligen Ost-West-Gegensatz. Der Westen setzte sich stärker für liberale und politische, der Osten mehr für soziale Rechte ein. Dieser ideologische Wertestreit spiegelt sich bis heute in der unterschiedlichen Auslegung der Menschenwürde als Gestaltungsauftrag wider.

Auch wenn insbesondere die Europäer der Würdeidee immer wieder eine herausragende Bedeutung beimessen, fehlt sie auffälligerweise in der *Europäischen Konvention zum Schutz der Menschenrechte und Grundfreiheiten* aus dem Jahre 1950, nimmt aber in dem diese Konvention ergänzenden *Übereinkommen zum Schutz der Menschenrechte und Menschenwürde im Hinblick auf die Anwendung von Biologie und Medizin*, das 1999 in Kraft trat, einen hohen Rang ein. Das gleiche gilt für die *Charta der Grundrechte der Europäischen Union*, die im Jahre 2000 in Nizza von den Staats- und Regierungschefs proklamiert wurde. Nicht zufällig stimmt Artikel 1 der Grundrechtscharta mit Artikel 1 des *Grundgesetzes* fast wörtlich überein, wurde doch dieses Dokument unter Vorsitz des früheren Bundespräsidenten Roman Herzog erarbeitet, der auf die Aufnahme des Würdegrundsatzes größten Wert legte.

ALLGEMEINE ERKLÄRUNG DER MENSCHENRECHTE (10. Dezember 1948)

Präambel

Da die Anerkennung der allen Mitgliedern der menschlichen Familie innewohnenden Würde und ihrer gleichen und unveräußerlichen Rechte die Grundlage der Freiheit, der Gerechtigkeit und des Friedens in aller Welt bildet, [...] verkündet die Generalversammlung die vorliegende Allgemeine Erklärung der Menschenrechte als das von allen Völkern und Nationen zu erreichende gemeinsame Ideal [...].

Artikel 1 [Menschenwürde und Rechte]

Alle Menschen sind frei und gleich an Würde und Rechten geboren. Sie sind mit Vernunft und Gewissen begabt und sollen einander im Geiste der Brüderlichkeit begegnen.

[...]

Artikel 22 [Recht auf soziale Sicherheit]

Jeder Mensch hat als Mitglied der Gesellschaft Recht auf soziale Sicherheit; er hat Anspruch darauf, durch innerstaatliche Maßnahmen und internationale Zusammenarbeit unter Berücksichtigung der Organisation und der Hilfsmittel jedes Staates in den Genuß der für seine Würde und freie Entwicklung seiner Persönlichkeit unentbehrlichen wirtschaftlichen, sozialen und kulturellen Rechte zu gelangen.

Artikel 23 [Recht auf Arbeit]

[...]
Jeder Mensch, der arbeitet, hat das Recht auf angemessene und befriedigende Entlohnung, die ihm und seiner Familie eine der menschlichen Würde entsprechende Existenz sichert und die, wenn nötig, durch andere soziale Schutzmaßnahmen zu ergänzen ist.

Internationale Gesellschaft für Menschenrechte. Frankfurt am Main. – www.igfm.de/Allgemeine_Erklaerung_der_Menschenrechte.89.0.html

4. INTERNATIONALER PAKT ÜBER WIRTSCHAFTLICHE, SOZIALE UND KULTURELLE RECHTE (19. Dezember 1966)

DIE VERTRAGSSTAATEN DIESES PAKTES
IN DER ERWÄGUNG,
daß nach den in der Charta der Vereinten Nationen verkündeten Grundsätzen die Anerkennung der allen Mitgliedern der menschlichen Gesellschaft innewohnenden Würde und der Gleichheit und Unveräußerlichkeit ihrer Rechte die Grundlage von Freiheit, Gerechtigkeit und Frieden in der Welt bildet,
IN DER ERKENNTNIS,
daß sich diese Rechte aus der dem Menschen innewohnenden Würde herleiten
[...]
VEREINBAREN
folgende Artikel: [...].

5. INTERNATIONALER PAKT ÜBER BÜRGERLICHE UND POLITISCHE RECHTE (19. Dezember 1966)

Präambel

DIE VERTRAGSSTAATEN DIESES PAKTES,
IN DER ERWÄGUNG,
daß nach den in der Charta der Vereinten Nationen verkündeten Grundsätzen die Anerkennung der allen Mitgliedern der menschlichen Gesellschaft innewohnenden Würde und der Gleichheit und Unveräußerlichkeit ihrer Rechte die Grundlage von Freiheit, Gerechtigkeit und Frieden in der Welt bildet,
IN DER ERKENNTNIS,
daß sich diese Rechte aus der dem Menschen innewohnenden Würde herleiten
[...]
VEREINBAREN
folgende Artikel: [...].

CHARTA DER GRUNDRECHTE DER EUROPÄISCHEN UNION

Würde des Menschen

Artikel 1
Würde des Menschen

Die Würde des Menschen ist unantastbar. Sie ist zu achten und zu schützen.

Amtsblatt der Europäischen Gemeinschaften, C 364. 18. Dezember 2000.

Soziale Wohlfahrt

Seit dem Ende des 19. Jahrhunderts wird darüber gestritten, ob und inwiefern soziale Wohlfahrtsrechte zum Achtungsanspruch der Menschenwürde gehören.

Bemerkenswerterweise wurde nach dem Zweiten Weltkrieg die Menschenwürde durch das 1951 ins Leben gerufene Bundesverfassungsgericht wieder vom staatlichen Sozialschutz abgekoppelt. Demgegenüber betonte schon 1954 das Bundesverwaltungsgericht, dass ein Mindestmaß an sozialer Sicherheit zur Führung eines menschenwürdigen Daseins erforderlich sei. Doch erst Anfang der 1960er Jahre, also in der Zeit des Wirtschaftswunders, als sich der Staat soziale Wohlfahrtsrechte leisten konnte, wurde das *Bundessozialhilfegesetz* zur Gewährleistung eines menschenwürdigen Daseins auch der bedürftigen Bürger des Landes beschlossen. Das *Bundessozialhilfegesetz* galt von 1962 bis 2004. Im Jahre 2005 wurde es durch das sogenannte *Hartz-IV-Konzept* abgelöst, in dem die bisherige Arbeitslosenhilfe und Sozialhilfe als Arbeitslosengeld II weitergeführt werden.

BUNDESVERFASSUNGSGERICHT
(19. Dezember 1951)

Die Grundrechte haben sich aus den im 18. Jahrhundert proklamierten Rechten der Freiheit und Gleichheit entwickelt. Ihr Grundgedanke war der Schutz des Einzelnen gegen den als allmächtig und willkürlich gedachten Staat, nicht aber die Verleihung von Ansprüchen des Einzelnen auf Fürsorge durch den Staat. Im Wandel der Zeiten ist der Gedanke der Fürsorge des im Staat repräsentierten Volkes für den Einzelnen immer stärker und diese Fürsorge vor allem durch die Folgen des zweiten Weltkrieges zu einer elementaren staatlichen Notwendigkeit geworden. Aber dieser – vergleichsweise neue – Gedanke des Anspruchs auf positive Fürsorge durch den Staat hat in die Grundrechte nur in beschränktem Maße Eingang gefunden.

Wenn Art. 1 Abs. 1 GG sagt: »Die Würde des Menschen ist unantastbar«, so will er sie nur negativ gegen Angriffe abschirmen. Der zweite Satz: »... Sie zu achten und zu schützen ist Verpflichtung aller staatlichen Gewalt« verpflichtet den Staat zwar zu dem positiven Tun des »Schützens«, doch ist dabei nicht Schutz vor materieller Not, sondern Schutz gegen Angriffe auf die Menschenwürde durch andere, wie Erniedrigung, Brandmarkung, Verfolgung, Ächtung usw. gemeint.

Art. 2 Abs. 2 Satz 1 GG räumt dem Einzelnen kein Grundrecht auf angemessene Versorgung durch den Staat ein. Die vom Ausschuß für Grundsatzfragen des Parlamentarischen Rates vorgeschlagene Bestimmung über das Recht auf ein Mindestmaß an Nahrung, Kleidung und Wohnung ist später gestrichen und in das Grundgesetz nicht aufgenommen worden. Man hat sich darauf beschränkt, *negativ* ein Recht auf Leben und körperliche Unversehrtheit zu statuieren, d. h. insbesondere den staatlich organisierten Mord und die zwangsweise durchgeführten Experimente an Menschen auszuschließen. Aus Art. 2 GG kann daher ein Recht auf Zuteilung bestimmter, das allgemeine Maß öffentlicher Fürsorge übersteigender Renten nicht hergeleitet werden.

BVerfGE 1,104 f. – Entscheidungen des Bundesverfassungsgerichts (BVerfGE). Hrsg. von den Mitgliedern des Bundesverfassungsgerichts. Tübingen: Mohr, 1951 ff.

BUNDESVERWALTUNGSGERICHT
(24. Juni 1954)

Der Einzelne ist zwar der öffentlichen Gewalt unterworfen, aber nicht Untertan, sondern Bürger. Darum darf er in der Regel nicht lediglich Gegenstand staatlichen Handelns sein. Er wird vielmehr als selbständige sittlich verantwortliche Persönlichkeit und deshalb als Träger von Rechten und Pflichten anerkannt. Dies muß besonders dann gelten, wenn es um seine Daseinsmöglichkeit geht.

[...]

Die unantastbare, von der staatlichen Gewalt zu schützende Würde des Menschen (Art. 1) verbietet es, ihn lediglich als Gegenstand staatlichen Handelns zu betrachten, soweit es sich um die Sicherung des »notwendigen Lebensbedarfs« (§ 1 der Reichsgrundsätze), also seines Daseins überhaupt, handelt. Das folgt auch aus dem Grundrecht der freien Persönlichkeit (Art. 2 Abs. 1).

Urteil des V. Senats vom 24. Juni 1954 – BVerwGVC 78.54. In: Entscheidungen des Bundesverwaltungsgerichts. Hrsg. von den Mitgliedern des Gerichts. Berlin: Heymanns, 1955.

BUNDESSOZIALHILFEGESETZ
(30. Juni 1961)

§ 1
Inhalt und Aufgabe der Sozialhilfe

[...] Aufgabe der Sozialhilfe ist es, dem Empfänger der Hilfe die Führung eines Lebens zu ermöglichen, das der Würde des Menschen entspricht. Die Hilfe soll ihn soweit wie möglich befähigen, unabhängig von ihr zu leben; hierbei muß er nach seinen Kräften mitwirken.

Bundessozialhilfegesetz. – www.bundesrecht.juris.de.

BUNDESVERWALTUNGSGERICHT
(2. Juni 1965)

Anknüpfungspunkt für die Sozialhilfe ist [...] die tatsächliche Lage des Hilfsbedürftigen, sein – tatsächliches – Unvermögen, sich die Mittel zu beschaffen, die eine Lebensführung ermöglichen, die der Würde des Menschen entspricht.

Urteil des BVerwG vom 2. Juni 1965. – BVerwGVC 63.64. In: Fürsorgliche Entscheidungen der Verwaltungs- und Sozialgerichte. Hannover: Eberlein, 1967. S. 203.

Person mit Eigenwert

Die im *Grundgesetz* verankerte Menschenwürde wird im Gesetzestext nicht näher erläutert. Als nach der Gründung des Bundesverfassungsgerichts 1951 die ersten Klagen gegen Verletzungen der Menschenwürde eingereicht werden, sieht sich das höchste deutsche Gericht gezwungen, die Idee der Menschenwürde näher zu bestimmen. Dabei knüpft es vorrangig an die Aufklärungsphilosophie Kants an: Der Mensch sei eine aus der Natur herausragende Person mit Eigenwert, ein geistig-sittliches Wesen, für das Freiheit charakteristisch sei, die nicht egoistisch, sondern gemeinschaftsbezogen verwirklicht werden solle.

Dagegen werde die Menschenwürde verletzt, wenn der Bürger als Subjekt zu einem bloßen Objekt oder Mittel zum Zweck herabgestuft werde. Diese sogenannte Objektformel geht unmittelbar auf Kant zurück: In seiner *Grundlegung zur Metaphysik der Sitten* von 1785 heißt es: »Handle so, daß du die Menschheit sowohl in deiner Person, als in der Person eines jeden andern jederzeit zugleich als Zweck, niemals bloß als Mittel brauchest«.*

* Immanuel Kant, Grundlegung zur Metaphysik der Sitten, Stuttgart 1984, S. 79.

1970 wurde die Objektformel für kurze Zeit relativiert. Es genüge nicht, jemanden als bloße Sache zu gebrauchen, um den Tatbestand des Verstoßes gegen die Menschenwürde zu erfüllen, hieß es damals vom höchsten Gericht. Dazu müsse die Behandlung zusätzlich Ausdruck herablassender Verachtung sein. Diese Relativierung ist zwar sinnvoll, bedenkt man etwa, dass es Situationen gibt, in denen Menschen ohne ihre Einwilligung als bloße Mittel zur Rettung anderer Menschen benutzt werden können – ein unwilliger Autofahrer etwa, der sich sträubt, einen Verletzten ins Krankenhaus zu fahren und nur unter Androhung von Gewalt Hilfe leistet. Dennoch hat das Bundesverfassungsgericht diese Relativierung im gleichen Jahr wieder rückgängig gemacht: Auch jeder in guter Absicht erfolgte Gebrauch eines Subjekts als bloßen Objekts stelle einen Würdeverstoß dar. Verschiedentlich hat das Bundesverfassungsgericht seit seinem Bestehen nicht nur Kindern, sondern auch dem keimenden Embryo und Fötus ab dem 14. Tag nach der Empfängnis menschliche Würde zuerkannt. Die Menschenwürde, die die höchste Bestimmung der deutschen Wert- und Rechtsordnung darstellt, wird hier sowohl als Wesensmerkmal wie auch als Gestaltungsauftrag gesehen.

BUNDESVERFASSUNGSGERICHT
(17. August 1956)

In der freiheitlichen Demokratie ist die Würde des Menschen der oberste Wert. Sie ist unantastbar, vom Staate zu achten und zu schützen. Der Mensch ist danach eine mit der Fähigkeit zu eigenverantwortlicher Lebensgestaltung begabte »Persönlichkeit«. Sein Verhalten und sein Denken können daher durch seine Klassenlage nicht eindeutig determiniert sein. Er wird vielmehr als fähig angesehen, und es wird ihm demgemäß abgefordert, seine Interessen und

Ideen mit denen der anderen auszugleichen. Um seiner Würde willen muß ihm eine möglichst weitgehende Entfaltung seiner Persönlichkeit gesichert werden. Für den politisch-sozialen Bereich bedeutet das, daß es nicht genügt, wenn eine Obrigkeit sich bemüht, noch so gut für das Wohl von »Untertanen« zu sorgen; der Einzelne soll vielmehr in möglichst weitem Umfange verantwortlich auch an den Entscheidungen für die Gesamtheit mitwirken. Der Staat hat ihm dazu den Weg zu öffnen; das geschieht in erster Linie dadurch, daß der geistige Kampf, die Auseinandersetzung der Ideen frei ist, daß mit anderen Worten geistige Freiheit gewährleistet wird. Die Geistesfreiheit ist für das System der freiheitlichen Demokratie entscheidend wichtig, sie ist geradezu eine Voraussetzung für das Funktionieren dieser Ordnung; sie bewahrt es insbesondere vor Erstarrung und zeigt die Fülle der Lösungsmöglichkeiten für die Sachprobleme auf. Da Menschenwürde und Freiheit jedem Menschen zukommen, die Menschen insoweit gleich sind, ist das Prinzip der Gleichbehandlung aller für die freiheitliche Demokratie ein selbstverständliches Postulat.

Das Recht auf Freiheit und Gleichbehandlung durch den Staat schließt jede wirkliche Unterdrückung des Bürgers durch den Staat aus, weil alle staatliche Entscheidung den Eigenwert der Person achten und die Spannung zwischen Person und Gemeinschaft im Rahmen des auch dem Einzelnen Zumutbaren ausgleichen soll.

BVerfGE 5,204f. – Entscheidungen des Bundesverfassungsgerichts (BVerfGE). Hrsg. von den Mitgliedern des Bundesverfassungsgerichts. Tübingen: Mohr, 1951ff.

BUNDESVERFASSUNGSGERICHT
(20. Dezember 1960)

Das Grundgesetz ist eine wertgebundene Ordnung, die den Schutz von Freiheit und Menschenwürde als den obersten Zweck allen Rechts erkennt; sein Menschenbild ist nicht das des selbstherrlichen Individuums, sondern das der in der Gemeinschaft stehenden und ihr vielfältig verpflichteten Persönlichkeit.

BVerfGE 12,51. – Entscheidungen des Bundesverfassungsgerichts (BVerfGE). Hrsg. von den Mitgliedern des Bundesverfassungsgerichts. Tübingen: Mohr, 1951 ff.

BUNDESVERFASSUNGSGERICHT
(29. Juli 1968)

Das Kind ist ein Wesen mit eigener Menschenwürde und dem eigenen Recht auf Entfaltung seiner Persönlichkeit im Sinne der Art. 1 Abs. 1 und Art. 2 Abs. 1 GG. Eine Verfassung, welche die Würde des Menschen in den Mittelpunkt ihres Wertsystems stellt, kann bei der Ordnung zwischenmenschlicher Beziehungen grundsätzlich niemandem Rechte an der Person eines anderen einräumen, die nicht zugleich pflichtgebunden sind und die Menschenwürde des anderen respektieren. Die Anerkennung der Elternverantwortung und der damit verbundenen Rechte findet daher ihre Rechtfertigung darin, daß das Kind des Schutzes und der Hilfe bedarf, um sich zu einer eigenverantwortlichen Persönlichkeit innerhalb der sozialen Gemeinschaft zu entwickeln, wie sie dem Menschenbilde des Grundgesetzes entspricht.

BVerfGE 24, 144. – Entscheidungen des Bundesverfassungsgerichts (BVerfGE). Hrsg. von den Mitgliedern des Bundesverfassungsgerichts. Tübingen: Mohr, 1951 ff.

BUNDESVERFASSUNGSGERICHT
(16. Juli 1969)

In der Wertordnung des Grundgesetzes ist die Menschenwürde der oberste Wert (BVerfGE 6, 32 [41]). Wie alle Bestimmungen des Grundgesetzes beherrscht dieses Bekenntnis zu der Würde des Menschen auch den Art. 2 Abs. 1 GG. Der Staat darf durch keine Maßnahme, auch nicht durch ein Gesetz, die Würde des Menschen verletzen oder sonst über die in Art. 2 Abs. 1 GG gezogenen Schranken hinaus die Freiheit der Person in ihrem Wesensgehalt antasten. Damit gewährt das Grundgesetz dem einzelnen Bürger einen unantastbaren Bereich privater Lebensgestaltung, der der Einwirkung der öffentlichen Gewalt entzogen ist (BVerfGE 6, 32 [41], 389 [433]).

Im Lichte dieses Menschenbildes kommt dem Menschen in der Gemeinschaft ein sozialer Wert- und Achtungsanspruch zu. Es widerspricht der menschlichen Würde, den Menschen zum bloßen Objekt im Staat zu machen (vgl. BVerfGE 5, 85 [204]; 7, 198 [205]). Mit der Menschenwürde wäre es nicht zu vereinbaren, wenn der Staat das Recht für sich in Anspruch nehmen könnte, den Menschen zwangsweise in seiner ganzen Persönlichkeit zu registrieren und zu katalogisieren, sei es auch in der Anonymität einer statistischen Erhebung, und ihn damit wie eine Sache zu behandeln, die einer Bestandsaufnahme in jeder Beziehung zugänglich ist.

Ein solches Eindringen in den Persönlichkeitsbereich durch eine umfassende Einsichtnahme in die persönlichen Verhältnisse seiner Bürger ist dem Staat auch deshalb versagt, weil dem Einzelnen um der freien und selbstverantwortlichen Entfaltung seiner Persönlichkeit willen ein »Innenraum« verbleiben muß, in dem er »sich selbst besitzt« und »in den er sich zurückziehen kann, zu dem die Umwelt keinen Zutritt hat, in dem man in Ruhe gelassen wird und ein Recht auf Einsamkeit genießt«.

BVerfGE 27,6. – Entscheidungen des Bundesverfassungsgerichts (BVerfGE). Hrsg. von den Mitgliedern des Bundesverfassungsgerichts. Tübingen: Mohr, 1951 ff.

BUNDESVERFASSUNGSGERICHT
(15. Dezember 1970)

Was den in Art. 1 GG genannten Grundsatz der Unantastbarkeit der Menschenwürde anlangt, der nach Art. 79 Abs. 3 GG durch eine Verfassungsänderung nicht berührt werden darf, so hängt alles von der Festlegung ab, unter welchen Umständen die Menschenwürde verletzt sein kann. Offenbar läßt sich das nicht generell sagen, sondern immer nur in Ansehung des konkreten Falles. Allgemeine Formeln wie die, der Mensch dürfe nicht zum bloßen Objekt der Staatsgewalt herabgewürdigt werden, können lediglich die Richtung andeuten, in der Fälle der Verletzung der Menschenwürde gefunden werden können. Der Mensch ist nicht selten bloßes Objekt nicht nur der Verhältnisse und der gesellschaftlichen Entwicklung, sondern auch des Rechts, insofern er ohne Rücksicht auf seine Interessen sich fügen muß. Eine Verletzung der Menschenwürde kann darin allein nicht gefunden werden. Hinzukommen muß, daß er einer Behandlung ausgesetzt wird, die seine Subjektqualität prinzipiell in Frage stellt, oder daß in der Behandlung im konkreten Fall eine willkürliche Mißachtung der Würde des Menschen liegt. Die Behandlung des Menschen durch die öffentliche Hand, die das Gesetz vollzieht, muß also, wenn sie die Menschenwürde berühren soll, Ausdruck der Verachtung des Wertes, der dem Menschen kraft seines Personseins zukommt, also in diesem Sinne eine »verächtliche Behandlung« sein.

[...]

Nach der Rechtsprechung des Bundesverfassungsgerichts gehört Art. 1 GG zu den »tragenden Konstitutionsprinzipien«, die alle Bestimmungen des Grundgesetzes durchdringen. Das Grundgesetz sieht die freie menschliche Persönlichkeit und ihre Würde als höchsten Rechtswert an (BVerfGE 6, 32 [36]; 12, 45 [53]). Nun muß man sich bei der Beantwortung der Frage, was »Menschenwürde« bedeute, hüten, das pathetische Wort ausschließlich in seinem höchsten Sinn zu verstehen, etwa indem man davon ausgeht, daß die Menschenwürde nur dann verletzt ist, wenn »die Behandlung des Menschen durch die öffentliche Hand, die das Gesetz vollzieht«, »Ausdruck der Verachtung des Wertes, der dem Menschen kraft seines Personseins zukommt, also in diesem Sinne eine ›verächtliche Behandlung‹« ist. Tut man dies dennoch, so reduziert man Art. 79 Abs. 3 GG auf ein Verbot der Wiedereinführung z. B. der Folter, des Schandpfahls und der Methoden des Dritten Reichs. Eine solche Einschränkung wird indessen der Konzeption und dem Geist des Grundgesetzes nicht gerecht. Art. 79 Abs. 3 GG in Verbindung mit Art. 1 GG hat einen wesentlich konkreteren Inhalt. Das Grundgesetz erkennt dadurch, daß es die freie menschliche Persönlichkeit auf die höchste Stufe der Wertordnung stellt, ihren Eigenwert, ihre Eigenständigkeit an. Alle Staatsgewalt hat den Menschen in seinem Eigenwert, seiner Eigenständigkeit zu achten und zu schützen. Er darf nicht »unpersönlich«, nicht wie ein Gegenstand behandelt werden, auch wenn es nicht aus Mißachtung des Personenwertes, sondern in »guter Absicht« geschieht. Der Erste Senat dieses Gerichts hat dies dahin formuliert, es widerspreche der menschlichen Würde, den Menschen zum bloßen Objekt staatlichen Handelns zu machen und kurzerhand von Obrigkeits wegen über ihn zu verfügen (BVerfGE 27, 1 [6]; vgl. auch BVerfGE 5, 85 [204]; 7, 198 [205]; 9, 89 [95]). Damit wird keineswegs lediglich die Richtung angedeutet, in der Fälle der Verletzung der Menschenwürde gefunden werden können. Es ist ein in Art. 1 GG wurzelnder Grundsatz, der unmittelbar Maßstäbe setzt.

BVerfGE 30,25 f. – Entscheidungen des Bundesverfassungsgerichts (BVerfGE). Hrsg. von den Mitgliedern des Bundesverfassungsgerichts. Tübingen: Mohr, 1951 ff.

BUNDESVERFASSUNGSGERICHT
(14. März 1972)

Das Grundgesetz ist eine wertgebundene Ordnung, die den Schutz von Freiheit und Menschenwürde als den obersten Zweck allen Rechts erkennt; sein Menschenbild ist allerdings nicht das des selbstherrlichen Individuums, sondern das der in der Gemeinschaft stehenden und ihr vielfältig verpflichteten Persönlichkeit.

BVerfGE 33, 10 f. – Entscheidungen des Bundesverfassungsgerichts (BVerfGE). Hrsg. von den Mitgliedern des Bundesverfassungsgerichts. Tübingen: Mohr, 1951 ff.

BUNDESVERFASSUNGSGERICHT
(25. Februar 1975)

Die Entstehungsgeschichte des Art. 2 Abs. 2 Satz 1 GG legt es somit nahe, daß die Formulierung »jeder hat das Recht auf Leben« auch das »keimende« Leben einschließen sollte [...].

Bei den Beratungen des Fünften Strafrechtsreformgesetzes bestand [...] Einigkeit über die Schutzwürdigkeit des ungeborenen Lebens, wobei allerdings die verfassungsrechtliche Problematik nicht abschließend behandelt wurde. In dem Bericht des Sonderausschusses für die Strafrechtsreform zu dem [...] Gesetzentwurf heißt es hierzu u. a.:

»Das ungeborene Leben ist ein Rechtsgut, das geborenem grundsätzlich gleich zu achten ist.

Diese Feststellung versteht sich für das Stadium, in dem das ungeborene Leben auch außerhalb des Mutterleibes lebensfähig wäre, von selbst. Sie ist aber bereits für das frühere etwa mit dem 14. Tag nach der Empfängnis beginnende Entwicklungsstadium gerechtfertigt [...].

Damit verbietet es sich, das ungeborene Leben ab dem Ende der Nidation* zu negieren oder auch nur mit Indifferenz zu betrachten [...].«

[...] Die Pflicht des Staates, jedes menschliche Leben zu schützen, läßt sich deshalb bereits unmittelbar aus Art. 2 Abs. 2 Satz 1 GG ableiten. Sie ergibt sich darüber hinaus auch aus der ausdrücklichen Vorschrift des Art. 1 Abs. 1 Satz 2 GG; denn das sich entwickelnde Leben nimmt auch an dem Schutz teil, den Art. 1 Abs. 1 GG der Menschenwürde gewährt. Wo menschliches Leben existiert, kommt ihm Menschenwürde zu; es ist nicht entscheidend, ob der Träger sich dieser Würde bewußt ist und sie selbst zu wahren weiß. Die von Anfang an im menschlichen Sein angelegten potentiellen Fähigkeiten genügen, um die Menschenwürde zu begründen.

BVerfGE 39,40 f. – Entscheidungen des Bundesverfassungsgerichts (BVerfGE). Hrsg. von den Mitgliedern des Bundesverfassungsgerichts. Tübingen: Mohr, 1951 ff.

BUNDESVERFASSUNGSGERICHT (21. Juni 1977)

Achtung und Schutz der Menschenwürde gehören zu den Konstitutionsprinzipien des Grundgesetzes. Die freie menschliche Persönlichkeit und ihre Würde stellen den höchsten Rechtswert innerhalb der verfassungsmäßigen

* *Nidation:* Einnisten der befruchteten Eizelle in der Gebärmutter.

Ordnung dar (vgl. BVerfGE 6, 32 [41]; 27, 1 [6]; 30, 173 [193]; 32, 98 [108]). Der Staatsgewalt ist in allen ihren Erscheinungsformen die Verpflichtung auferlegt, die Würde des Menschen zu achten und sie zu schützen.

Dem liegt die Vorstellung vom Menschen als einem geistig-sittlichen Wesen zugrunde, das darauf angelegt ist, in Freiheit sich selbst zu bestimmen und sich zu entfalten. Diese Freiheit versteht das Grundgesetz nicht als diejenige eines isolierten und selbstherrlichen, sondern als die eines gemeinschaftsbezogenen und gemeinschaftsgebundenen Individuums (vgl. BVerfGE 33, 303 [334] m.w.N.). Sie kann im Hinblick auf diese Gemeinschaftsgebundenheit nicht »prinzipiell unbegrenzt« sein. Der Einzelne muß sich diejenigen Schranken seiner Handlungsfreiheit gefallen lassen, die der Gesetzgeber zur Pflege und Förderung des sozialen Zusammenlebens in den Grenzen des bei dem gegebenen Sachverhalt allgemein Zumutbaren zieht; doch muß die Eigenständigkeit der Person gewahrt bleiben (BVerfGE 30, 1 [20] – Abhörurteil). Dies bedeutet, daß auch in der Gemeinschaft grundsätzlich jeder Einzelne als gleichberechtigtes Glied mit Eigenwert anerkannt werden muß. Es widerspricht daher der menschlichen Würde, den Menschen zum bloßen Objekt im Staate zu machen (vgl. BVerfGE 27,1 [6] m.w.N.). Der Satz »der Mensch muß immer Zweck an sich selbst bleiben« gilt uneingeschränkt für alle Rechtsgebiete; denn die unverlierbare Würde des Menschen als Person besteht gerade darin, daß er als selbstverantwortliche Persönlichkeit anerkannt bleibt.

BVerfGE 45,227f. – Entscheidungen des Bundesverfassungsgerichts (BVerfGE). Hrsg. von den Mitgliedern des Bundesverfassungsgerichts. Tübingen: Mohr, 1951ff.

BUNDESVERFASSUNGSGERICHT
(17. Januar 1979)

Die Würde des Menschen ist der oberste Wert im grundrechtlichen Wertsystem und gehört zu den tragenden Konstitutionsprinzipien (BVerfGE 6, 32 [36, 41]; 45, 187 [227] m. w. N.). Alle staatliche Gewalt hat sie zu achten und zu schützen (Art. 1 Abs. 1 GG). Dem Menschen kommt in der Gemeinschaft ein sozialer Wert- und Achtungsanspruch zu; deshalb widerspricht es der menschlichen Würde, den Menschen zum bloßen Objekt des Staates zu machen (BVerfGE 27, 1 [6]; 28, 386 [391]; vgl. auch BVerfGE 5, 85 [204] und 7, 198 [205]) oder ihn einer Behandlung auszusetzen, die seine Subjektqualität prinzipiell in Frage stellt (BVerfGE 30, 1 [26]). [...]

BVerfGE 50,175. – Entscheidungen des Bundesverfassungsgerichts (BVerfGE). Hrsg. von den Mitgliedern des Bundesverfassungsgerichts. Tübingen: Mohr, 1951 ff.

BUNDESVERFASSUNGSGERICHT
(20. Oktober 1992)

Mit dem Begriff der Menschenwürde knüpft das Gesetz erkennbar an den Gehalt des Art. 1 Abs. 1 Satz 1 GG an. Das Bundesverfassungsgericht versteht ihn als tragendes Konstitutionsprinzip im System der Grundrechte (vgl. BVerfGE 6, 32 [36, 41]; 45, 187 [227]). Mit ihm ist der soziale Wert- und Achtungsanspruch des Menschen verbunden, der es verbietet, den Menschen zum bloßen Objekt des Staates zu machen oder ihn einer Behandlung auszusetzen, die seine Subjektqualität prinzipiell in Frage stellt. Menschenwürde in diesem Sinne ist nicht nur die individuelle Würde der jeweiligen Person, sondern die Würde des Menschen als Gattungswesen. Jeder besitzt sie, ohne

Rücksicht auf seine Eigenschaften, seine Leistungen und seinen sozialen Status. Sie ist auch dem eigen, der aufgrund seines körperlichen oder geistigen Zustands nicht sinnhaft handeln kann. Selbst durch »unwürdiges« Verhalten geht sie nicht verloren. Sie kann keinem Menschen genommen werden. Verletzbar ist aber der Achtungsanspruch, der sich aus ihr ergibt.

BVerfGE 87,209, I. – Entscheidungen des Bundesverfassungsgerichts (BVerfGE). Hrsg. von den Mitgliedern des Bundesverfassungsgerichts. Tübingen: Mohr, 1951 ff.

BUNDESVERFASSUNGSGERICHT
(28. Mai 1993)

Menschenwürde kommt schon dem ungeborenen menschlichen Leben zu, nicht erst dem menschlichen Leben nach der Geburt oder bei ausgebildeter Personalität [...]; entscheidungserheblich ist [...] der Zeitraum der Schwangerschaft. Dieser reicht nach den [...] Bestimmungen des Strafgesetzbuches vom Abschluß der Einnistung des befruchteten Eies in der Gebärmutter (Nidation; vgl. §218 Abs. 1 Satz 2 StGB in der Fassung des Art. 13 Nr. 1 SFHG) bis zum Beginn der Geburt (vgl. § 217 StGB und dazu BGHSt 32, 194 ff.). Jedenfalls in der so bestimmten Zeit der Schwangerschaft handelt es sich bei dem Ungeborenen um individuelles, in seiner genetischen Identität und damit in seiner Einmaligkeit und Unverwechselbarkeit bereits festgelegtes, nicht mehr teilbares Leben, das im Prozeß des Wachsens und Sich-Entfaltens sich nicht erst zum Menschen, sondern als Mensch entwickelt (vgl. BVerfGE 39, 1 [37]). Wie immer die verschiedenen Phasen des vorgeburtlichen Lebensprozesses unter biologischen, philosophischen, auch theologischen Gesichtspunkten gedeutet werden mögen und in der Geschichte beurteilt worden sind, es handelt sich jedenfalls um unabdingbare Stufen der Entwicklung eines individuellen Menschseins. Wo menschliches Leben existiert, kommt ihm Menschenwürde zu (vgl. BVerfGE 390, 1 [41]).

Diese Würde des Menschseins liegt auch für das ungeborene Leben im Dasein um seiner selbst willen. Es zu achten und zu schützen bedingt, daß die Rechtsordnung die rechtlichen Voraussetzungen seiner Entfaltung im Sinne eines eigenen Lebensrechts des Ungeborenen gewährleistet (vgl. auch BVerfGE 39, 1 [37]). Dieses Lebensrecht, das nicht erst durch die Annahme seitens der Mutter begründet wird, sondern dem Ungeborenen schon aufgrund seiner Existenz zusteht, ist das elementare und unveräußerliche Recht, das von der Würde des Menschen ausgeht; es gilt unabhängig von bestimmten religiösen oder philosophischen Überzeugungen, über die der Rechtsordnung eines religiös-weltanschaulich neutralen Staates kein Urteil zusteht.

BVerfGE 88,203, II. – Entscheidungen des Bundesverfassungsgerichts (BVerfGE). Hrsg. von den Mitgliedern des Bundesverfassungsgerichts. Tübingen: Mohr, 1951 ff.

Gegenwart

Geistig-sittliche Person

Der maßgebliche Kommentator von Artikel 1 des Grundgesetzes im Nachkriegsdeutschland war der Staatsrechtler Günter Dürig (1920–1996). In verschiedenen Beiträgen seit 1952 bis zu seiner Kommentierung der Menschenwürde 1958, in der er diese Idee zum obersten Konstitutionsprinzip des Rechts erklärt, betont Dürig immer wieder: Der Mensch hat Würde als geistig-sittliche Person, die von der Natur abgehoben und befähigt ist, ihr Dasein selbstbestimmt zwischen Individualismus und Gemeinschaftsbindung zu leben. Als solches Wesen besitze der Mensch an sich einen unverlierbaren Eigenwert mit Achtungsanspruch, den selbst Ungeborene, Geisteskranke und sogar Tote besäßen. Auf Dürig geht im wesentlichen die Aufnahme der von Kant erstmals formulierten Objektformel in die Rechtsprechung des Bundesverfassungsgerichts zurück. Ähnlich wie der erste Präsident des Bundesarbeitsgerichts Hans Carl Nipperdey (1895–1968) hält Dürig in einer Zeit, zu der noch über den Zusammenhang von Menschenwürde und Sozialstaat gestritten wurde, die materielle Sicherung von Bürgern, die sich in Notlage befinden und zur Selbstversorgung außerstande sind, für einen Rechtsanspruch, der sich aus der Achtung vor der Menschenwürde ergebe.

Offensichtlich begreift Dürig Menschenwürde gleichermaßen als Wesensmerkmal und als Gestaltungsauftrag.

GÜNTER DÜRIG

Die Menschenauffassung des Grundgesetzes

Das Grundgesetz stellt an seinen Anfang den Satz: »Die Würde des Menschen ist unantastbar«. Dieser in Art. 1 Abs. I enthaltene Satz ist prima facie* in gleicher Weise dazu geeignet, als phrasenhafte Deklamation belächelt zu werden, wie dazu, dem davongekommenen Menschen des zweiten Weltkrieges mit den Waffen des Rechts, als des aktuellsten Zwangsmittels des menschlichen Zusammenlebens, zum »Wiedergewinnen der Mitte« zu verhelfen. »Würde« ist ein Wertbegriff, der einen Wertträger als Subjekt voraussetzt. Eine Aussage, daß dem Menschen unantastbare Würde innewohne, ist also eine Aussage über den Menschen.

[...]

Bis zum Nachweis des Gegenteils muß vermutet werden, daß bewußt oder unbewußt der christliche Persönlichkeitsbegriff in das GG rezipiert wurde. Dieser Persönlichkeitsbegriff aber, der vom Christentum (leider meist in zu zurückhaltender Vornehmheit) auch bereit gehalten wurde, als der seit der Aufklärung bedingungslos gewordene Mensch sich bald maßlos als Übermensch fühlte, bald angstvoll in das Kollektiv flüchtete, beinhaltet seit jeher ein Zweifaches: 1. Der Mensch »ist« Person (Individuum) kraft seines Geistes, der ihn abhebt von der unpersönlichen Natur und ihn aus eigener Entscheidung dazu befähigt, sich selbst bewußt zu werden, sich selbst zu bestimmen und sich selbst zu gestalten.

Aber

2. Bereits in dieser Seinsordnung »ist« die Person nicht nur und erkennt sich nicht nur, wie ein theoretisches Subjekt Objekte erkennt, sondern steht sie wesensmäßig bereits in Beziehung zu Werten. Im Dialog mit dem ewigen

* *prima facie:* auf den ersten Blick.

»Du« Gottes, dem »Du« des Mitmenschen und dem »Wir« der Gemeinschaft, in deren »Koexistenz« die Person nur »existiert«, erkennt sie erst, daß sie Person ist. Bejaht die Person aus innerer Freiheit diese Werte und dient sie ihnen, dann reift die Person zur »Persönlichkeit« [...].

[...] So richtig an sich die Feststellung [...] ist, daß es die Würde des Menschen ausmache, »Träger höchster geistig-sittlicher Werte zu sein und einen Eigenwert zu verkörpern, der unverlierbar und jedem Anspruch der Gemeinschaft und Gesellschaft gegenüber eigenständig und unantastbar« sei, so groß ist hierbei die Gefahr, den Satz von der Würde der menschlichen Persönlichkeit, gerade weil er als Reaktion gegen den Kollektivismus entstanden ist, zur magna charta* des Individualismus zu machen. Mitgedacht muß immer die Erkenntnis werden, daß es unlösbar zu dem, was das Wesen des Menschen als Persönlichkeit ausmacht, was seine Würde ausmacht, worin sein sittlicher Eigenwert besteht, gehört, in innerlich begründeter Bindung zur Gemeinschaft zu stehen. Würde haben heißt Persönlichkeit sein. Aber Persönlichkeitsein und in Ganzheitsverbindung stehen, Persönlichkeitsein und Verantwortlichsein, Persönlichkeitsein und dem Gemeinwohl dienen, sind ein und dasselbe.

Günter Dürig: Die Menschenauffassung des Grundgesetzes. In: Juristische Rundschau 7 (Juli 1952), S. 259–261. –

* *magna charta:* wörtl. »großer Freibrief«, speziell: Vertrag von 1215 zwischen König und revoltierendem Adel (wichtige Rechtsquelle).

GÜNTER DÜRIG

Der Grundrechtssatz von der Menschenwürde

Die unantastbare Menschenwürde als Grundlage eines Wertsystems

In der Erkenntnis, daß die Verbindlichkeit und die verpflichtende Kraft auch einer Verfassung letztlich nur in objektiven *Werten* begründet sein kann, hat sich der Grundgesetzgeber, nachdem ein Hinweis auf Gott als den Urgrund alles Geschaffenen nicht durchgesetzt werden konnte, zum sittlichen Wert der Menschenwürde bekannt. [...]

Ein Wert läßt sich im rechtlichen Zusammenleben der Menschen nur verwirklichen, d h. in der Ebene des rechtlichen Sollens realisieren, wenn er als auf ein Verhaltensollen Außenstehender gerichteter Wert*anspruch* des Wertträgers erscheint. Wie schon die Formulierung: »Die Würde des Menschen ist unantastbar« zeigt, ist dieser Eigenwert als etwas immer Seiendes, als etwas unverlierbar und unverzichtbar immer *Vorhandenes* gedacht, so daß von vornherein der Wertanspruch des Wertträgers *nicht* darauf gerichtet sein kann, ihm durch positives Tun diesen Wert zu *verschaffen*. Dieser Wertanspruch ist begrifflich zunächst reiner Unterlassungsanspruch und geht auf *»Nichtantasten«*, also auf *»Achten«* der Menschenwürde*.

[...]

Der sittliche Anspruch auf Achtung der Menschenwürde ist [...] – wie die in Satz 2 festgelegte staatliche *Achtungs*pflicht verdeutlicht – gegenüber politischen und rechtlichen Eingriffen des *Staates* als eigenständig aner-

* Vgl. *BVerfGE* 1,97 (104): »Wenn Art. 1 Abs. 1 GG sagt, ›die Würde des Menschen ist unantastbar‹, so will er sie nur negativ gegen Angriffe abschirmen.« [Anm. G. Dürig.]

kannt, gleichzeitig aber auch im bisherigen *individual-* und *sozialethischen* Bereich verrechtlicht worden. Daher muß folgerichtig in dem gegen den Staat gerichteten Achtungsanspruch auch ein gegen den Staat gerichteter Anspruch auf das *positive Tun des Abwehrens* enthalten sein für Fälle, in denen der Achtungsanspruch aus der *außer*staatlichen Sphäre heraus (sei es durch einzelne Private, sei es durch gesellschaftliche Kollektive, sei es durch *fremde* Staaten) angegriffen wird. So ist die in Satz 2 außer der staatlichen Achtungspflicht anerkannte *Schutz*verpflichtung der staatlichen Gewalt nichts anderes als die Bestätigung dafür, daß die Menschenwürde einen *absoluten*, d.h. gegen alle möglichen Angreifer gerichteten Achtungsanspruch darstellt. Dabei ist nochmals zu betonen, daß auch das positive Tun des »Schützens« *abwehrende* Staatstätigkeit und nicht positive *Gestaltung* ist. [...]

Die Menschenwürde als solche

1. Die *normative* Aussage des objektiven Verfassungsrechts, daß die Würde des Menschen unantastbar ist, beinhaltet eine Wertaussage, der ihrerseits aber eine Aussage über eine *Seins*gegebenheit zugrundeliegt. Diese Seinsgegebenheit, die unabhängig von Zeit und Raum »ist« und rechtlich verwirklicht werden »soll«, besteht in folgendem: *Jeder Mensch ist Mensch kraft seines Geistes, der ihn abhebt von der unpersönlichen Natur und ihn aus eigener Entscheidung dazu befähigt, seiner selbst bewußt zu werden, sich selbst zu bestimmen und sich und die Umwelt zu gestalten*. Diese Menschenauffassung, auf die sich die Verfassungsgeber geeinigt haben, weil sie für die Rechtsanwender aller geistigen und weltanschaulichen Richtungen gedanklich vollziehbar ist, enthält in sich wiederum zwei weitere seinsmäßig voneinander nicht zu trennende Teilgegebenheiten, denen dann normativ in Art. 2 I und 3 GG

durch »Hauptgrundrechte« Rechnung getragen wird. Das ist einmal die Gegebenheit, daß der Mensch *frei* ist (sich und die Umwelt zu gestalten); zum anderen die Gegebenheit, daß *jeder* Mensch diese Freiheit hat, insoweit also *gleich* ist.

2. Ehe man sich müht, den in der Freiheit des Menschen bestehenden Eigenwert inhaltlich zu erfassen, muß man erkennen, daß eine Freiheit »des« Menschen zur Selbst- und Umweltgestaltung, die für alle *gleich* gedacht ist, denknotwendig nur eine abstrakte Freiheit, d.h. eine *Freiheit als solche* sein kann, die »dem Menschen an sich« eigen ist. Der *allgemein* menschliche Eigenwert der Würde kann somit von vornherein nicht in der jederzeitigen gleichen *Verwirklichung* beim konkreten Menschen bestehen, sondern in der gleichen abstrakten *Möglichkeit* (potenziellen Fähigkeit) zur Verwirklichung.

Das bedeutet im einzelnen:

a) Der allgemein menschliche Eigenwert der Würde ist auch als vorhanden zu denken, wenn ein *konkreter* Mensch (etwa der Geisteskranke) die Fähigkeit zur freien Selbst- und Lebensgestaltung *von vornherein nicht hat.*

b) Der allgemein menschliche Eigenwert der Würde ist auch vorhanden, wenn der konkrete Mensch (etwa der Verbrecher) die Möglichkeit der Freiheit zur Selbsterniedrigung *mißbraucht* (und gerade diese freie Möglichkeit zur Selbsterniedrigung – ein Vorgang, der etwa in der Tierwelt undenkbar ist – beweist diese dem Menschen eigene, seine Würde ausmachende Möglichkeit zur freien Selbstgestaltung).

c) Da der allgemein menschliche Eigenwert der Würde unabhängig von der Verwirklichung beim konkreten Menschen ist, kann ein staatlicher Angriff die Menschenwürde als solche auch verletzen, selbst wenn der konkrete Mensch mit einem Angriff auf seine Fähigkeit, sich frei zu entscheiden, *einverstanden* ist. (Z.B. ändert daher auch das Einverständnis des Angeklagten, an sich »Wahrheitsdrogen« anwenden zu lassen, nichts am Verfassungsunrecht dieser Wahrheitsermittlung, vgl. unten 3 b aa.)

d) Da der allgemein menschliche Eigenwert der Würde unabhängig von der Realisierung beim konkret existierenden Menschen ist, kann ein Angriff die Menschenwürde als solche auch verletzen, wenn der konkrete Mensch *noch nicht geboren oder bereits tot ist.* Es ist eine unrichtige Fragestellung zivilrechtlichen Anspruchsdenkens, wenn man danach fragt, von wann ab und bis wann der konkrete Mensch im juristischen Sinne als Träger eigenen Rechts am Wertschutz des Art. 1 I teilhat. Wer von Menschen gezeugt wurde und wer Mensch war, nimmt an der Würde »des Menschen« teil. Auch die Beschränkung auf die konkrete »Fähigkeit zum geistig-seelischen Werterlebnis« verkennt die existentielle Geworfenheit des Menschen in den irrationalen Strom des Menschengeschlechts.

aa) Auch dem *nasciturus** und dem *monstrum*** kommt – schon der Mutter wegen – Menschenwürde zu. Das vom Staat geduldete oder gar legalisierte Töten des Kindes im Mutterleib ist ebenso Verfassungsunrecht wie die Vernichtung von Monstren als »lebensunwert«.

bb) Auch auf den *menschlichen Leichnam* wirkt demnach die Würde des Menschen zurück. Das industrielle Verwerten des menschlichen Leichnams verletzt nach hier vertretener Auffassung die Menschenwürde ebenso wie die Auffüllung der anatomisch sezierten Leiche mit Meerschweinchen. Gerade die Sektionsproblematik harrt im übrigen noch einer modernen Untersuchung. Wenn die Modalitäten »menschenwürdig« sind, wird man dem tiefen Grundsatz: »Der Lebende hat recht« folgen müssen, wird also die völlige Integrität des menschlichen Leichnams dem medizinischen Forschungsbedürfnis zum Heil der Lebenden opfern müssen.

* *nasciturus:* hier: ungeborenen Leben.
** *monstrum:* hier: Behinderten.

e) Da der Angriff auf die Menschenwürde als solche nicht im Angriff auf die Würde des konkreten Menschen selbst zu bestehen braucht, in der Regel nur am konkreten Menschen erkennbar (und damit rechtlich abwehrbar) wird, ist die *konkrete Form* (das »Tierische« und »Unmenschliche«) des Angriffs nur ein (allerdings kaum trügendes) Indiz für die abstrakte Verletzung der Menschenwürde. Insbesondere ist nicht entscheidend, ob das Opfer »leidet«. Auch die schmerzloseste Tötung Geisteskranker ist selbstverständlich Mißachtung der Menschenwürde als solcher.

3. *Die Menschenwürde als solche ist getroffen, wenn der konkrete Mensch zum Objekt, zu einem bloßen Mittel, zur vertretbaren Größe herabgewürdigt wird.* Am besten zeigt vielleicht der entsetzlich an technische Vorstellungen angelehnte Wortschatz unserer materialisierten Zeit, worum es in Art. 1 I geht. Es geht um die Degradierung des Menschen zum Ding, das total »erfaßt«, »abgeschossen«, »registriert«, »im Gehirn gewaschen«, »ersetzt«, »eingesetzt« und »ausgesetzt« (d. h. vertrieben) werden kann.

[...]

b) Es verstößt gegen die Menschenwürde als solche, wenn der konkrete Mensch zum *Objekt eines staatlichen Verfahrens* gemacht wird.

aa) Der Schulfall ist hier die *Wahrheitsermittlung* der Strafjustiz (aber auch bereits der Polizei) durch physischen Zwang und vor allem durch die Anwendung chemischer oder psychotechnischer Mittel, die den Menschen in den Zustand ausgeschlossener oder beeinträchtigter Willensfreiheit versetzen und ihn als »Registriermaschine« seiner Wahrnehmungen verwenden. [...]

bb) Eine Auslieferung des Menschen an ein staatliches Verfahren und eine Degradierung zum Objekt dieses Verfahrens wäre die *Verweigerung des rechtlichen Gehörs.* [...]

Die Menschenwürde als solche ist auch getroffen, wenn

der Mensch gezwungen ist, *ökonomisch unter Lebensbedingungen* zu existieren, die ihn zum Objekt erniedrigen. [...] Ohne ein Minimum an äußeren materiellen Leibes- und Lebensbedingungen hat der Mensch als solcher nicht das, was seine Würde ausmacht, nämlich die Fähigkeit, sich in freier Entscheidung über die unpersönliche Umwelt zu erheben. Er lebt nicht, er vegetiert. Gewiß kann der konkrete Mensch den höchsten Grad der sittlichen Vervollkommnung erreichen, indem er (und vielleicht gerade weil er) ohne materielle Gütersubstanz auskommt; der Mensch als solcher aber ist ohne diese äußere Gütersubstanz, die seine *Vollexistenz* ermöglicht, nicht denkbar, und die Freiheit zur Daseins*entfaltung* wird zur Phrase, wenn sie nicht auf der Möglichkeit der ökonomischen Daseins*erhaltung* aufbaut.

Günter Dürig: Der Grundrechtssatz von der Menschenwürde: In: Archiv des öffentlichen Rechts. Hrsg. von W. Grewe [u.a.]. Bd. 81 (42. Bd. der N.F.). Glashütten i.T.: Auvermann, 1971. S. 117f., 125–132.

Geschöpf Gottes

Die beiden großen christlichen Kirchen knüpfen in ihrer Bestimmung der Würde an eine zwei Jahrtausende alte Tradition an, in welcher der Eigenwert des Menschen auf dessen Gottebenbildlichkeit gegründet wird.

In der *Erklärung über die Religionsfreiheit* bzw. *Menschenwürde (Dignitatis humanae)* bekennt sich die katholische Kirche im Zweiten Vatikanischen Konzil (1962–1965) erstmals in ihrer langen Geschichte zum Recht auf Religionsfreiheit als Teil der allgemeinen Freiheit, die Ausdruck menschlicher Würde sei.

Im *Katholischen Katechismus* wird die Freiheit in der vernunftbegabten Geistseele verankert, die als Gottes Ebenbild die Würde begründe. Hierauf lässt sich, so der

Katechismus, der Anspruch des Menschen auf Achtung zurückführen, zu dem auch eine ausreichende Versorgung bei materieller Not sowie soziale Gerechtigkeit gehörten.

Obgleich der *Katholische* mit dem *Evangelischen Katechismus* in der Frage der Menschenwürde weitgehend übereinstimmt, ist doch ein wesentlicher Unterschied unverkennbar: Die evangelische Kirche verzichtet auf die metaphysische Idee der vernunftbegabten Geistseele und spricht allgemein von der kreatürlichen Unverfügbarkeit des Menschen, dessen auf die Gottebenbildlichkeit gegründete Würde sich noch am ehesten durch die Menschenrechte konkretisieren ließe.

Beide Kirchen sehen in der Menschenwürde ein Wesensmerkmal und einen Gestaltungsauftrag.

KARL RAHNER / HERBERT VORGRIMLER

Die Erklärung über die Religionsfreiheit »Dignitatis humanae«

Die Würde der menschlichen Person kommt den Menschen unserer Zeit immer mehr zum Bewußtsein, und es wächst die Zahl derer, die den Anspruch erheben, daß die Menschen bei ihrem Tun ihr eigenes Urteil und eine verantwortliche Freiheit besitzen und davon Gebrauch machen sollen, nicht unter Zwang, sondern vom Bewußtsein der Pflicht geleitet. In gleicher Weise fordern sie eine rechtliche Einschränkung der öffentlichen Gewalt, damit die Grenzen einer ehrenhaften Freiheit der Person und auch der Gesellschaftsformen nicht zu eng umschrieben werden. Diese Forderung nach Freiheit in der menschlichen Gesellschaft bezieht sich besonders auf die geistigen Werte des Menschen und am meisten auf das, was zur freien Übung der Religion in der Gesellschaft gehört. [...]

Allgemeine Grundlegung der Religionsfreiheit

Das Vatikanische Konzil erklärt, daß die menschliche Person das Recht auf religiöse Freiheit hat. Diese Freiheit besteht darin, daß alle Menschen frei sein müssen von jedem Zwang sowohl von seiten Einzelner wie gesellschaftlicher Gruppen, wie jeglicher menschlichen Gewalt, so daß in religiösen Dingen niemand gezwungen wird, gegen sein Gewissen zu handeln, noch daran gehindert wird, privat und öffentlich, als einzelner oder in Verbindung mit anderen – innerhalb der gebührenden Grenzen – nach seinem Gewissen zu handeln. Ferner erklärt das Konzil, das Recht auf religiöse Freiheit sei in Wahrheit auf die Würde der menschlichen Person selbst gegründet, so wie sie durch das geoffenbarte Wort Gottes und durch die Vernunft selbst erkannt wird. Dieses Recht der menschlichen Person auf religiöse Freiheit muß in der rechtlichen Ordnung der Gesellschaft so anerkannt werden, daß es zum bürgerlichen Recht wird.

Karl Rahner / Herbert Vorgrimler: Kleines Konzilskompendium. Sämtliche Texte des Zweiten Vatikanums. Mit einem Nachtrag vom Oktober 1968: Die nachkonziliare Arbeit der römischen Kirchenleitung. Freiburg i. Br. [u.a.]: Herder, [35]2008. S. 661–663. –

ECCLESIA CATHOLICA – KATECHISMUS DER KATHOLISCHEN KIRCHE

Die Würde des Menschen

Die Würde des Menschen wurzelt in seiner Erschaffung nach Gottes Bild und Ähnlichkeit (Artikel 1); sie kommt in seiner Berufung zur Seligkeit Gottes zur Vollendung (Artikel 2). Aufgabe des Menschen ist es, in Freiheit auf diese Vollendung zuzugehen (Artikel 3). Durch seine bewußten Handlungen (Artikel 4) richtet sich der Mensch nach dem von Gott versprochenen und durch sein Gewissen bezeugten Guten aus oder wendet sich dagegen (Artikel 5). Der Mensch leistet einen eigenen Beitrag zu seinem inneren Wachstum; er macht sein ganzes Sinnes- und Geistesleben zum Mittel dieses Wachstums (Artikel 6). Mit Hilfe der Gnade wächst er in der Tugend (Artikel 7), meidet die Sünde und gibt sich, wenn er dennoch sündigt, wie der verlorene Sohn dem Erbarmen des himmlischen Vaters anheim (Artikel 8). So gelangt er zur vollkommenen Liebe.

Artikel 1
Der Mensch: Gottes Ebenbild

[...]

Weil er eine »geistige und unsterbliche Seele« besitzt (GS 14), ist »der Mensch ... auf Erden das einzige Geschöpf ... das Gott um seiner selbst willen gewollt hat« (GS 24,3). Schon von seiner Empfängnis an ist er für die ewige Seligkeit bestimmt.

Der Mensch hat am Licht und an der Kraft des göttlichen Geistes teil. Durch seine Vernunft ist er fähig, die vom Schöpfer in die Dinge hineingelegte Ordnung zu verstehen. Durch seinen Willen ist er imstande, auf sein wahres Heil zuzugehen. Er findet seine Vollendung in der »Suche und Liebe des Wahren und Guten« (GS 15,2).

Dank seiner Seele und seiner geistigen Verstandes- und Willenskraft ist der Mensch mit Freiheit begabt, die »ein erhabenes Kennzeichen des göttlichen Bildes im Menschen« ist (GS 17).

Durch seine Vernunft vernimmt der Mensch die Stimme Gottes, die ihn drängt, »das Gute zu lieben und zu tun und das Böse zu meiden« (GS 16). Jeder Mensch ist zum Gehorsam gegenüber diesem Gesetz verpflichtet, das im Gewissen ertönt und in der Liebe zu Gott und zum

Nächsten erfüllt wird. Im sittlichen Handeln zeigt sich die Würde des Menschen.

[...]

Artikel 3
Die Freiheit des Menschen

[...]

Freiheit wird in zwischenmenschlichen Beziehungen ausgeübt. Jeder Mensch hat das natürliche Recht, als ein freies, verantwortliches Wesen anerkannt zu werden, weil er nach dem Bilde Gottes geschaffen ist. Alle Menschen sind einander diese Achtung schuldig. *Das Recht, die Freiheit auszuüben*, ist untrennbar mit der Würde des Menschen verbunden, besonders in sittlichen und religiösen Belangen. Dieses Recht muß durch die staatliche Gesetzgebung anerkannt und innerhalb der Grenzen des Gemeinwohls und der öffentlichen Ordnung geschützt werden.

[...]

Artikel 11
Die soziale Gerechtigkeit

I Die Achtung der menschlichen Person

[...]

Zur Achtung der menschlichen Person gehört auch die Achtung der Rechte, die sich aus ihrer Würde als Geschöpf ergeben. Diese Rechte leiten sich nicht von der Gesellschaft ab und sind von ihr anzuerkennen. Sie bilden die Grundlage für die sittliche Berechtigung jeder Autorität. Eine Gesellschaft, die diese Rechte mit Füßen tritt oder sich weigert, sie in ihrer positiven Gesetzgebung anzuerkennen, untergräbt ihre eigene sittliche Rechtmäßigkeit. Wenn eine Autorität die Person nicht achtet, kann sie sich nur auf Macht oder Gewalt stützen, um ihre Untergebenen zum Gehorsam zu bringen. Die Kirche muß die Menschen guten Willens an diese Rechte erinnern und diese von mißbräuchlichen oder falschen Forderungen unterscheiden.

Um die menschliche Person zu achten, muß man sich an den Grundsatz halten, daß »alle ihren Nächsten ohne Ausnahme als ein *anderes Ich* ansehen müssen, indem sie vor allem auf sein Leben und die notwendigen Mittel, um es würdig zu führen, bedacht sind« (GS27,1). Keiner Gesetzgebung wird es von sich aus gelingen, die Ängste und Vorurteile, die überheblichen und egoistischen Haltungen zu beseitigen, die das Entstehen wahrhaft brüderlicher Gesellschaften behindern. Solche Verhaltensweisen werden nur durch die christliche Liebe überwunden, die in jedem Menschen einen »Nächsten«, einen Bruder oder eine Schwester erblickt.

[...]

II Gleichheit und Verschiedenheit der Menschen

Weil alle Menschen nach dem Bilde des einzigen Gottes geschaffen und mit der gleichen vernunftbegabten Seele ausgestattet sind, haben sie die gleiche Natur und den gleichen Ursprung. Da sie durch das Opfer Christi erlöst wurden, sind alle berufen, an der gleichen göttlichen Seligkeit teilzuhaben. Alle Menschen erfreuen sich somit der gleichen Würde.

Ecclesia Catholica: Katechismus der katholischen Kirche. München [u. a.]: Oldenbourg, 1993. S. 457f., 463f., 501f. –

EVANGELISCHER ERWACHSENENKATECHISMUS

Menschenwürde

In dem Bekenntnis zur unantastbaren Würde des Menschen, mit dem unser Grundgesetz (Art. 1,1) beginnt, stoßen wir auf eine grundlegende sozialethische Konsequenz der Rechtfertigungsbotschaft. »Menschenwürde« bezeichnet das Anrecht auf Achtung, das jedem Menschen als Mensch mit seinem Dasein zukommt, das ihm weder von anderen Menschen erst verliehen wird (und darum auch wieder entzogen werden könnte), noch von ihm erst erworben und verdient werden muss (und darum auch wieder verloren gehen könnte). Fragt man, woraufhin Menschen diese Würde zukommt, so sprechen Juristen manchmal von einer »Mitgift« und verweisen damit indirekt auf den transzendenten Ursprung, den der Glaube unbefangen mit dem Namen »Gott« bezeichnet. Jede andere Begründung der Menschenwürde steht in der Gefahr, ihr Vorhandensein von bestimmten Merkmalen, Fähigkeiten, Leistungen oder Zuschreibungen abhängig zu machen, die bei einzelnen Menschen auch fehlen könnten und damit die Menschenwürde in Frage stellen würden. Demgegenüber hat der christliche Glaube eine natürliche Nähe zum Grundsatz der Menschenwürde, der in den biblischen Schriften zwar nicht als Begriff vorkommt, wohl aber in der Rede von der »Gottebenbildlichkeit« jedes Menschen (1. Mose 1, 26f.) oder von der »Ehre und Herrlichkeit« (Psalm 8,6), mit der Gott den Menschen ausgestattet und »gekrönt« hat, der Sache nach enthalten ist.

Dabei gilt für die Menschenwürde ebenso wie für Rechtfertigung, dass ihre heilsame, rettende Bedeutung dort am klarsten zum Ausdruck kommt und am hellsten erstrahlt, wo Menschen mit ihrem Leben aus eigener Kraft nicht zurechtkommen, wo sie gescheitert sind, wo sie verloren zu gehen drohen, oder wo sie Angriffen von außen schutz- und hilflos ausgesetzt oder ausgeliefert sind. So wichtig gerade in solchen Lebenssituationen die Erkenntnis und Erfahrung von der Unantastbarkeit der Menschenwürde ist, so wichtig ist aber auch das Gebot, die Menschenwürde zu achten und zu schützen, das in unserem Grundgesetz unmittelbar auf jenes Bekenntnis zur unantastbaren Menschenwürde folgt. Im Grundgesetz bezieht sich diese Verpflichtung verständlicherweise nur auf »alle staatliche Gewalt«, im alltäglichen Zusammenleben gilt sie hingegen ganz umfassend für jeden Menschen in seiner Beziehung zu seinen Mitmenschen – und zu sich selbst.

Andreas Brummer / Manfred Kießig / Martin Rothgangel (Hrsg.): Evangelischer Erwachsenenkatechismus (EEK). 8., neu bearb. und erg. Aufl. München, Gütersloher Verlagshaus, 2010. S. 313 f. –

Herausgehoben aus der Natur

Der Staatsrechtler Martin Kriele (geb. 1931) versteht den modernen Naturalismus als Bedrohung der Menschenwürde im 20. Jahrhundert. Dem Naturalismus nach ist der Mensch letztlich nichts als ein Naturwesen unter anderen. Demgegenüber verteidigt Kriele die Sichtweise der Aufklärung, entsprechend der der Mensch ein aus der Natur herausragendes und mit Freiheit begabtes Vernunftwesen sei. Jedoch bleibt er hier nicht stehen, sondern geht noch einen Schritt weiter: Die Vernunftphilosophie allein kann, so Kriele, der Wesenswürde kein tragfähiges Fundament geben, sondern erst der christliche Glaube mit der Vorstellung von der Geschöpflichkeit und Gottebenbildlichkeit des Menschen. Nur hierdurch lässt sich die Wesenswürde und der sich daraus ergebende Anspruch auf Achtung stichhaltig begründen.

MARTIN KRIELE

Befreiung und politische Aufklärung

Zum Zusammenhang von Freiheit und Menschenwürde

[...] Was ist der menschlichen Natur gemäß?

An diese Frage kann man auf zweierlei Weise herangehen: Man kann den Menschen entweder *»naturalistisch«*, also empirisch-biologisch in den Blick nehmen, als ein komplexes Tier mit besonderen Eigenschaften, insbesondere mit wissenschaftlich-technischem und organisatorischem Verstand, oder man kann in den Begriff Natur des Menschen die *Ideale menschlicher Selbstverwirklichung* hineinnehmen, unabhängig davon, wie oft und wie weit die Ideale verwirklicht werden. In diesem Falle orientiert sich der Begriff an individuellen Vorbildern, z.B. an den Weisen, den Liebenden, den Schöpferischen, den Helfenden, den Opferbereiten, den nach Wahrheit und Gerechtigkeit Strebenden usw. In diesem Sinne umgreift der Begriff das geistige, religiöse, sittliche, rechtliche, künstlerische, kulturelle Leben, kurz alles, was die Menschen als gut, schön, wahr, heilig, gerecht usw. ansahen und ansehen, als im Menschen liegende Möglichkeiten, deren Aktualisierung erstrebenswert sei.

Die politische Aufklärung entwickelte sich aus der »ideellen« Naturrechtslehre. Ihr Dreh- und Angelpunkt war die *Menschenwürde*. Diese ist nämlich der Grund dafür, daß es überhaupt eine *Verpflichtung gegenüber dem Menschen* gibt. Das Wort bringt zum Ausdruck, daß der Mensch zwar auch, aber nicht nur im »naturalistischen« Sinn zu verstehen ist und daß er deshalb nicht so wie alle übrige Natur Objekt des Handelns sein darf. Er sei vielmehr stets zugleich als Subjekt zu achten. Politisch ergab sich daraus die Forderung nach Freiheit als Bedingung der Möglichkeit, daß jeder Mensch gleichermaßen seine jeweils besten Fähigkeiten entwickeln kann. Der oberste Grundsatz der politischen Aufklärung lautete deshalb: *Jeder Mensch hat gleichen Anspruch auf Freiheit und Menschenwürde.* [...]

Die Freiheit wurde von der Aufklärung als eine bedingte und begrenzte verstanden: Freiheitsbeschränkungen gelten als gerechtfertigt, wenn sie erforderlich sind zur Herstellung der *gleichen Freiheit anderer.* Die Balance zwischen Freiheit und Freiheitsbeschränkung sollte durch die Bedingungen definiert werden, unter denen »die Freiheit des einen mit der Freiheit aller anderen zusammenbestehen kann« *(Kant).* Geht es aber um die gleiche Freiheit eines jeden, so folglich nicht um die Freisetzung des egoistischen Macht- und Interessenkampfes, die die Schwächeren ihrer Freiheit berauben würden, sondern um die Gestaltung von sozialen Rechtsgemeinschaften, die die Freiheit eines jeden beschützen und die die Nationen in demokratischer Selbstbestimmung, je nach ihren Eigenarten, Traditionen und Charakterzügen frei sollen bilden können. Zur Idee der Freiheit gehört die Verpflichtung gegenüber der Würde des anderen, also die politische, soziale, *sittliche Verantwortung.* Beides gehört zusammen: Freiheit zerstört sich selbst ohne ihre Ergänzung durch die Verantwortung. Verantwortliches Handeln aber setzt Freiheit voraus.

Die Wurzel der Menschenwürde

Die Aufklärer konnten also die Natur des Menschen nicht bloß empirisch-biologisch verstehen. Vor dem Hintergrund einer ausschließlich naturalistischen Betrachtungsweise verlöre der Begriff »Menschenwürde« seinen spezifischen Inhalt, und die unbedingte Verpflichtung zur Respektierung der Menschenwürde ließe sich nicht begründen. Warum soll die Menschenwürde respektiert werden? *Kant* faßte die sittliche Verbindlichkeit, auf die sich alle aufklärerische Ethik zurückführen ließ, in dem Grundsatz zusammen, daß der Mensch als Mensch Achtung verdient, daß er niemals nur als Mittel, sondern immer auch als Zweck angesehen werden soll. Warum verdient er diese Achtung? [...]

[...] Die Idee der Menschenwürde hat [...] geistesgeschichtliche Wurzeln im *stoischen Naturrecht** und in der *christlichen Lehre*, daß alle Menschen Ebenbild Gottes sind, Söhne desselben Vaters, und insofern alle prinzipiell gleichberechtigte Brüder.

[...] Die Idee selbst ist [...] ohne ihre metaphysischen und religiösen Wurzeln nicht zu begreifen.

In der christlich geprägten Tradition sprach man von der Gottebenbildlichkeit des Menschen. [...] Für die Aufklärer des 18. Jhs. schwang im Begriff der Menschenwürde der Rest einer religiösen Erinnerung mit, einer Vorstellung, daß der Mensch ein ewiges, in seiner Geistigkeit unzerstörbares Wesen sei, dessen Leben auf Erden einen über die Erde hinausweisenden Sinn hat. Was die politische Aufklärung trug, war diese Erinnerung oder zumindest die *Erinnerung an die Erinnerung*: eine bis zur bloßen »Ahnung«, zur Ehrfurcht und sittlichen Pflichtenlehre verdünnte Metaphysik, die aber von den Aufklärern in ihrem letzten Kern nie ganz aufgegeben wurde.

Martin Kriele: Befreiung und politische Aufklärung. Plädoyer für die Würde des Menschen. 2., erw. Aufl. Freiburg i.Br.: Herder, 1986. S. 49, 52–55. – Mit Genehmigung von Martin Kriele, Möggers.

* Vgl. Cicero, im vorliegenden Band S. 33ff.

Mehr Vernunftwesen als Lebewesen

Der Philosoph Robert Spaemann (geb. 1927) stellt die unterschiedlichen Erscheinungsweisen des Würdephänomens dar und verteidigt die Idee der Wesenswürde, die dem Menschen vom Augenblick der Empfängnis an zukommt. In kritischer Auseinandersetzung mit dem Naturalismus definiert Spaemann den Menschen an sich als ein Vernunftwesen mit Eigenwert. Seine Vernünftigkeit äußert sich in der Fähigkeit, zu sich selbst auf Distanz zu gehen, mit den Augen der anderen sich zu sehen und diese als gleichrangig einstufen zu können. Solche Selbstrelativierung ist höchster Ausdruck menschlicher Freiheit, die den besonderen Wert des Menschen anzeigt.

Für Spaemanns Position ist eine merkwürdige Zweideutigkeit charakteristisch: Einerseits sieht er den besonderen Wert des Menschen in dessen Vernunft und Freiheit, andererseits soll sich der Eigenwert des Menschen nur religiös-metaphysisch begreifen lassen. Demgemäß gründet Spaemann einerseits die menschliche Würde auf Freiheit und Vernunft, andererseits auf Gott. Zwar könnten Menschen auch ohne religiöse Überzeugung die Menschenwürde achten, aber sie nicht schlüssig begründen. Indem Spaemann wie Kriele die als Gestaltungsauftrag und Wesensmerkmal vorgestellte Menschenwürde mit ihren religiösen Wurzeln verbindet, befördert er jene umstrittene These, die auch von vielen Religionsvertretern gerne wiederholt wird, dass die Menschenwürde ohne religiöses Fundament haltlos bleibt und ohne Gottvertrauen erodieren muss. Auf diese Weise geht Spaemann hinter die Aufklärungsphilosophie zurück.

ROBERT SPAEMANN

Über den Begriff der Menschenwürde

Wie verhalten sich Menschenwürde und Menschenrecht zueinander? Gibt es ein Recht auf Würde? Oder ist umgekehrt Würde die Grundlage jeden Rechtes? Zweifellos ist der Gedanke der Menschenwürde älter als der des Menschenrechtes. Was das Wort »Würde« meint, ist begrifflich deshalb schwer zu fassen, weil es eine undefinierbare, einfache Qualität meint. Deren intuitive Erfassung kann nur durch Hinweis auf Beispiele oder durch Paraphrasen erleichtert werden. Und es ist ferner charakteristisch für Urphänomene dieser Art, daß sie nicht nur in *einem* Bereich der Wirklichkeit, sondern auf analoge Weise in den am meisten auseinanderliegenden Regionen anschaubar werden. Von Würde sprechen wir in bezug auf einen Löwen oder ein Zeburind* ebenso wie mit Bezug auf eine jahrhundertealte alleinstehende Eiche. Andererseits sprechen wir von der verliehenen Würde eines Königs, aber zugleich auch von der Würde oder Würdelosigkeit, mit der er die verliehene Würde trägt. Shakespeares »Jeder Zoll ein König«** meint eine solche Entsprechung von Person und Amt [...].

[...] Würdelosigkeit im negativen Sinne ist eine Eigenschaft, die nur den Handlungen und Haltungen von Personen zukommt, also von freien Wesen, denen wir einen gewissen Grad von Würde zumuten, um uns nicht peinlich berührt zu finden und uns für sie zu schämen. Ressentiment, Haß, Fanatismus sind intuitiv der Würde entgegengesetzte Haltungen, die gezielte Erniedrigung eines Schwächeren ist ebenso eine würdelose Handlung wie das Kriechen vor dem Stärkeren. Die Würde des Menschen ist in dem Sinne unantastbar, daß sie von außen nicht geraubt

* *Zeburind:* Buckelrind, indisches Hausrind.

** *Jeder Zoll ...: King Lear*, 4. Akt.

werden kann. Man kann nur selbst die eigene Würde verlieren. Von anderen kann sie nur insoweit verletzt werden, als sie nicht respektiert wird. Wer sie nicht respektiert, nimmt nicht dem anderen seine Würde, sondern er verliert die eigene. Nicht Maximilian Kolbe* und nicht Kaplan Popieluszko** haben ihre Würde verloren, sondern deren Mörder.

Was den anderen allerdings genommen werden kann, ist die Möglichkeit der Würdedarstellung. Wenn das römische Recht es verbot, römische Bürger zu kreuzigen, so nicht nur deshalb, weil ein Kreuzestod qualvoller ist als die Enthauptung, sondern vor allem, weil sie den Exekutierten in eine Haltung zwingt, die ihn den Blicken aller preisgibt, ohne die Möglichkeit irgendeiner Weise der Selbstdarstellung. [...]

Was ist denn in den vielfältigen Erscheinungsweisen des Würdephänomens das tertium comparationis***? Offenbar geht es immer um den Ausdruck des In-sich-selbst-Ruhens, der inneren Unabhängigkeit, und zwar nicht als Kompensation der Schwäche, nicht als Haltung des Fuchses, dem die Trauben zu sauer sind, sondern als Ausdruck von Kraft, als das Übersehen der Trauben durch den, dem es einerseits auf sie nicht ankommt und der andererseits sicher ist, sie, wenn er will, jederzeit haben zu können [...].

[...] Was ist der Grund dafür, daß wir den Menschen als unbedingt zu achtenden Selbstzweck anzusehen von jedermann fordern? Also etwas, was schlechthin in sich steht und seinen Sinn nicht erst in einer Funktion für irgendetwas anderes gewinnt. [...] der Begriff der Würde meint die Eigentümlichkeit eines Wesens, das gerade nicht nur »Selbstzweck für sich«, sondern »Selbstzweck

* *Maximilian Kolbe:* in Auschwitz ermordeter Pater (1894–1941).

** *Kaplan Popieluszko:* vom Staatsicherheitsdienst ermordeter polnischer Priester (1947–1984).

*** *tertium comparationis:* wörtl. »das Dritte im Vergleich« (die Eigenschaft, die zwei miteinander verglichene Dinge gemeinsam haben).

schlechthin« ist. Daß etwas für sich selbst letztes Um-willen ist, das ist ja kein Grund dafür, daß es nicht für andere Wesen zum bloßen Mittel zu einem ihm selbst äußeren Zweck gemacht wird. Die Maus ist für sich auch Endzweck, aber sie ist es deshalb nicht für die Katze. Und daß ein Mensch gern um jeden Preis leben möchte, ist für den Löwen kein Grund, ihn am Leben zu lassen [...]. Denn wenn dieser Mensch nur ein Wert für sich und nicht ein Selbstzweck »an sich« ist, dann gilt für den perfekten Mord an ihm: wenn das Subjekt, dem sein eigenes Leben wertvoll ist, beseitigt ist, kann von einem Verlust, einer »Wertminderung« nicht mehr die Rede sein. Denn der Wertcharakter dieses Lebens war ja abhängig von dem Subjekt, für welches das Leben Wert hatte. Und genauso ist es mit der Vernichtung der Menschheit durch eine große atomare Katastrophe. Wenn der Wert nur relativ auf wertende Subjekte ist, so kann man die Vernichtung der Gesamtheit aller wertenden Subjekte nicht ein Verbrechen nennen. Denn diese Subjekte haben keinen Verlust erlitten, wenn sie verschwinden. Existenz ist nicht eine Eigenschaft, durch deren Verlust man ärmer wird, da man ja nicht ärmer sein kann, wenn man nicht mehr ist. Nur unter zwei Voraussetzungen verhält es sich anders: entweder, wenn der Mensch seinen eigenen physischen Tod überlebt, so daß das Subjekt, welchem Unrecht geschah, weiterexistiert. Oder aber, wenn Gott existiert, von dem der Psalm sagt: »Kostbar ist in den Augen des Herrn das Blut seiner Heiligen.« Die Kostbarkeit des Menschen »an sich«, also nicht nur für den Menschen, macht sein Leben zu etwas Heiligem, und sie gibt dem Begriff der Würde erst jene ontologische* Dimension, ohne welche das mit diesem Begriff Gemeinte gar nicht gedacht werden kann. Der Begriff »Würde« meint etwas Sakrales**: er ist ein im Grunde religiös-metaphysischer. [...]

* *ontologische:* das gesamte Sein betreffende.
** *etwas Sakrales:* etwas Heiliges.

[...] Der Mensch ist das Wesen, das sich selbst zurücknehmen, sich relativieren kann. Er kann, wie es in der christlichen Sprache heißt, »sich selbst sterben«. Anders ausgedrückt: Er kann seine eigenen Interessen in einen Rechtfertigungsdiskurs miteinbringen, dessen Ausgang offen ist, weil er prinzipiell die Interessen aller anderen, je nach deren Rang und je nach dem Gewicht der Interessen, als der gleichen Berücksichtigung fähig anerkennen kann. Er macht nicht nur alles andere zur Umwelt für sich, er kann den Gedanken realisieren, daß er selbst Umwelt für anderes und für andere ist. Eben in dieser Relativierung des eigenen endlichen Ich, der eigenen Begierden, Interessen und Absichten, erweitert sich die Person und wird ein Absolutes. Sie wird inkommensurabel* [...]. Und eben aufgrund dieser Möglichkeit wird die Person [...] zum absoluten Selbstzweck. Da sie selbst ihre eigenen Interessen relativieren kann, darf sie beanspruchen, in ihrem absoluten Subjektstatus respektiert zu werden [...]. Weil der Mensch als sittliches Wesen Repräsentation des Absoluten ist, darum und nur darum kommt ihm das zu, was wir »menschliche Würde« nennen.

Daraus folgt erstens, daß Würde ungleich verteilt ist. Es folgt zweitens, daß kein Mensch in seinem irdischen Dasein ganz ohne Würde ist. Wenn es häufig heißt, alle Menschen hätten in gleicher Weise an der Menschenwürde teil, so ist das nur dann richtig, wenn das Wort Menschenwürde jenes Minimum an Würde bezeichnet, unter welches niemand sinken kann. Allerdings ist dann der Satz von der Gleichheit der Menschenwürde eine Tautologie**. Was die Ungleichheit in der Würde betrifft, so geht sie aus dem Gesagten unmittelbar hervor. Es gibt eine Ungleichheit institutioneller und eine Ungleichheit persönlicher Art. Wenn Würde im Sich-zurücknehmen-Können, im Sein-

* *inkommensurabel:* unvergleichlich.

** *Tautologie:* ein immer wahrer Satz ohne Informationsgewinn (»Es regnet oder nicht«).

lassen-Können als höchstem Ausdruck der Freiheit liegt, dann besitzt zunächst derjenige eine spezifische Würde, der tatsächlich größere Verantwortung für das Sein anderer und das Sein von anderem als sich selbst trägt. Es gibt eine Würde des Amtes, die Würde des Königs, des Richters, des Lehrers, des Meisters. Diese Würde ist allerdings verlierbar, wenn der Inhaber des Amtes der sittlichen Beanspruchung durch das Amt nicht gerecht wird und es in den Dienst privater Interessen stellt. Die Ungleichheit in der persönlichen Würde liegt begründet in der unterschiedlichen sittlichen Vollkommenheit der Menschen. [...]

Warum aber ist das Minimum an Würde, das wir Menschenwürde nennen, unverlierbar? Es ist unverlierbar, weil die Freiheit als mögliche Sittlichkeit unverlierbar ist. Der Mensch ist, solange er lebt, von der Art, daß wir ihm die Zustimmung zum Guten zumuten können und müssen. Diese Zustimmung aber kann nur in Freiheit geschehen. Und sowohl die Zumutung der Zustimmung als auch die Gewährung jenes Freiraums, in dem allein sie vollzogen werden kann, sind die fundamentalen Akte der Achtung der Menschenwürde. Aus dem Gesagten scheint sich allerdings zu ergeben, daß die Menschenwürde nur solchen Wesen zukommt, die jene Eigenschaft tatsächlich besitzen, derentwegen wir sie einander zuerkennen, also die Vernünftigkeit und die Möglichkeit sittlicher Selbstbestimmung. Liegt nicht ein alter Trugschluß darin, daß man zunächst Menschenwürde und daraus abgeleitete Menschenrechte auf die Personalität des Menschen gründet, diese aus seiner Vernünftigkeit und Freiheit herleitet, dann aber die Personwürde allen Exemplaren der Spezies *homo sapiens* zuerkennt, auch denjenigen, die diese Eigenschaften offensichtlich gar nicht besitzen, Embryonen, kleinen Kindern, Debilen*, schwer Geisteskranken? Die klassische

* *Debilen:* Geistesschwachen.

ontologische Begründung hierfür lautet: Alle empirischen Qualitäten sind nur die nach außen tretende Erscheinungsform einer sich nicht als sie selbst zeigenden Substanz. Diese Auffassung scheint eng gebunden zu sein an den platonisch-aristotelischen Gedanken der Realität des Allgemeinen. Das, was in einer bestimmten Spezies »ut in plurimis«, »meistens« sich zeigt, ist ein Indiz dafür, was für diese Spezies immer gilt, weil es ihr wesentlich ist [...]. Dennoch gilt auch hier folgende, wenngleich schwächere Begründung. Das, was wir »Ich« nennen, beginnt nicht irgendwann in einem datierbaren Augenblick der menschlichen Biographie. Es erhebt sich in einer kontinuierlichen Entwicklung aus der organischen Natur des Menschen. Wir sagen deshalb auch: »ich wurde dann und dann geboren«, obgleich wir, als wir geboren wurden, noch nicht »ich« sagten und auch selbst keine Erinnerung an diesen Augenblick besitzen. Wo wir es deshalb mit einem Wesen, das von Menschen abstammt, zu tun haben, da müssen wir in ihm die Anlage zum Ich, zur Freiheit als Würde achten. [...] und dies wiederum bedeutet, daß die biologische Zugehörigkeit zur Spezies *homo sapiens* allein es sein darf, die jene Minimalwürde begründet, welche wir Menschenwürde nennen. [...]

[...] Der Gedanke der Würde ist [...] ein fundamental ethischer, der sich prinzipiell jeder wissenschaftlichen Vergegenständlichung entzieht.

Das heißt nicht, daß er jeder theoretischen Reflexion entzogen bleiben müßte. Wäre dies der Fall, so wäre der Würdegedanke seiner wissenschaftlichen Vergegenständlichung ohnmächtig ausgeliefert und könnte sich ihr gegenüber sozusagen nur in einer fanatischen Trotzhaltung behaupten. Diese Trotzhaltung wäre ehrenwert, aber doch ein Ausdruck der Ohnmacht und eines Begründungsdefizits. Seine theoretische Begründung findet der Gedanke der Menschenwürde und ihrer Unantastbarkeit allerdings nur in einer metaphysischen Ontologie, d.h. in einer Philosophie des Absoluten. Darum entzieht der Atheismus dem Gedanken der Menschenwürde definitiv seine Begründung und so die Möglichkeit theoretischer Selbstbehauptung in einer Zivilisation. Und nicht von ungefähr haben sowohl Nietzsche wie Marx Würde als ein erst Herzustellendes und nicht als ein zu Respektierendes bezeichnet.

Die Präsenz des Gedankens des Absoluten in einer Gesellschaft ist eine notwendige*, nicht jedoch eine hinreichende** Bedingung dafür, daß die Unbedingtheit der Würde auch jener Repräsentation des Absoluten zuerkannt wird, die Mensch heißt. Hierzu bedarf es weiterer Bedingungen und darunter der rechtlichen Kodifizierung. Eine wissenschaftliche Zivilisation bedarf – ihrer immanenten*** Selbstbedrohung wegen – dieser Kodifizierung mehr als jede andere.

Robert Spaemann: Über den Begriff der Menschenwürde. In: Ernst-Wolfgang Böckenförde / R. S. (Hrsg.): Menschenrechte und Menschenwürde. Historische Voraussetzungen – säkulare Gestalt – christliches Verständnis. Stuttgart: Klett-Cotta, 1987. S. 297–306, 313.

Nicht Teil der Natur

Der Philosoph Hans Wagner (1917–2000) zählt die Bedrohungen auf, die vom Naturalismus für die Idee der Wesenswürde ausgehen. Ist der Mensch, so Wagner, lediglich ein höher entwickeltes Lebewesen unter Lebewesen, so fehlt dennoch die Grundlage zur theoretischen Begründung seiner Wesenswürde. Aber der Mensch ist nicht nur ein reales Naturwesen, sondern ebenso ein ideales Wesen,

* *notwendige ... Bedingung:* Sie muss es unter anderem geben.
** *hinreichende ... Bedingung:* Sie allein genügt.
*** *immanenten:* in ihr selbst verankerten bzw. eingeschlossenen.

ein Erkenntnissubjekt, das als Träger und Erzeuger objektiv gültigen Wissens oder wahrer Gedanken nicht Teil der Natur sein kann, sondern ihr gegenübersteht. Erst als ein solches, nicht der Natur zugehöriges Erkenntnissubjekt besitzt der Mensch absolute Würde, die ihn über alle sonstigen Lebewesen hinaushebt. Hieraus leitet Wagner die Pflicht des Menschen zu Selbstaufklärung und Bildung sowie zur Erarbeitung oder Bereitstellung der hierfür notwendigen materiellen Voraussetzungen ab. Die Menschen sollen sich gegenseitig als zu wahren Gedanken fähige Subjekte mit Eigenwert achten. Er entwickelt auf diese Weise die Würdekonzeption der Aufklärung, insbesondere der Philosophie Immanuel Kants weiter.

HANS WAGNER

Die Würde des Menschen

Wir brauchen bloß einmal zu den Anfängen unserer Spezies zurückzugehen und zurückzuschließen, so verdunkelt sich das Bild von uns ungeheuer: wie arm, wie häßlich, wie dürftig stehen wir am Anfang unserer Artgeschichte da, sowohl somatisch* wie psychisch! Weit davon entfernt, Herren auf dieser Erde und Herren über das übrige Lebendige zu sein, unterschieden wir uns von den übrigen höheren Arten kaum, waren in unheimlicher Weise von ihnen bedroht, fielen wir in Hekatomben** den Exemplaren anderer Arten hilflos und erbärmlich zum Opfer. Da war von einer (gar unantastbaren) Würde des Menschen nichts zu finden; ist sie also nicht ebenso, sobald wir nur recht überlegen, gründlich zu relativieren wie das Menschliche überhaupt? Müssen wir uns nicht darüber klar sein, daß auch sie, wenn wir schon heute so nobel von

* *somatisch:* von der äußeren Erscheinung her.
** *Hekatomben:* 100 (ursprünglich 100 Rinder als Opfer).

unserer Würde reden, doch bloß das Resultat evolutionärer Zufälle und diese Zufälle dann stabilisierender Naturgesetzlichkeiten ist? – Noch schwerer fällt es, an unserer Überzeugung von der einmaligen Würde des homo sapiens festzuhalten, wenn wir gar, über die Anfänge unserer Spezies hinaus, bis zu deren Vorgeschichte zurückgehen und zurückschließen; denn da nivelliert sich alles zu Lebewesen unter Lebewesen, und auf keinen Adel des Ursprungs oder der Abstammung können wir da irgendeine auszeichnende Würde unserer Art begründen wollen.

[...] Falls sich aus dem (Natur-)Wissenschaften für den homo sapiens überhaupt so etwas wie ein Stück Prestige gegenüber den restlichen lebendigen Spezies ergibt, ist es kein Prestige absoluter Art: der Mensch bleibt ein in mancher Hinsicht hervorragendes, aber ein bloßes Lebewesen. Selbst das, wodurch er sich offensichtlich inmitten der lebendigen Welt auszeichnet – seine Sprachfähigkeit, seine spezifische Intelligenz, das Faktum seiner Wissenschaften –, reicht nicht dazu aus, daß er prinzipiell von anderem Wesen wäre als die restlichen lebendigen Arten. Denn überall kehrt auch in diesen menschlichen Bereichen biologische Strukturiertheit und Gesetzlichkeit wieder und läßt sich das angeblich für den Menschen Spezifische auf biologisch Elementares und Fundamentales zurückführen; und je mehr sich dank den Fortschritten modernster Wissenschaftszweige wiederum auch das anscheinend spezifisch Lebendige auf zwar hochkomplexe, aber unzweifelhafte Strukturen und Gesetze der Physik und Chemie zurückführen läßt, umso sicherer erscheint – mindestens für eine fernere Zukunft – der Beweis für die vollständige und ausschließliche Materialität alles dessen, was der Mensch ist, als erwartbar [...].

[...] So sind wir unter anderem, aber als von fundamentalem Gewicht seiend, auf jene perniziöse* Schizophrenie**

* *perniziöse:* verderbliche.

gestoßen, die darin besteht, daß wir uns zwar einerseits – und bis in unsere geheiligten Staatsverfassungen hinein – zur unverletzlichen Würde des Menschen bekennen, aber andrerseits nicht nur *kein Argument* mehr zu haben scheinen, mit dem wir diese Menschenwürde theoretisch *begründen* könnten, sondern sogar von Wissenschaften und Wissenschaftstheorien dahingehend belehrt werden sollen, daß für eine solche idealistische Rede von der einmaligen Würde des Menschen keinerlei wissenschaftliche Grundlage existieren könne; denn der Mensch sei *nichts* als ein – obzwar etwas eigenartig entwickeltes – Lebewesen, und Lebewesen seien *nichts* als – obzwar merkwürdig komplizierte – Materiegebilde. [...]

Was ist die »unverletzliche Würde des Menschen«, worin besteht sie, worauf ist sie gegründet? *Gibt es eine verläßliche und zwingende philosophische Begründung für sie?*

[...]

Wir haben begriffen: der menschliche Gedanke enthält ein Moment, das sich auf Sein und Seiendes, auf Natur und Materie nicht zurückführen, dadurch nicht erklären läßt. Ebenso haben wir, in der Folge davon, begriffen, daß der Mensch – und er allein – Subjekt ist: der Grund, welcher Gedanken und mit den Gedanken jenes für diese konstitutive Moment zuwegebringt, das kein Seinsmoment ist und sich auf Natur und Materie nicht zurückführen läßt. Und dieses besagt nun unweigerlich für den Menschen: Sosehr der Mensch Natur- und Lebewesen ist, so sehr ist er *nicht nur* Natur- und Lebewesen. Von seiner Naturalität kann nichts geleugnet und weggenommen werden, aber zu ihr muß etwas hinzugefügt werden, was in einer ganz anderen, aber nicht weniger konstitutiven Dimension liegt als alles Naturhafte. Der Mensch ist ein *Doppelwesen*; zwei Komponenten bauen ihn auf, von de-

** *Schizophrenie:* schwere Geisteskrankheit (früher fälschlich für Persönlichkeitsspaltung).

nen die eine so konstitutiv ist wie die andere; es sind zwei grundverschiedene Komponenten; gleichwohl ergibt sich daraus kein Dualismus, wie er in der Philosophiegeschichte hie und da vertreten worden sein mag: es ist der Mensch kein »Geist in der Maschine«; keine »Substanz« in einer anderen und keine »Substanz« verbunden mit einer anderen; es liegen ja die beiden Komponenten in zwei prinzipiell verschiedenen Dimensionen: die eine und nur diese eine ist seinsmäßig und real, die andere und nur diese andere ist zwar seinsbezogen und realitätsbezogen, aber gerade deswegen selber »ideal« (von der Art des *Geltungsmäßigen*).

[...]

Wir sind damit an das Ziel gelangt, das wir uns in diesem Abschnitt gesetzt hatten: mittels des Rekurses auf einige ganz elementare Dinge der Erkenntnistheorie den Menschen in seinem (nicht-naturhaften) Charakter als *Subjekt*, als das einzige Wesen auf der Welt, das Subjekt ist, zu fassen. Dies nun, daß der Mensch und er allein auf der Welt Subjekt ist, ist die Grundlage und die einzige theoretische Grundlage für die einzigartige *Würde* des Menschen. Wäre der Mensch nicht Subjekt, so gäbe es in allem unserem Wissen nicht einen einzigen Grund, warum wir irgendein menschliches Exemplar, wenn wir dazu Anlaß haben sollten, nicht genau so behandeln dürften (ja sollten) wie jedes beliebige andere materielle Gebilde oder wie jedes beliebige andere Lebewesen auch. Das Wissen um das *Subjektsein des Menschen* (und des Menschen allein) ist der *einzige* in unserem *Wissen* liegende Grund für die Anerkennung der *einzigartigen Würde* des Menschen, jedes Menschen.

[...]

Unter allen Lebewesen kann allein der Mensch objektive Gültigkeit des Wissens und Erkennens erreichen, und er will sie erreichen. Weil *dieses Können und Wollen* den Menschen über alle andere Kreatur prinzipiell hinaushebt, bildet es das Fundament (wenn auch nicht den ganzen Inhalt) der einmaligen *Würde des Menschen.* Es ist die Erkenntnistheorie, welche diese Tatsache beweist; sie tut es in der Form, daß sie den Subjektscharakter des Menschen und die konstitutive und unauflösbare Relation zwischen diesem *Subjektscharakter des Menschen* und der *Idee der Wahrheit* beweist [...].

[...] Wie nun diese Würde einem jeden Wesen in der weiten Welt, das Menschenantlitz trägt, eigen ist, so ergibt sich daraus die kategorische* *Aufgabe der Menschheit*, das, was von der Idee der Wahrheit ideal ermöglicht und ideal geboten ist, mitbezug auf jedwedes Menschenwesen zu realer Möglichkeit zu machen: *Selbstaufklärung, Bildung und Ausbildung* müssen von der Menschheit *weltweit für jeden Menschen* real ermöglicht werden; das ist die im Prinzip der Menschenwürde mitbezug auf die Idee der *Wahrheit* begründete *allgemeine Menschenpflicht.*

[...]

Darin, daß der Mensch (jedenfalls auch) Subjekt ist und daß er allein Subjekt in der Welt und Natur ist, – darin wurzelt die einmalige, absolute, unantastbare *Würde* des Menschen, und darum ist der Beweis für die Würde des Menschen mittels des Beweises seines *Subjekt*scharakters zu führen.

Hans Wagner: Die Würde des Menschen. Wesen und Normfunktion. Würzburg: Königshausen und Neumann, 1992. S. 43f., 58, 137, 183f., 187, 318, 348. –

Kreatürliche Unvollkommenheit

Eine bemerkenswerte Neubestimmung der Menschenwürde unternimmt der ehemalige Bundesinnenminister und Präsident des Bundesverfassungsgerichts Ernst Benda

* *kategorische:* unbedingte, absolute.

(1925–2009). Bildhaft formuliert, hat seiner Auffassung nach Würde mehr mit dem Boden unter uns als mit dem Himmel über uns zu tun; weniger mit dem Menschen als aus der Natur herausgehobenem Geist oder Krone der Schöpfung als mit dem Menschen als einem bedürftigen, unvollkommenen Lebewesen. Benda wendet sich aber nicht von der religiösen Tradition des Abendlandes ab. Bei der Bestimmung der Würde betont er statt der Erhabenheit des Menschen lediglich dessen kreatürliche Schwäche und Fehlbarkeit. Hieraus ergebe sich fast automatisch der Auftrag, humane Lebensverhältnisse zu schaffen. Sosehr Benda auch an der Wesenswürde des Menschen festhält, lässt er die Idee der Würde als Gestaltungsauftrag doch stärker in den Vordergrund treten.

ERNST BENDA

Erprobung der Menschenwürde am Beispiel der Humangenetik

Ganz zugespitzt lautet […] die Frage, ob es – entgegen der bisherigen Annahme – wirklich der dem Menschen zugemessene, ihn von der unpersönlichen Natur abhebende Geist ist, seine Fähigkeit zu eigenverantwortlicher sittlicher Entscheidung, die sein Wesen im Kern ausmachen, oder nicht vielmehr seine Unvollkommenheit und Unzulänglichkeit. Sie ergibt sich aus einem Vergleich zur Perfektion des Tieres, die dieses für seine freilich begrenzten Zwecke in der Natur auszeichnet.

[…] Der Staat darf äußeres Verhalten sozialadäquat normieren und auch Rechtsgesinnung verlangen und fördern, aber nicht die Moral durch das Recht erzwingen wollen. Noch weniger kann dies dem Forscher oder dem Mediziner erlaubt sein. Niemand darf aus dem Schutz der Menschenwürde herausfallen. Art. 1 GG gilt ebenso für den aus eigener Schuld oder schicksalhafter Verstrickung sittlich verwahrlosten wie den sich jeder Resozialisierung entziehenden Gewohnheitsverbrecher. Der Staat darf sich nicht anmaßen, das letzte Urteil über den Menschen zu sprechen.

Zum Wesen des Menschen gehören seine Unvollkommenheiten ebenso wie seine wenigstens potentielle Fähigkeit, über diese hinauszuwachsen. Der Mensch mag sich nach persönlicher Glaubensüberzeugung als Ebenbild Gottes sehen, aber er wird selbst wissen, wie weit er auch im besten Falle von diesem Ideal entfernt bleiben muß. Seine Hoffnungen und Sehnsüchte, Torheiten und Illusionen, seine Verzweiflungen, auch seine dunklen Triebe und Instinkte gehören zu dem Bild des Menschen, das der verfassungsrechtlichen Entscheidung zugrunde liegt, allerdings auch der an ihn gerichtete Anspruch, sich an Zielvorstellungen zu orientieren und immer neu den Versuch zu machen, mit seiner Unzulänglichkeit zu einem erfüllten oder doch erträglichen Zusammenleben mit anderen in einer größeren Gemeinschaft zu gelangen.

[...]

Der hier unternommene Versuch, das Wesen des Menschen aus seiner Unvollkommenheit zu definieren, mag überraschend sein. Neu ist er aber nicht: Alle überlieferten und in unserem Kulturkreis entwickelten Glaubensüberzeugungen gehen von dem Bild des Menschen aus, der sich bemühen soll, seinem Schöpfer ähnlich zu werden, aber nie dieses Ziel erreicht. Nur so sind Liebe und Gnade möglich. So entspricht dieses Menschenbild den überlieferten sittlichen Vorstellungen, den historischen Erfahrungen, der Rechtskultur und schließlich auch dem heute oft bemühten Bild vom mündigen Bürger.

Ernst Benda: Erprobung der Menschenwürde am Beispiel der Humangenetik. In: Rainer Flöhl (Hrsg.): Gentechnologie. Chancen und Risiken. Bd. 3: Genforschung – Fluch oder Segen? Interdisziplinäre Stellungnahmen. München: Schweitzer, 1985. S. 230f.

Freiheit zu humanem Handeln

Der französische Schriftsteller und Sozialphilosoph Tzvetan Todorov (geb. 1939) erläutert die Menschenwürde vor dem Hintergrund extremer Notsituationen etwa des Alltags in den Konzentrationslagern des 20. Jahrhunderts. Dabei hebt Todorov drei Aspekte besonders hervor: Erstens tritt die Würde dort in Erscheinung, wo sich Menschen dem Unabänderlichen freiwillig unterwerfen, dieses somit selbst wählen und damit noch in einer Zwangslage ihre Freiheit behaupten – eine seit den antiken Stoikern über Friedrich Schiller bis in die Gegenwart immer wieder empfohlene Grundhaltung gegenüber schweren Lebenssituationen. Zweitens gehöre zum Gefühl der Würde – außer der Selbstbehauptung innerer Freiheit –, dass auch dieser Würde entsprechend gehandelt wird, was beispielsweise die Annahme unverdienter Privilegien oder das Buckeln vor Vorgesetzten ausschließt. Drittens bleibt ein solches Verständnis der Würde, die Todorov mit Selbstachtung gleichsetzt, in moralischer Hinsicht jedoch neutral, denn auch Verbrecher können in Übereinstimmung mit ihrer inneren Freiheit leben. Moralische Qualität bekommt die menschliche Würde erst dann, wenn die aus innerer Freiheit vollzogenen Handlungen auch mit dem Wohl der Menschheit harmonieren.

Für Todorov ist die Menschenwürde also vor allem ein Gestaltungsziel, das die Frage nach der Wesenswürde in den Hintergrund drängt.

TZVETAN TODOROV

Würde

Die Ausübung des Willens

Um seine Würde zu wahren, muß man eine Situation des Zwangs in eine der Freiheit verwandeln. In dem Fall, in dem der Zwang extrem ist, heißt das, eine Handlung, die man zu tun verpflichtet ist, als Handlung aus eigenem Willen auszuführen. [...] Das Mindestmaß an Würde in Situationen, in denen man keine Wahl mehr treffen kann, besteht darin, zum Herrn über den eigenen Tod zu werden, der einem ohnehin bestimmt ist. Das bedeutet den Selbstmord des zum Tode Verurteilten. Es ist ein winziger und dennoch ausreichender Unterschied. Borowski* erzählt in seinem Buch *Bei uns in Auschwitz* die folgende Szene. Eine junge Frau, die verstanden hatte, welches Schicksal sie erwartete, sprang selber auf den Lastwagen, der die neu Angekommenen zu den Gaskammern fuhr. Das erregte die Bewunderung von Salmon Gradowski, einem Mitglied des Sonderkommandos von Auschwitz, der nicht überlebte, aber sein Manuskript in der Nähe der Verbrennungsöfen von Birkenau vergrub, wo es nach dem Krieg gefunden wurde. »Die Opfer gingen stolz, kühn und entschlossen, als ob sie ins Leben gingen.« (Roskies)** Dieselbe Reaktion zeigten auch die Verurteilten des »Familienlagers«, denen man offen ihren bevorstehenden Tod mitteilte, wie Filip Müller erzählte, ein anderes Mitglied desselben Sonderkommandos. Statt zu protestieren, begannen sie die tschechische Nationalhymne und das jüdische Lied Hatikvah*** zu singen. Auch andere Verurteilte

* *Borowski:* Tadeusz B., polnischer Schriftsteller (1922–1951), wurde aus Dachau befreit und kehrte nach Polen zurück.

** D. G. Roskies (Hrsg.), *The Literature of Destruction*, Philadelphia [u. a.] 1989, S. 557.

*** *Hatikvah:* wörtl. »Hoffnung«, Nationalhymne Israels.

sangen auf dem Lastwagen, der sie zu den Gaskammern fuhr.

Ein anderer Fall der Anpassung des Willens an die Wirklichkeit, der nichtsdestotrotz ein Gefühl der Würde hervorrief, ist die von Gustav Herling* erzählte Geschichte des »Mörders von Stalin«. Dieser Mann, der ein hoher sowjetischer Funktionär war, rühmte sich gern als guter Schütze. Als er einmal herausgefordert wurde, sagte er, er könnte das Ohr Stalins auf einer an einer Wand aufgehängten Photographie mit einem Revolverschuß treffen. Er gewann die Wette, fand sich aber einige Monate später im Gefängnis und dann im Lager wieder. Es war absurd, denn er hatte nichts gegen Stalin. Als er aber dann verurteilt war, begann er seine Tat umzuinterpretieren, bis er sie als einen Willensakt verstand, in diesem Fall als Aggression gegen Stalin, was sie ursprünglich nicht war. Er erklärte nun gegenüber jedem, der es hören wollte: »›Ich habe Stalin getötet! [...] Ich habe ihn wie einen Hund abgeknallt [...]‹. Ehe er starb, wollte er sich noch zu einem Verbrechen, das er nicht begangen hatte, bekennen«. Indem er sich zu dem »Verbrechen« bekannte, akzeptierte er auch seine Strafe als einziges Mittel für ihn, um seine Würde wiederzufinden.

Der Selbstmord in einer Atmosphäre häufiger Morde besitzt bereits eine viel größere Freiheit. Man ändert den Lauf der Ereignisse, wenn auch zum letzten Mal in seinem Leben, auf eine Weise, die man gewählt hat, statt sich damit zufrieden zu geben, bloß auf diese selben Ereignisse zu reagieren. Diese Selbstmorde werden nicht aus Verzweiflung, sondern wegen der Herausforderung begangen und stellen eine letzte Freiheit dar. So für Olga Lenyel,** die ihre Erleichterung beschrieb, weil sie wußte, daß sie immer Gift bei sich hatte: »Die Gewißheit, in letzter In-

* Gustav Herling, *Welt ohne Erbarmen*, Köln 1953, S. 63.
** Olga Lenyel, *Souvenirs de l'au-delá*, Paris 1946, S. 40.

stanz Herr über sein Leben zu sein, stellt die letzte Freiheit dar«. Jewgenia Ginsburg[*] fand in Kolyma[**] bei der Betrachtung des Leichnams einer Freundin, die Selbstmord begangen hatte, auch einen Trost in dem Gedanken, daß diese Freiheit immer möglich sein würde: »Wenn ich will, kann ich über mein Leben selbst verfügen«.

Die Lagerwächter wußten genau, daß die Wahl des Augenblicks und der Mittel des eigenen Todes die Behauptung der eigenen Freiheit bedeutete. Das Ziel des Lagers war also gerade die Verneinung dieser Freiheit und also auch dieser Würde. Deshalb versuchten diese Wächter, mit allen Mitteln die Selbstmorde zu verhindern, auch wenn sie sonst mit soviel Leichtigkeit töteten. [...]

Die Selbstachtung

Die Willensausübung ist zwar eine, aber nicht die einzige Art, die eigene Würde zu behaupten. Um andere Formen der Würde berücksichtigen zu können, muß man noch die Konturen des Begriffs verdeutlichen. Indem man als sein eigener Herr handelt und sich z. B. tötet, beweist man nicht nur die Existenz des freien Willens, sondern auch die Möglichkeit, eine Entsprechung zwischen Innen und Außen herzustellen. Denn eine rein innere Entscheidung führt [...] nicht zur Würde. Meine Würde besteht gerade darin, daß ich eine Entscheidung getroffen und in Übereinstimmung mit ihr gehandelt habe. Die Ausübung des Willens ist ein Teil dieser Tugend, ein anderer die Übereinstimmung zwischen Innen und Außen. Aber wenn das so ist, kann man die Würde als die Fähigkeit definieren, durch seine Taten den Kriterien zu genügen, die man verinnerlicht hat. Die Würde wird so zu einem Synonym der

* Jewgenia Ginsburg, *Gratwanderung*, München 1984, S. 131.
** *Kolyma:* eigentlich ein Fluss in Sibirien, dort gab es viele Gulags (Straflager).

Selbstachtung, denn ich möchte, daß meine Handlung vor den Augen meines Urteils Gnade erfährt.

Ein erstes Beispiel für die so verstandene Würde könnte die einfache Tatsache des Sauberbleibens gewesen sein, auch wenn alles eine gegenteilige Haltung nahelegte: das Wasser war rar oder kalt oder schmutzig, die Latrinen waren weit, und das Klima war hart. Aber es gab viele Zeugnisse, die bestätigten, daß sich eine Person, der es gelang, sich sauber zu halten und ein Minimum an Sorge um ihre Kleidung aufzubringen, Achtung bei den anderen Häftlingen schuf und die eigenen Chancen zu überleben vergrößerte; die Moral zahlte sich hier aus. Primo Levi* behauptete, daß er sein Heil einer Lehre verdankte, die ihm durch den Unteroffizier Steinlauf am Ende seiner Haft erteilt wurde und die lautete, daß man sauber bleiben solle, um sich nicht vor sich selbst zu erniedrigen. »Wir müssen uns also selbstverständlich das Gesicht ohne Seife waschen und uns mit der Jacke abtrocknen. Wir müssen unsere Schuhe einschwärzen, nicht, weil es so vorgeschrieben ist, sondern aus Selbstachtung und Sauberkeit.«**

Ein anderes Beispiel für diese selbe Würde, die auf der Übereinstimmung beruht, ist die Weigerung, sein Verhalten der reinen Logik des persönlichen Interesses oder unmittelbaren Nutzens zu unterwerfen, wobei natürlich vorausgesetzt wird, daß man gerade nicht den Nutzen und das Interesse als Urteilskriterien verinnerlicht hat. Sich für die anderen und nicht für sich selber zu interessieren, für die Abwesenden und nicht immer nur die Anwesenden, bedeutet schon, einen Schritt hin zur Würde zu tun. Sich nicht vor seinen Vorgesetzten zu erniedrigen, ist ein würdiges Verhalten. Wenn man ein Privileg ablehnt, das man für unverdient hält, oder ein Essen, das einem nur vorgesetzt wird, um die eigene Unterlegenheit zu unterstrei-

* *Primo Levi:* italienischer Schriftsteller (1919–1987), überlebte Auschwitz.
** Primo Levi, *Der Freund des Menschen*, München 1989, S. 49.

chen, oder nicht die Folgen einer Handlung bedenkt, die man aus innerem Zwang und nicht aus Interesse vollführte, dann stellt das alles einen Beweis für die Würde dar. Herling* erzählt auch die Geschichte der Krankenschwester Jewgenia Feodorowna im Lager von Wologda. Als Geliebte des Chefarztes genoß sie zahlreiche Vorzüge, aber eines Tages verliebte sie sich in einen einfachen Häftling. Daß sie sich mehr den eigenen Gefühlen als den materiellen Interessen entsprechend verhielt, war in diesem Augenblick ein Akt der Würde, der sie teuer zu stehen kam. Zur Strafe wurde ihr Geliebter in ein anderes Lager gebracht. Sie verlangte ebenfalls verlegt zu werden, um nicht bei dem Chefarzt zu bleiben und verzichtete sofort auf ihre Privilegien. »Im Januar 1942 starb Jewgenia Feodorowna bei der Geburt des Kindes, das sie von ihrem Geliebten empfangen hatte, und bezahlte so für ihre kurze Auferstehung mit dem eigenen Leben«. Die Würde garantierte nicht immer das Überleben.

Noch eine andere Form der Würde besteht in der Befriedigung, die man sich durch eine gut gemachte Arbeit verschafft. Man besitzt eine Technik, eine Geschicklichkeit, die die Wahrung der Selbstachtung ermöglicht, wenn sie, so gut wie man nur kann, angewandt wird. Solschenizyn** beschrieb die Freude und den Stolz darüber, eine Mauer so gebaut zu haben, wie sie sein sollte [...].

Moralische Zweideutigkeiten

Dennoch bleibt die Tugend, die die gut verrichtete Arbeit verkörpert, umstritten. Orwell*** bemerkte während des Krieges dazu: »Das erste, was wir von einer Mauer erwar-

* Gustav Herling, a.a.O., S. 118.

** *Solschenizyn:* Alexander Sch. (1918–2008), russischer Schriftsteller, Nobelpreisträger (»Der Archipel Gulag«).

*** Georges Orwell, *Essais choisis*, Paris 1960, S. 134.

ten, ist, daß sie stehenbleibt. Wenn sie stehenbleibt, dann ist sie eine gute Mauer, und die Frage nach der Aufgabe, die sie erfüllt, zählt überhaupt nicht. Dennoch muß auch die beste Mauer der Welt eingerissen werden, wenn sie ein Konzentrationslager umschließt«. [...]

Alle Arten der Würde zeichnen sich durch diese selbe Zweideutigkeit aus, weil sie alle von einem Kriterium abhängen, das den Standpunkt des Individuums nicht übersteigt, sondern ihm innewohnt. Sich sauber zu halten und seine Schuhe zu putzen, half Levi, die Selbstachtung zu wahren. So erging es aber auch seinen Wächtern: »Ich weiß nicht, ob diese offenkundige Sorge zur Nazi-Ideologie gehört; auf jeden Fall nimmt sie in deren Leben einen großen Platz ein. Sie selber haben übrigens immer glänzende und stinkende Schuhe und Stiefel an ...« (Fénelon).* Um die beiden Situationen zu unterscheiden, müssen wir sie in einen größeren Zusammenhang stellen. Das Leben von Levi und seinen Kameraden war bedroht, das der Wächter aber nicht.

Der reine Zusammenhang von inneren Kriterien und äußeren Verhaltensweisen, der zur Selbstachtung führt, war bei den Wächtern nicht weniger als bei den Häftlingen vorhanden, und er verlieh beiden dasselbe Gefühl der Würde. Höß** war ein überzeugter Nazi und benahm sich in Übereinstimmung mit seinen Überzeugungen. Genauso war es bei Mengele***, der nicht unter einer Spaltung der Persönlichkeit gelitten zu haben schien, die viele andere Wächter auszeichnete. Himmler**** hatte selbst bei den Nazis den Ruf, mit einer eisigen Härte zu handeln. Gö-

* Fania Fénelon, Das Mädchenorchester in *Auschwitz*, München 1981, S. 118.

** *Höß:* Rudolf H. (1900–1947), 1940–43 Kommandant von Auschwitz.

*** *Mengele:* Josef M. (1911–1979), u. a. für Selektionen zuständiger Arzt in Auschwitz (»Todesengel«).

**** *Himmler:* Heinrich H. (1900–1945), als Reichsführer SS hauptverantwortlich für den Holocaust.

ring* war unter allen Angeklagten von Nürnberg derjenige, der mit sich selber am meisten übereinstimmte. Müssen wir sie deshalb bewundern? Wenn wir es nicht tun, dann deshalb, weil wir zwischen einer moralischen und einer anderen, nicht moralischen Würde unterscheiden, zwischen einer bewundernswerten Selbstachtung und einer anderen, die uns kalt läßt. Der Nazi, der immer in Übereinstimmung mit seinen Überzeugungen handelte, verdiente vielleicht eine Art von Achtung, aber sein Verhalten wird deshalb nicht moralisch. Damit es moralisch wird, reicht es nicht aus, daß zwischen den Idealen und den Taten ein harmonisches Verhältnis herrscht. Vielmehr dürfen sich beide nicht gegen das Wohl der Menschheit richten.

Tzvetan Todorov: Angesichts des Äußersten. Aus dem Frz. von Wolfgang Heuer und Andreas Knop. München: Fink, 1993. S. 70–72, 74–79. –

Grundrecht mit Spielraum

Im Jahre 2003 wird der in der Bundesrepublik bislang maßgebliche Kommentar zu Artikel 1 des Grundgesetzes von Günter Dürig ersetzt durch einen neuen Kommentar des Verfassungsrechtlers Matthias Herdegen (geb. 1957). Darin werden Dürigs Auslegungen der Menschenwürde nicht fortentwickelt, sondern vielmehr aufgegeben.

So stellt Herdegen im Gegensatz zu Dürig erstens die Menschenwürde als dem Staat vorgegebenes (vorstaatliches) und nicht durch das Recht gesetztes (überpositives) Wesensmerkmal in Frage. Zwar soll die besondere Stellung der Menschenwürde im Grundgesetz unberührt bleiben, metaphysische Wesensbestimmungen des Menschen

* *Göring:* Hermann G. (1899–1946), Oberbefehlshaber der deutschen Luftwaffe.

sind aber, so Herdegen, für das Staatsrecht ebenso überholt wie unmaßgeblich. Zweitens bezweifelt Herdegen im Gegensatz zu Dürig die Ableitbarkeit der Grundrechte aus der Würdeidee. Drittens hält er die Objektformel für unzureichend, inakzeptable Würdeverstöße aufzudecken. Damit greift er die Streitfrage des Bundesverfassungsgerichts von 1970 auf, ob nämlich der Gebrauch eines Subjekts als reinen Objekts bereits eine Würdeverletzung darstellt oder ob es hierzu außerdem der Verachtung des als Objekt gebrauchten Subjekts bedarf. Herdegen zieht bei der Beurteilung menschlicher Handlungen auf deren Vereinbarkeit mit der Menschenwürde zusätzlich die mit diesen Handlungen verfolgten Ziele als weitere Gesichtspunkte in Betracht. Hierdurch wird viertens – anders als in Dürigs Kommentar – die Menschenwürde in Bezug auf wertend-bilanzierende Konkretisierungen und Abwägungen geöffnet. Die Menschenwürde, die Dürig als tragendes Fundament der gesamten Rechts- und Wertordnung kennzeichnete, wird auf diese Weise zu einem Grundrecht unter anderen, das mit Blick auf die jeweils konkreten Beurteilungssituationen differenzierte Abwägungen erfordert. Die Anwendung des Würdebegriffs auf konkrete Fälle setzt sachliche Überlegungen bezüglich möglicher Gefahren, berechtigter oder unberechtigter Schutzansprüche und ethischer Verantwortbarkeit voraus. Ohne solch abwägende Urteile verkümmert die Menschenwürde zum fast nichtssagenden allgemeinen Verbot unmenschlicher Grausamkeit.

Herdegen sieht in der Menschenwürde also eher einen Gestaltungsauftrag als ein Wesensmerkmal.

MATTHIAS HERDEGEN

Kommentar zum Grundgesetz

I. Die Garantie der Menschenwürde in der Wertordnung des Grundgesetzes

[…]

Überpositiver Gehalt

Ein in der Würde des Menschen liegender *vorstaatlicher Geltungsgrund* für die Rechte des Einzelnen fand im Parlamentarischen Rat weitgehend Zustimmung. Jedoch gab der Parlamentarische Rat dieser Vorstellung nach eingehender Erwägung im Text des Grundgesetzes keinen Ausdruck. Die im Parlamentarischen Rat verbreitete Ansicht, das Grundgesetz übernehme mit der Menschenwürdeklausel »deklaratorisch*« einen Staat und Verfassung vorgeordneten Anspruch ins positive Recht, hat aber immer noch beachtliche Suggestivkraft und wirkt auch in metaphysischen Interpretationsansätzen fort.

Das zähe Festhalten am überpositiven Charakter der Menschenwürdegarantie und deren Deutung als verfassungsrechtliche Einbruchstelle für naturrechtliche Vorstellungen in Teilen der deutschen Staatsrechtslehre muss überraschen. Denn schon im Parlamentarischen Rat vermochte sich der ausdrückliche Bezug zu den naturrechtlichen Grundlagen der Menschenwürde nicht durchzusetzen. Bestimmend dafür war die Skepsis gegenüber einem von subjektiven Wertvorstellungen geleiteten Naturrechtsverständnis. Seither haben die Streiter für überpositive Deutungsmuster kein neues Argument für eine objektive Normativität im vor- oder überpositiven Raum formuliert. Dies gilt erst recht für die ins Religiö-

* *deklaratorisch:* per Erklärung.

se gehende Aufforderung, die Menschenwürde dürfe auch im Rahmen verfassungsrechtlicher Betrachtung nicht allein staatsrechtlicher Exegese überantwortet werden. Zu Forderungen dieser Qualität hat schon *Theodor Heuss** im Parlamentarischen Rat das Nötige gesagt: Sie befrachten das Verfassungsrecht mit Aufgaben der Theologie.

Für die staatsrechtliche Betrachtung sind demnach allein die (unantastbare) Verankerung im Verfassungstext und die Exegese** der Menschenwürde als *Begriff des positiven Rechts* maßgeblich. Wer dies bestreitet, kann nur auf das Hohepriestertum seiner höchstpersönlichen Ethik und deren Überzeugungskraft in der Gemeinschaft der Würdeinterpreten setzen. Verfassungsauslegung mit prognostizierbaren Ergebnissen lässt sich *so* nur in einer religiös und weltanschaulich homogenen Gemeinschaft erreichen – oder mit Intoleranz gegenüber allen, denen der rechte Zugang zu den Gewissheiten einer überpositiven Wertordnung versagt ist. Aus solcher Warte überlegener Einsicht in die überpositiven Grundlagen der Würde des Menschen verfallen – etwa im Streit um die Würdeimplikationen der modernen Biomedizin – sehr schnell eine ganze Reihe von Parlamenten und Gerichte von durchaus respektierlichen Gemeinwesen dem Urteil nachhaltiger Würdeverletzung.

[...]

Problematisch ist [...] die *Ableitung von Grundrechten* aus der Menschenwürde. Eine Deduktion von Grundrechten aus der Menschenwürde oder deren »Präzisierung« durch einzelne Grundrechte überspannen den materiellen Gehalt der Menschenwürdegarantie und verkennen den Eigenwert der verfassungsrechtlichen Verbürgung von Freiheits- und Gleichheitsrechten. Dynamische Grund-

* *Theodor Heuss:* von 1949 bis 1959 erster Bundespräsident der BRD (1884–1963).

** *Exegese:* Ableitung.

rechtsexegese und die Änderung von Grundrechtsgarantien müssen keineswegs in dem Menschenwürdegedanken angelegt sein. [...]

Menschenwürde und Menschenbild des Grundgesetzes

Die Menschenwürdegarantie läßt – freilich nicht bei isolierter Betrachtung, sondern in Zusammenschau mit dem gesamten Grundrechtskatalog (und den rechts- und sozialstaatlichen Zielbestimmungen) – ein verfassungsrechtliches Menschenbild erkennen, das stark von der *Achtung eines selbstbestimmten Lebensentwurfes* und einem Mindestmaß an *Solidarität* geprägt ist. [...]

II. Der Begriff der Menschenwürde

Ein operabler Begriff der Menschenwürde harrt immer noch der Entwicklung. Die vielzitierte Formel von *Heuss*, bei der Menschenwürde handele es sich um eine »nichtinterpretierte These«, spiegelt gerade in ihrem leicht sibyllinischen* Gehalt vorzüglich diese begriffliche Verlegenheit. *Forsthoff*** reiht Art. 1 Abs. 1 Satz 1 GG unter die Verwendung »nicht allgemeinempirischer Begriffe« ein, die sich einer Subsumtion*** entziehen. Der oft nur schwer einlösbare Evidenzanspruch von Konkretisierungsversuchen, der im Bekenntnis zur Unantastbarkeit der Menschenwürde angelegt ist, erklärt Glanz und Elend der bisherigen Deutungsversuche.

* *sibyllinischen:* Sibylle, nach dem griechischen Mythos eine Prophetin.
** *Forsthoff:* Ernst F. (1902–1972), deutscher Staatsrechtler.
*** *Subsumtion:* Unterordnung (Klassifikation).

Positive Umschreibungsversuche

Positive Umschreibungen reichen nicht über die Auflistung einzelner Dimensionen des Würdeanspruches hinaus, deren gemeinsamer Nenner der Schutz eines engeren Bereiches der persönlichen Selbstbestimmung, die Gewährleistung seelischer und körperlicher Integrität und der soziale Geltungsanspruch des Einzelnen sowie der Schutz vor Willkür sind. Unterschiede bestehen vor allem in der Fähigkeit zur sozialen Interaktion als Grundannahme der unterschiedlichen Würdekonzepte. Deutungen der Menschenwürde als *Leistung* sehen die Substanz der Menschenwürde im Aufbau eigener Identität und dem selbstbestimmten Persönlichkeitsprofil. Die relativ junge *»Kommunikationstheorie«* konstruiert Würde als gegenseitige Achtung des Menschen in seinen kommunikativen Beziehungen und in seinem sozialen Geltungsanspruch. Als Schutzgut von Art. 1 Abs. 1 GG erscheint »im Kern die mitmenschliche Solidarität«. Dagegen weist die sog. *»Mitgiftthese«* jedem Menschen Würde in Abstraktion von geistigen, moralischen oder sonstigen Bedingungen zu.

Von Bedeutung ist das Kriterium der *sozialen Interaktionsfähigkeit* vor allem für die Erstreckung der Menschenwürdegarantie auf frühe und früheste Erscheinungsformen menschlichen Lebens (vor Geburt oder auch vor der Nidation*). Weitgehende Einigkeit besteht darin, daß der Würdeschutz als solcher nach Geburt nicht von den konkreten Fähigkeiten des Einzelnen abhängen darf. Die auf die Selbstbestimmung oder kommunikative Einbindung des Einzelnen in sein soziales Umfeld abstellenden Lehren müssen hierfür allerdings konstruktive Brücken wie die »abstrakten Möglichkeiten« oder »potentielle Fähigkeiten« bemühen.

* *Nidation:* vgl. Anm. S. 204.

Die »Objektformel«

Das heute dominierende Verständnis von Art. 1 Abs. 1 GG füllt den Begriff der Menschenwürde *von der Verletzung her* mit Inhalt. Als weiterhin bestimmend wirkt dabei die sogenannte »Objektformel« [...]. Allzuleicht verfällt die Objektformel den Beschwörungsmustern einer gewissen Instrumentalisierungsrhetorik [...].

[...] Im Ergebnis erweist sich die Objektformel als den Blick leitende, aber für das abschließende Verletzungsverdikt letztlich nicht mehr tragende Orientierungshilfe.

[...]

Wertungs- und Abwägungsgebundenheit des Verletzungsurteils

Die Frage, ob bestimmte Formen (Modi) der Behandlung des Menschen *stets* einen Eingriff in den von Art. 1 Abs. 1 GG geschützten Würdeanspruch darstellen oder ob der Begriff der Menschenwürde für eine *wertend-bilanzierende Konkretisierung* offen ist, gehört zu den besonders schwierigen Problemen der Menschenwürdegarantie. Die Konkretisierung der Menschenwürde ist der Ermittlung des Gewährleistungsgehaltes (Unantastbarkeit) vorgeordnet. In den Beratungen des Parlamentarischen Rates prägt die kategorische Ächtung bestimmter Formen des staatlichen Terrors das Verfassungsverständnis der Würdegarantie. Im Schutz vor solchen Verletzungen kann sich die Gewährleistung der Menschenwürde heute aber nicht erschöpfen.

Die »Unantastbarkeitsgarantie« verführt zur Suche nach einem festen Begriffsinhalt im Sinne unverrückbarer Konturen des Würdeanspruches. Die Absolutheit des Würdeschutzes kommt der menschlichen Sehnsucht nach einfachen Gewissheiten entgegen, die den Urteilenden von der

Last komplexer Abwägung möglichst befreien. Diese Sehnsucht befriedigen kategorische Verbote, die sich auf möglichst wenige, vorzugsweise sinnlich begreifbare Elemente des Verletzungsurteils stützen. Dafür eignen sich am besten Ableitungen, die auf einer möglichst hohen Abstraktionsstufe rein *gegenständlich-modal* begründet werden (etwa: kategorisches Verbot *jeglichen* Abhörens oder visueller Ausforschung *des* Wohnraumes, Verbot *jeder* Zwangsernährung). Denn sie entbinden von Differenzierungen nach der *Finalität** eines Eingriffes und seiner Intensität im Einzelfall. Umgekehrt bedeutet die Berücksichtigung der Finalität aber stets wertende und situationsgebundene *Abwägung* von Zweck und Beeinträchtigung. Das Streben nach größtmöglicher Simplifikation beherrscht bis heute weite Teile der Staatsrechtslehre, die mit Vehemenz jede situationsgebundene Abwägung bei der Ermittlung konkreter Würdestandards verwerfen. Die Rechtsprechung zeigt jedoch ein ganz anderes Bild.

Die abwägungsfrei-modale Sichtweise hat damit zu kämpfen, daß sie nur in wenigen Fällen die Diagnose einer Würdeverletzung kategorisch durchhalten kann. Es gibt durchaus einen *»Würdekern«*, dessen Verletzung durch die Art der Behandlung in Abstraktion von weiteren Umständen begründet ist (etwa Genozid** oder Massenvertreibung). Hier läßt sich das Verletzungsurteil zugleich auf das Trauma des nationalsozialistischen Terrors, auf zwingendes Völkerrecht und den rechtsvergleichenden Befund stützen. In anderen Fällen begründet dagegen nicht der Modus, sondern die *Finalität* der Maßnahme die Würdeverletzung. Ein Beispiel bietet die Diskriminierung aus Gründen der Rasse. Insgesamt ist das Feld der *rein* gegenständlich-modal oder *rein* final begründbaren Verletzungsurteile schmal. Dieser engste Kreis von Würdever-

* *Finalität:* Zielgerichtetheit.
** *Genozid:* Völkermord.

letzungen wird im wesentlichen durch Verfolgungsmaßnahmen totalitärer Regime und polizeiliche Exzesse aus rassisch-ethnischen Gründen ausgefüllt. Außerhalb des engen Kreises rein modal oder rein final begründeter Verletzungshandlungen ist eine *wertende Gesamtwürdigung* eines weiteren Rasters relevanter Umstände angezeigt. Je niedriger der Abstraktionsgrad der die Würdeverletzung tragenden Kriterien ist, desto offener wird das Verletzungsurteil für Abwägungsprozesse. Schon die körperliche »Mißhandlung« bereitet in Hinblick auf die kategorische Einstufung als Würdeverletzung Schwierigkeiten. Das *Bundesverfassungsgericht* enthält sich genereller Typenbildung von Würdeverletzungen und hält die »Ansehung des konkreten Falles« für maßgeblich. Die wertende Gesamtbetrachtung bedeutet nicht, daß die Menschenwürde einfach der Abwägung mit anderen Verfassungsbelangen preisgegeben wird. Vielmehr ergibt sich der Achtungsanspruch überhaupt erst aus einer bilanzierenden Gesamtwürdigung. Der so ermittelte Würdeanspruch gilt dann *absolut*. Eine Abwägung mit anderen Grundrechten und sonstigen Rechtsgütern von Verfassungsrang findet nicht mehr statt. Das meint das Grundgesetz, wenn es in Art. 1 Abs. 1 GG die Würde des Menschen für »unantastbar« erklärt.

Wer auf jede Differenzierung und Abwägung bei der Konkretisierung des Würdeanspruches verzichten will, gelangt in das Dilemma jeder Urteilsbildung, die von der jeweiligen Situation abstrahiert. Dann beschränkt sich der Schutz der Menschenwürde entweder auf ein allzu schmales Feld von kategorial umrissenen Misshandlungen, oder aber das strikte Verbot jedes würderelevanten Eingriffs erstickt die Handlungsfähigkeit staatlicher Organe. Dann erschöpft sich die Garantie des Art. 1 Abs. 1 GG ihrer Funktion nach in der normativen Bekräftigung eines historisch gewachsenen Konsenses über die Ächtung bestimmter staatlicher Verfolgungsmaßnahmen oder Gesetzgeber, vollziehende Gewalt und Rechtsprechung stoßen ständig auf das Tabu möglicher Würdeverletzungen. In der zweiten Variante müssen Überwachung der engeren Privatsphäre, Zwangsernährung, lebenslange Freiheitsstrafe oder eine die Grenzen der physischen oder psychischen Belastbarkeit auslotende Militärausbildung kategorisch dem Bann der Würdeverletzung verfallen.

Entscheidend ist die Frage nach der *Abwägungsgebundenheit* von Würdeanspruch und Verletzungsurteil vor allem für die Relevanz der mit einem Eingriff verfolgten Finalität. Jedoch begründet die Relevanz der Finalität einer Maßnahme nicht zwingend die Abwägungsoffenheit des Verletzungsurteils. So ist *jede* Diskriminierung aus Gründen der Rasse eine Würdeverletzung, ohne daß es auf die Schwere der Folgen ankommt. Hier liegt die Würdeverletzung schon in der Finalität selbst begründet. Für eine Berücksichtigung der *Zweck-Mittel-Relation* beim Verletzungsurteil ist nur dann Raum, wenn man der Menschenwürde neben einem gegenständlich fest umschriebenen Begriffskern (mit sehr allgemein bestimmten, durch wenige, rein gegenständliche Begriffselemente definierten Fallgruppen) einen »Begriffshof« zuordnet, der für eine bilanzierende Würdigung aller für die Schwere des Eingriffs und des verfolgten Zweckes maßgeblichen Umstände offen ist. Hierfür spricht, daß dem Würdeanspruch der Schutz vor völlig unangemessenen Eingriffen im Sinne eines rudimentären* *Übermaßverbotes* immanent ist. Bei diesem »Begriffshof« geht es um die Zone des Schutzbereichs, in der die Menschenwürde »tangierende« Eingriffe ausnahmsweise bei einer bilanzierenden Gesamtwürdigung aller Umstände keine Würdeverletzung darstellen. Andernfalls, beim Verzicht auf eine Schutzbereichszone, die für eine bilanzierende Würdigung des Eingriffs nach Modus** und

* *rudimentären:* nur in Bruchstücken vorhandenen.
** *Modus:* der Art und Weise nach.

Finalität offen ist, blieben als Würdeverletzungen nur die seit jeher als solche anerkannten Akte gezielter Erniedrigung, schwerer körperlicher Mißhandlung und ethnisch-rassischer Diskriminierung.

Ein prägnantes Beispiel für die Anwendung des Übermaßverbotes im Rahmen von Art. 1 Abs. 1 GG bildet das Verbot der eindeutig schuldunangemessenen Bestrafung. Das *Bundesverfassungsgericht* praktiziert bei der Rechtfertigung der lebenslangen Freiheitsstrafe eine deutlich abwägungsgeleitete Anwendung des Würdesatzes: Die *grundsätzlich* würdeverletzende Persönlichkeitsdeformation durch die lebenslange Freiheitsstrafe kann sich bei der Ahndung schwerster Schuld im konkreten Fall als hinnehmbar erweisen. Ganz ähnlich greift für die Beurteilung der lang dauernden Sicherheitsverwahrung im Lichte der Menschenwürde eine rein modale Betrachtungsweise zu kurz. Die Sicherheitsverwahrung ist dann – und nur dann – mit der Garantie der Menschenwürde vereinbar, *wenn* sie wegen der anhaltenden »Gefährlichkeit« des Untergebrachten *»notwendig«* ist [...]. Auch die weithin akzeptierte Würdekonformität von *modal schwerstwiegenden Eingriffen in die Intimsphäre* (Sterilisierung von Einwilligungsunfähigen oder Ausforschung des innersten Bereiches der Privatsphäre) im Interesse des Schutzes hochrangiger Verfassungsbelange indizieren die Abwägungsoffenheit von Würdeinhalt und Verletzungsurteil. Das Urteil des Bundesverfassungsgerichts zum *»großen Lauschangriff«** nähert sich der Menschenwürdegarantie in geradezu exemplarischer Weise mit einer bilanzierenden Gesamtbetrachtung, die einer rein modalen Tabuisierung bestimmter Eingriffe eine klare Absage erteilt. Das Gericht konstruiert hier den unter dem Schutz der Menschenwürde stehenden »Kernbereich privater Lebensge-

* *Lauschangriff:* 1998 vom Bundestag eingeführte Möglichkeit für akustische und optische Maßnahmen zur Überwachung Verdächtiger.

staltung« mit einem komplexen Netzwerk situationsgebundener Parameter, die erst in der Gesamtschau das Urteil über Wahrung oder Verletzung der Menschenwürde tragen. Die Abwägung baut dabei auf einer Würdigung räumlicher, kommunikativ-sozialer sowie finaler Elemente auf und mündet in eine feinmaschige Parzellierung* des Würdeschutzes privater Lebensgestaltung. Auch jenseits der deutschen Grenzen stützt sich die Konkretisierung des Würdeschutzes auf eine abwägungsgebundene Gesamtwürdigung. So fordert das schweizerische Bundesgericht bei einem Eingriff wie der medikamentösen Zwangsbehandlung, welcher die Menschenwürde »zentral betrifft«, eine »vollständige und umfassende Abwägung« der auf dem Spiel stehenden Interessen.

Die bilanzierende Gesamtbetrachtung prägt auch die sachgerechte Beurteilung körperlicher und seelischer Eingriffe zum *präventiven Schutz hochrangiger Rechtsgüter.*

Die Lehrbuch-Probleme der körperlichen Schmerzzufügung und der Ausschaltung voluntativer** Steuerung (Wahrheitsdroge) zur Rettung von Menschenleben (etwa bei bevorstehenden terroristischen Anschlägen) sowie die Zwangsernährung bei Lebensgefährdung liefern Anschauungsmaterial für Güterkollisionen mit Würderelevanz, die mittlerweile auch in Deutschland und anderen rechtsstaatlichen Gemeinwesen praktische Bedeutung erlangt haben. Die Problematik solcher Eingriffe wird verkürzt, wenn *jede* Vornahme derart willensbeugender oder willenskontrollierender Eingriffe *rein modal* beurteilt und deswegen stets – in völliger Abstraktion vom intendierten Lebensschutz – als Würdeverletzung beurteilt wird. Auf der anderen Seite würde es die »Unantastbarkeit« der Menschenwürde verfehlen, ihre »Verletzung« einfach mit dem Lebensschutz zu »rechtfertigen«. Die gebotene Abwägung

* *Parzellierung:* Aufteilung in Einzelbereiche.
** *voluntativer:* willentlicher.

hat sich hier nicht auf der inter-normativen Ebene* (Kollision) von Art. 1 Abs. 1 GG und Art. 2 Abs. 2 Satz 1 GG zu vollziehen, sondern *»normimmanent«* bei der *Konkretisierung des Würdeanspruches.* Die würdeimmanente Konkretisierung des Achtungsanspruches verlangt dabei nach verläßlicher normativer Steuerung durch die grundgesetzliche Wertordnung. Deshalb kann der Inhalt des Würdeanspruches vom Schutz des Lebens (Art. 2 Abs. 2 Satz 1 GG) als Höchstwert der Verfassung – im Interesse Dritter oder des Betroffenen selbst – nicht abstrahieren. Erst recht wirkt der verfassungsrechtlich geschuldete Schutz der Menschenwürde Dritter (Art. 1 Abs. 1 S. 2 GG) auf die dem Einzelnen kraft seiner Würde geschuldete Achtung ein, wenn er selbst die Würde Dritter bedroht. Dabei geht es nicht um eine Abwägung der Menschenwürde gegenüber anderen Verfassungswerten (Abwägung von Würde gegen Leben oder Würde Dritter). Ebensowenig wird hier die Würde des Einzelnen durch kollidierende Rechtsgüter »gemindert«. Vielmehr bestimmt sich das Maß der kraft der (stets gleichbleibenden) Menschenwürde geschuldeten Achtung auch nach seinem eigenen Vorverhalten und darin wurzelnden Bedrohungen für Würde oder Leben anderer (oder auch für das eigene Leben). Wer die hier vertretene bilanzierende Gesamtwürdigung bei der Konkretisierung des Würdeanspruches im konkreten Fall ablehnt, muß auch die Berücksichtigung derartiger Zusammenhänge verwerfen.

Nach diesen Maßstäben kann sich im Einzelfall ergeben, daß etwa eine willensbrechende und schmerzhafte medizinische Zwangsbehandlung, die Überwindung willentlicher Steuerung oder die Ausforschung unwillkürlicher Vorgänge etwa durch Wahrheitsdrogen wegen der auf Lebensrettung gerichteten Finalität eben nicht den Würdeanspruch verletzen. An ihre Grenzen stößt eine würdeimmanente

* *inter-normativen:* zwischen verschiedenen Normen.

Abwägung bei der finalen Schmerzzufügung (Folter) zur Rettung unmittelbar bedrohter Menschenleben in Abwesenheit erfolgversprechender Alternativen. Das hier vorliegende Dilemma läßt sich nach verfassungsrechtlichen Maßstäben keiner befriedigenden Lösung zuführen; dies erklärt das gespaltene Meinungsbild in der Staatsrechtslehre. [...]

III. Träger der Menschenwürde

Geborene Personen

a) Würdeschutz des Menschen in seinem Sosein

Träger der Menschenwürde ist zunächst *jede* geborene Person kraft Zugehörigkeit zur Spezies »Mensch«. Die allen Menschen als Gattungswesen zukommende Würde hängt nicht an irgendwelchen geistigen und körperlichen Fähigkeiten des Einzelnen oder sozialen Merkmalen. Sowohl die im Menschen typischerweise angelegte Möglichkeit der Eigenverantwortung und selbstbestimmter Lebensgestaltung als auch der in Art. 1 Abs. 1 GG anerkannte Eigenwert jeder Person und jeder individuellen Existenz schneiden die Frage nach der Befähigung zu sinnhaftem Leben oder dem Grad der (stets unzerstörbaren) Subjektivität des einzelnen Menschen schlicht ab. Die Garantie der Menschenwürde gewährleistet Achtung und Schutz des Einzelnen in seinem *Sosein*. Sie verbürgt damit ein Mindestmaß an Aufgehobensein im Sinne unbeschränkter Gegenseitigkeit der Anerkennung als Basis des rechtlich verfaßten Gemeinwesens.

Die Erstreckung der Menschenwürde gilt damit *unabhängig* von geistiger und körperlicher Entwicklung, von persönlicher Lebensleistung oder einer erfolgreichen Identitätsbildung. Die Menschenwürde kann nicht durch Straftaten oder sonst »unwürdiges« Verhalten verwirkt werden. Den Würdeanspruch eines Menschen berühren auch die Modalitäten seiner Entstehung nicht. Beim *Klonen* von Menschen steht der Würdeanspruch aus Art. 1 Abs. 1 GG auch dem so erzeugten Menschen (Klon) zu.

b) Differenzierungen bei Art und Weise des Würdeschutzes

Der kategorische Würdeschutz kommt *allen* Menschen als Person zu. Im Sinne der gebotenen Gesamtbetrachtung sind *Art und Maß* des Würdeanspruches für Differenzierungen durchaus offen, die den konkreten Umständen (wie besonderer Schutzbedürftigkeit) Rechnung tragen. Dabei geht es nicht um Stufungen der menschlichen Würde als solcher, sondern um eine situationsgebundene Konkretisierung des aus der Würde folgenden Achtungsanspruches. In diesem Sinne erweist sich die (allen Menschen gleichermaßen zustehende Würde – ähnlich wie die verfassungsrechtlich gebotene Gleichheit aller Menschen) (Art. 3 Abs. 1 GG) – als Relationsbegriff, der zur situationsgebundenen Konkretisierung zwingt.

Wer diese Differenzierungen verwirft, nimmt weitreichende Konsequenzen in Kauf: Dann bleibt die besondere Schutzbedürftigkeit für die Konkretisierung des Achtungsanspruches ebenso außer acht wie das Verhalten, an das ein staatlicher Eingriff anknüpft. Im Polizei- und Strafrecht müßte dann der Würdeanspruch des für schwerste Angriffe auf Leib und Leben Verantwortlichen präventiven und repressiven Maßnahmen exakt die gleichen Schranken ziehen wie der Würdeschutz des Ladendiebs. Bei der Abwehr von Angriffen auf das Leben dürfte keine Differenzierung zwischen Täter- und Opferrolle vorgenommen werden. Der geborene Mensch hätte den gleichen Achtungsanspruch wie die befruchtete Eizelle (wenn man menschliches Leben vor Nidation* schon unter Würdeschutz stellt). Bei einer solchen Gleichstellung

* *Nidation:* vgl. Anm. S. 204.

dürfte die Diskussion um bestimmte Formen von Forschung und Therapie an und mit Embryonen *in vitro** als verfassungsrechtlich ernst zu nehmender Diskurs überhaupt nicht geführt werden. Eine derart konsequente Gleichstellung entspricht weder dem allgemeinen Rechtsbewusstsein noch der Praxis von Gesetzgebung und Rechtsprechung. In Fällen schwerster Schuld lassen sich noch gravierende Eingriffe (besonders lange Dauer des Strafvollzugs mit persönlichkeitsdeformierender Wirkung) mit der Menschenwürde vereinbaren, die sich sonst als unzumutbar erweisen würden. Die gerne beschworene Befürchtung, jede Differenzierung bedeute selektive Minderung des Würdeschutzes bestimmter Gruppen (etwa älterer Menschen) verläßt die Bahnen einer rationalen Argumentation. Denn die Substanz dieser Befürchtung hängt an der Unterstellung, daß ein unerwünschtes Differenzierungskriterium (wie das hohe Lebensalter) in der Gesamtschau der verfassungsrechtlichen Wert- und Güterordnung und nach anderen Konkretisierungsmaßstäben (wie geistes- und kulturgeschichtlich tradierten** oder völkerrechtlichen Standards) eine Minderung des Achtungsanspruches trägt. Das Konzept einer bilanzierenden Gesamtwürdigung steht mit solchen Befürchtungen in keinem faßbaren Zusammenhang.

Besondere Schutzbedürftigkeit kann sich in gesteigerten Würdestandards etwa für geistig oder körperlich behinderte Personen (auch in materieller Sicht) niederschlagen. Wie sehr bei fürsorglichen Maßnahmen von der besonderen Lebenssituation veranlaßter Schutz und Eingriff ineinandergreifen, tritt in einschneidender Weise beim Problem der *Sterilisation von Einwilligungsunfähigen* (§ 1905 BGB) hervor. Die Rechtfertigung dieses *modal* sicher an die Menschenwürde heranreichenden Eingriffs am Maßstab des

* *in vitro:* im Reagenzglas, also künstlich befruchtet.
** *tradierten:* überlieferten.

Art. 1 Abs. 1 GG durch den bezweckten Schutz der Gesundheit der Schwangeren bildet einen geradezu exemplarischen Beleg für die Abwägungsoffenheit des Verletzungsurteils selbst bei einem höchst schwerwiegenden Eingriff. Zugleich wird hier besonders deutlich, daß der Würdeanspruch neben der Rücksichtnahme auf den natürlichen Willen als Ausdruck der möglichen Selbstbestimmung eine Absicherung durch strenge Verfahrensstandards (Einwilligung durch den Betreuer und gerichtliche Genehmigung) verlangt. Da einwilligungsunfähige Personen häufig die Tragweite des Eingriffs nicht voll ermessen werden, schöpft die Sterilisation selbst bei allen prozessualen Kautelen* als *ultima ratio*** den staatlichen Handlungsspielraum bis hart an die Schranke des Art. 1 Abs. 1 GG aus.

Grundgesetz. Tl. B: Kommentar. I. Die Grundrechte (Art. 1–19). Begr. von Theodor Maunz und Günter Dürig. Hrsg. von Roman Herzog, Rupert Scholz, Matthias Herdegen und Hans H. Klein. Bd. 1: Art 1–5. München: Beck, 2008. S. 11–13, 17f., 21–24, 27–31, 34–37. –

Gegen jede Relativierung

Der ehemalige Bundesverfassungsrichter und Rechtsphilosoph Ernst-Wolfgang Böckenförde markiert Herdegens Neukommentierung von Artikel 1 des Grundgesetzes als »Epochenwechsel«, den er nicht mitzuvollziehen bereit sei. Statt Herdegen folgt er weiter Günter Dürig. So hält er die Idee der Menschenwürde für nicht relativierbar. Sie bezeichnet den unbedingten Eigenwert des Menschen, der ihm bereits als Zygote, das heißt vom Moment der Befruchtung an, zukommt. Dabei verankert Böckenförde die verteidigte Wesenswürde des Menschen, die natürlich im-

* *Kautelen:* Vorbehalten.
** *ultima ratio:* das äußerste Mittel.

mer auch ein Gestaltungsauftrag ist, im Denken der Aufklärung, insbesondere der Philosophie Immanuel Kants, und im Christentum.

Anders als im ausgehenden 19. und beginnenden 20. Jahrhundert geht es im Streit um die Menschenwürde in der Gegenwart weniger um soziale Wohlfahrtsrechte als Würdeansprüche als vielmehr um die Frage, ob es – wie seit Cicero immer wieder behauptet (vgl. hier S. 35) – überhaupt eine Wesenswürde gibt.

ERNST-WOLFGANG BÖCKENFÖRDE

Bleibt die Menschenwürde unantastbar?

Der Inhalt der Menschenwürdegarantie des Grundgesetzes ist in den letzten Jahren lebhaft in die Diskussion geraten. Hervorgerufen wurde das nicht zuletzt durch die ungeheuren Fortschritte der Biomedizin und Biotechnologie vor allem im vergangenen Jahrzehnt. Symptomatisch für den Vorgang, der sich im rechtswissenschaftlichen Diskurs abspielt, ist die vor gut einem Jahr erschienene Neukommentierung von Art. 1 Abs. 1 des Grundgesetzes im großen und lange tonangebenden Kommentar von Maunz/Dürig durch Matthias Herdegen.* Sie stellt nicht eine Ergänzung und Fortschreibung von Dürigs Kommentierung mit Blick auf neu aufgetretene Problemlagen und Herausforderungen dar, sondern eine völlige Neukommentierung – den Abschied von Günter Dürig.

Symptomatisch ist dieser Vorgang auch deshalb, weil die Erstkommentierung von Günter Dürig, die 1958 erschien, nahezu 45 Jahre unangetastet im Kommentar stehen blieb, obwohl fast alle anderen Artikel des Grundgesetzes in dieser Zeit eine Zweitkommentierung, teilweise

* Matthias Herdegen, in: Maunz/Dürig, *Grundgesetz. Kommentar*, Art. 1 I, Stand 2003. [Anm. E.-W. Böckenförde; vgl. hier S. 254 ff.

sogar eine Drittkommentierung erfahren hatten. Diese Verspätung hatte ihren Grund. Die Kommentierung der Artikel 1 und 2 durch Dürig war gewissermaßen das ideelle und normative Grundgerüst, auf dem sich der Kommentar insgesamt entfaltete, sie gab ihm das Profil und war ein Stück seiner Identität. Davon wollte man nicht lassen, so lange es ging, auch wenn eine Ergänzung oder erneute Bearbeitung angesichts der Entwicklung von Rechtsprechung und Literatur und neu aufgetretener Probleme schon länger angezeigt gewesen wäre.

Herdegens grundlegend veränderter Ansatz

Die neue Kommentierung von Herdegen stimmt zwar in etlichen Detailfragen im Ergebnis mit Dürigs Kommentierung überein, aber sie folgt, und darauf kommt es hier an, einem grundlegend veränderten Ansatz. Die Menschenwürdegarantie wird beweglich und anpassungsfähig, büßt ihren Charakter als Fels in der Brandung ein gutes Stück weit ein. Entscheidend ist die Absage an den Charakter der Menschenwürdegarantie als bewusster Übernahme eines vor-positiven geistig-ethischen Gehalts in das positive Recht, mit dem sie verknüpft bleibt. [...] Die Menschenwürde als rechtlicher Begriff wird so ganz auf sich gestellt, abgelöst (und abgeschnitten) von der Verknüpfung mit dem vorgelagerten geistig-ethischen Inhalt, der dem Parlamentarischen Rat präsent und für Dürig so wichtig war. Was hierzu zu sagen ist, wandert ab in den »geistesgeschichtlichen Hintergrund«, worüber kundig berichtet wird, aber ohne normative Relevanz. Die fundamentale Norm des Grundgesetzes geht der tragenden Achse verlustig.

Zum Leitfaden der Interpretation wird die Aufnahme und Mitteilung der Deutungsvielfalt, ein Abstellen auf das, was sich dabei als Konsens zeigt, und die zurückhaltend-skeptische Suche nach Evidenzurteilen. Die Option für den Grundrechtscharakter [...] öffnet das Tor zur Abwägung, die bei kollidierenden Grundrechtsansprüchen unvermeidlich ist, und zu flexibler Handhabung [...].

[...] Letztlich geht es um die rechtsdogmatische Etablierung eines Freiraums für die Gewährung und den Abbau von Würdeschutz nach den Angemessenheitsvorstellungen des Interpreten.

[...]

»Rütteln am Fundament« oder lebendige Fortentwicklung des Rechts?

Die Veränderungen im Verständnis des Inhalts und der Reichweite der Menschenwürdegarantie, die wir feststellen können, geben uns einige Fragen auf. Sind sie ein »Rütteln am Fundament«, auf dem unsere grundgesetzliche Ordnung beruht, oder sind sie ein Ausdruck lebendiger Fortentwicklung des Rechts angesichts neuer Problemlagen und Herausforderungen, die auch grundlegende Rechtsgarantien ergreift und ergreifen muss? Und ist weiter die Ablösung der Menschenwürdegarantie von ihrem vor-positiven Fundament, ihr Verständnis als »rein staatsrechtlicher Begriff«, wie Herdegen sagt, nicht eine Notwendigkeit, die Befreiung zum positiven Recht aus den Fesseln naturrechtlicher oder objektiver Wertordnungsargumentation, die nicht mehr konsensfähig ist? Ich möchte auf die letzte Frage zuerst und dann auf die erste Frage eingehen.

[...] Böckenförde, der immer für das volle Ernstnehmen des positiven Rechts, aber auch gegen seine Isolierung aus seinem historisch-politischen Kontext eingetreten ist, ist nicht auf seine alten Tage als Jurist zum Naturrechtler geworden. Ich schätze das Naturrecht und naturrechtliches Denken sehr, aber es ist nicht aus sich heraus Teil und Inhalt des geltenden positiven Rechts, sondern gehört in den

Bereich der Rechtsethik, der Kritik und eventuell Delegitimierung* des positiven Rechts und der Anstöße zur Änderung und Verbesserung dieses Rechts.

Der Verweis auf das vor-positive Fundament der Menschenwürdegarantie ist nichts anderes als ein notwendiger Teil der Inhaltsermittlung des Art. 1 Abs. 1 GG als positives Recht. Es geht dabei um das Erfragen und Feststellen dessen, was der Parlamentarische Rat als Verfassungsgesetzgeber mit der Festlegung dieses Achtungs- und Schutzgebots als fundamentaler Verfassungsnorm beabsichtigt und gewollt hat.

Was den Parlamentarischen Rat bewegte, war die Übernahme eines geistig-philosophisch geprägten Begriffs, der seine Konturen aus seinen Wurzeln in der christlichen Tradition und im Gedankengut der Aufklärung, insbesondere Immanuel Kants, gewonnen hatte, als Rechtsbegriff in das Verfassungsrecht, um ihn so als grundlegendes normatives Prinzip staatlichen Handelns verbindlich zu machen. Damit wurde etwas vor-positiv Vorhandenes in das positive Recht hineingenommen. Das lassen die Beratungen im Parlamentarischen Rat wie auch das Zeitumfeld deutlich erkennen [...]. Der Parlamentarische Rat wollte nicht eine mehr oder weniger leere begriffliche Hülse, die je von neuem und interdisziplinär inhaltlich aufgefüllt werden soll, als normatives Prinzip verbindlich machen und mit Unabänderlichkeit (Art. 79 Abs. 3 GG) ausstatten, sondern ein inhaltlich näher bestimmtes Fundament legen [...].

Damit sind wir bei der ersten gestellten Frage [...].

Was ist dazu zu sagen? Gewiss kann sich das Recht als lebendiges Recht nicht vom Fortgang der Zeit und von neuen Herausforderungen abkoppeln und sich in seinem normativen Gehalt nicht entstehungszeitlich versteinern. Es muss, soll es seiner Ordnungsfunktion nicht verlustig

* *Delegitimierung:* Herausnahme aus dem geltenden Recht.

gehen, in seinen Begriffen die gegebene und sich verändernde soziale und auch mentale Wirklichkeit normativ übergreifen, darf sich von ihr nicht isolieren und zu ihr beziehungslos werden. Die Rechtsordnung kennt deshalb nicht wenige offene Begriffe, deren konkreter Inhalt sich, ausgehend von einem festen Kern, fortentwickeln und auch verändern kann. [...]

Zwar ist der Begriff der Menschenwürde durchaus ein offener Begriff, der in seinen konkreten Auswirkungen nicht ein für alle Mal festgelegt ist, vielmehr eine gewisse Variationsbreite aufweist und auf neue Herausforderungen entsprechend reagieren kann und auch muss. Diese konkreten Auswirkungen fließen aber aus einem festen Kern, dem normativen Grundgehalt. Und dieser Grundgehalt lässt sich nicht im Sinne eines Schleusenbegriffs verstehen, das widerspricht seinem normativen Sinn. Schleusenbegriffe haben ihre auf Pragmatik und Praktikabilität gerichtete Funktionalität stets und nur im Rahmen der durch die Rechtsordnung vorgegebenen Grundlagen und Prinzipien. Diese Funktionalität lässt sich nicht auf die Grundlagen und Prinzipien selbst übertragen, ohne diese in ihrer normativen Qualität aufzulösen. Menschenwürde als Schleusenbegriff, das machte die fundamentale Norm der grundgesetzlichen Ordnung, die unverbrüchlich und unantastbar gelten soll, zu einer Variablen je wechselnder Zeitgeistvorstellungen. Art. 1 Abs. 1 GG würde zu einem bloßen Durchlauferhitzer für je wechselnde Vorstellungen, die er in ihrem Auf und Ab jeweils zur Unantastbarkeit und Unabänderbarkeit steigert. Das kann sein normativer Sinn nicht sein, und dies war vom Parlamentarischen Rat in keiner Weise gewollt.

Grundgehalt der Menschenwürdegarantie

Was beinhaltet dann aber die Menschenwürdegarantie, wenn sie integer* bleiben und nicht wechselnden Bedürfnissen und Zeitgeistvorstellungen anheim gegeben werden soll?

Mir scheint, der Grundgehalt dieser Garantie, was ihren festen Kernbestand ungeachtet gegebener Offenheit ausmacht, ist weniger umstritten als es gegenwärtig den Anschein hat. Bei verschiedenen Ansätzen, den Inhalt der Menschenwürde zu bestimmen, lässt sich dieser Kernbestand mit der von Kant entlehnten Formel »Zweck an sich selbst« oder der vom Bundesverfassungsgericht gegebenen Definition »Dasein um seiner selbst willen« umschreiben. Darin sind die Stellung und Anerkennung als eigenes Subjekt, die Freiheit zur eigenen Entfaltung, der Ausschluss von Erniedrigung und Instrumentalisierung nach Art einer Sache, über die einfach verfügt werden kann, positiv gewendet, das Recht auf Rechte, die es zu achten und zu schützen galt, eingeschlossen.

[...] Soll die Achtung seiner Würde für jeden Menschen als solchen gelten, muss sie ihm von Anfang an, dem ersten Beginn *seines* Lebens zuerkannt und darauf erstreckt werden, nicht erst nach einem Intervall, das er – gegen Verzweckung und Beliebigkeit nicht abgeschirmt – erst einmal glücklich überstanden haben muss.

Dieser erste Beginn eigenen Lebens des sich ausbildenden und entwickelnden Menschen liegt nun aber in der Befruchtung, nicht erst später. Durch sie bildet sich ein gegenüber Samenzelle und Eizelle, die auch Formen menschlichen Lebens sind, neues und eigenständiges *menschliches Lebewesen*.

Ernst-Wolfgang Böckenförde: Bleibt die Menschenwürde unantastbar? In: E.-W.B.: Recht, Staat, Freiheit. Erw. Ausg. Frankfurt a.M.: Suhrkamp, 2006. S. 407–419. –

* *integer:* unverletzt.

Kritische Stimmen

Soziales Eigeninteresse

In einem lange Zeit unbekannten Text über die Menschenwürde stellt der schottische Philosoph David Hume (1711–1776) wohl erstmals in der neuzeitlichen Kulturgeschichte die Idee der angeborenen Wesenswürde in Frage. Ob der Mensch für »großartig« oder »elend« gehalten wird, hängt, so Hume, davon ab, ob man eine hohe oder schlechte Meinung vom Menschen hat sowie mehr zu feierlichen oder eher zu ironischen Redensarten neigt. Der Mensch ist weder an sich würdevoll noch an sich armselig, sondern dieses alles immer nur in Relation zu anderen Größen: So ist er etwa klein verglichen mit Gott, aber groß im Vergleich zum Tier. Hume ordnet die Würde der Moralität und die Armseligkeit dem menschlichen Eigeninteresse zu, um anschließend beide nur scheinbar gegensätzlichen Bestimmungen miteinander zu verbinden: Rücksichtsvolles, tugendhaftes und freundschaftliches, kurz würdiges Verhalten dient durchaus auch eigenen Interessen und der Selbstliebe, und das ist in Ordnung, weil von Eigenliebe hervorgerufenes oder begleitetes soziales Handeln auch ein soziales Handeln ist. Zu Unrecht werden, so Hume, Selbstliebe und Eigeninteresse als armselig und elend disqualifiziert.

Aus dem Gesagten wird deutlich, dass Hume zwar an der Gestaltungswürde festhält, aber die Idee der Wesenswürde aufgibt.

DAVID HUME

Über Würde oder Armseligkeit der menschlichen Natur

(1) Es gibt bestimmte Sekten und politische Fraktionen, welche sich unbemerkt in der Welt der Gelehrten entwickeln; und obwohl sie manchmal nicht offen zutage treten, beeinflussen sie die Art des Denkens derer, die auf den jeweiligen Seiten an ihnen teilhaben. Die auffälligsten dieser Sekten sind jene, die auf unterschiedlichen Einstellungen bezüglich der Würde der menschlichen Natur gründen. Dieser Punkt scheint Philosophen und Poeten sowie Theologen seit Urzeiten und bis zum heutigen Tag zu spalten. Die einen heben unsere Spezies in den Himmel empor und stellen den Menschen als eine Art Halbgott dar, der seinen Ursprung im Himmel hat und klare Zeichen seiner Abstammungsgeschichte und Herkunft in sich trägt. Andere bestehen auf der verblendeten Seite der menschlichen Natur und können nichts als Einbildung und Eitelkeit entdecken. Darin übertrifft der Mensch alle anderen Tiere, die er auf verachtenswerte Weise schädigt. Wenn ein Autor das Talent der feierlichen Darbietung und Rhetorik besitzt, schließt er sich für gewöhnlich ersteren an; falls seine Art mehr ironisch und verhöhnend ist, schlägt er sich natürlicherweise auf die Seite des anderen Extrems.

Ich bin weit davon entfernt zu denken, dass all diejenigen, welche unsere Spezies abwerteten, Gegner der Tugend waren und die moralischen Schwächen und Verletzlichkeit ihrer Mitmenschen aus schlechter Absicht aufgezeigt haben. Im Gegenteil: Ich bin mir bewusst, dass ein feiner Sinn für Moral, vor allem wenn er mit unwirscher Grundstimmung gepaart ist, uns verständlicherweise Ekel für diese Welt empfinden und uns den normalen Verlauf der menschlichen Angelegenheiten mit übermäßiger Empörung betrachten lässt. Trotzdem muss ich aber auch die Meinung vertreten, dass die Gefühle derer, die tendenziell positiv von der Menschheit denken, vorteilhafter für die Tugend sind als die Gefühle mit gegenteiliger Einstellung, die uns ein ärmliches Bild unserer Natur geben. Wenn jemand eine hohe Meinung von seiner Position und seinem Charakter hat, wird er natürlich versuchen, nach diesem Bild zu leben, und wird vermeiden, unmoralisch oder mutwillig grausam zu handeln. Denn dies würde ihn zu etwas machen, was unter seinem Selbstbild steht. Dem entsprechend stellen wir fest, dass all unsere höflichen und modischen Moralisten auf diesen Punkt bestehen und sich bemühen, die Untugend gleichermaßen als des Menschen unwürdig wie auch als abscheulich in sich darzustellen.

(2) Wir finden nur wenige Auseinandersetzungen, die nicht auf irgendeiner Art von Mehrdeutigkeit der Ausdrücke basieren; und ich bin davon überzeugt, dass die gegenwärtige Auseinandersetzung bezüglich der Würde oder Armseligkeit der menschlichen Natur keine Ausnahme darstellt. Es scheint daher angebracht, sich zu überlegen, was real und was nur verbal in dieser Kontroverse existiert.

Dass es einen natürlichen Unterschied zwischen Verdienst und Schuldhaftigkeit, Tugend und Laster, Weisheit und Torheit gibt, das wird kein vernünftiger Mensch bestreiten: Trotzdem ist es bewiesen, dass wir beim Festlegen des Begriffes, der entweder unsere Wertschätzung oder Missbilligung bezeichnet, normalerweise mehr von Vergleichen als von irgendwelchen festgelegten, unveränderlichen Größen der Natur der Dinge beeinflusst werden. Quantität, Ausdehnung und Masse anerkennt ein jeder in gleicher Weise als wirkliche Dinge: Aber wenn wir irgendein Tier groß oder klein nennen, stellen wir jedes Mal unbewusst einen Vergleich zwischen diesem Tier und anderen seiner Spezies an; und es ist dieser Vergleich, der unser Urteil über seine Größe beeinflusst. Ein Hund und ein Pferd mögen von gleicher Größe sein; während das eine Tier für seine Größe bewundert wird, wird das andere bestaunt für seine Kleinheit. Wann immer ich daher an einer Auseinandersetzung teilnehme, erwäge ich zuerst, ob der Gegenstand der Kontroverse eine Frage des Vergleichs ist; und wenn er dies ist, frage ich mich, ob die Diskutierenden dieselben Dinge vergleichen oder ob sie von ganz unterschiedlichen Dingen sprechen.

Wenn wir unsere Idee von der menschlichen Natur bilden, neigen wir dazu, einen Vergleich zwischen Mensch und Tier zu ziehen, welche die einzigen Kreaturen sind, die uns in ihrer Art ähneln. Sicherlich ist dieser Vergleich von Vorteil für die Menschheit. Auf der einen Seite sehen wir eine Kreatur, deren Gedanken durch keine engen Grenzen eingeschränkt sind, weder Grenzen des Raums noch der Zeit; ein Wesen, welches seine Forschung in die weitestentfernten Regionen der Erde bringt und über diese Erde hinaus zu den Planeten und Himmelskörpern; ein Wesen, das zurückblickt, um den Anfang aller Dinge zu bedenken oder wenigstens die Geschichte der menschlichen Rasse; welches einen Blick nach vorne wirft, um den Einfluss seiner Handlungen auf künftige Generationen zu erkennen und auch die Urteile, die in tausend Jahren über es gefällt werden; eine Kreatur, welche Ursachen und Wirkungen im Großen und Kleinen verfolgt; allgemeine Gesetze aus einzelnen Erscheinungen ableitet; eine Kreatur, die durch ihre Entdeckungen wächst; ihre Fehler korrigiert; und sich ihre Irrtümer zunutze macht. – Auf der anderen Seite präsentiert sich uns eine ganz gegenteilige Kreatur; eingeschränkt in ihren Beobachtungen und Schlussfolgerungen auf einige wenige spezielle Objekte in ihrer Umgebung; ohne Neugierde, ohne Blick in die Zukunft; blind von Instinkten geführt und innerhalb kürzester Zeit ihren höchsten Entwicklungsstand erreichend, über welchen sie niemals einen einzigen Schritt hinaus tun wird. Welch große Differenz existiert zwischen diesen beiden Kreaturen! Und welch großartige Idee müssen wir von ersterem im Vergleich mit letzterem bekommen!

Es gibt zwei Mittel, welche für gewöhnlich zum Widerlegen dieser Schlussfolgerungen verwendet werden: Erstens eine unfaire Darstellung des Falles, in der nur die Schwächen der menschlichen Natur betont werden. Und zweitens ein neuer, unausgesprochener Vergleich zwischen dem Menschen und Lebewesen von größtmöglicher Vollkommenheit. Unter anderem zählt es zu den hervorragenden Eigenschaften des Menschen, dass er die Fähigkeit besitzt, Ideen zu schaffen, welche vollkommener sind als alles, was er jemals selbst erlebt hat, und welche weder in Weisheit noch Tugendhaftigkeit beschränkt sind. Der Mensch kann einfach seine Begriffe erweitern und sich ein Maß an Wissen vorstellen, das im Vergleich zu seinem eigenen Wissen dieses als nicht beachtenswert erscheinen lässt und welches den Unterschied zwischen Mensch und Tier verschwindend klein werden lässt. Nachdem sich die ganze Welt darüber einig ist, dass das menschliche Verstehen alles andere als vollkommen ist, sollten wir erkennen, dass wir dort keine Auseinandersetzung führen können, wo sich unsere Auffassungen nicht wirklich unterscheiden. Der Mensch ist weiter entfernt von vollkommener Weisheit, selbst von seinen eigenen Vorstellungen von vollkommener Weisheit, als Tiere [in ihren Fähigkeiten] von Menschen entfernt sind; trotzdem ist der zuletzt genannte Unterschied so beachtenswert, dass nichts außer einem Vergleich mit dem zuerst erwähnten ihn so klein erscheinen ließe.

Es ist zudem normal, einen Menschen mit einem anderen Menschen zu vergleichen; und wir finden nur sehr wenige, die weise oder tugendhaft sind, und so tendieren wir dazu, ein abwertendes Bild unserer Spezies im ganzen zu zeichnen. Sofern uns aber die Falschheit dieser Art der Argumentation bewusst wird, können wir erkennen, dass die ehrenwerten Bezeichnungen von »weise und tugendhaft« in keiner Hinsicht den Ideen von Weisheit und Tugendhaftigkeit nahekommen, sondern dass sie lediglich durch den Vergleich entstehen, den wir zwischen dem einen und dem anderen Menschen ziehen. Wenn wir einen Menschen finden, der einen Zustand der Weisheit erreicht hat, wie es sehr selten vorkommt, nennen wir ihn einen weisen Menschen: Allerdings zu sagen, dass es sehr wenige weise Menschen auf der Welt gibt, sagt eigentlich gar nichts aus, da es einzig ihre Seltenheit ist, welche ihnen diese Bezeichnung zukommen lässt. Wo die dümmsten unserer Spezies so weise sind wie Cicero* oder Francis Bacon**, sollten wir immer noch einen Grund haben zu sagen, dass es wenige weise Menschen gibt. Denn in diesem Fall sollten wir unseren Begriff von Weisheit erweitern und weiterhin denen, welche sich nicht durch ihr Talent von anderen unterscheiden, keinerlei Beachtung schenken. In derselben Art und Weise habe ich von gedankenlosen Menschen gehört, dass es im Vergleich mit all denen, die gerne schön wären, nur wenige Frauen gibt, die diese ersehnte Schönheit besitzen; nicht bedenkend, dass wir die Bezeichnung »schön« nur solchen zugestehen, welche einen selten gefundenen Grad an Schönheit besitzen. Derselbe Grad von Schönheit, der bei einer Frau Verunstaltung genannt wird, wird bei einem Menschen meines Geschlechts als wahre Schönheit gehandelt.

Es ist normal, dass man unsere Spezies mit anderen darüber- und darunterstehenden Spezies oder auch die einzelnen Individuen untereinander vergleicht, wenn man sich ein Bild von ihr machen möchte. Also vergleichen wir oft die verschiedenen Absichten oder motivierenden Prinzipien der menschlichen Natur, um unsere Urteile bezüglich des menschlichen Wesens zu bestimmen. Und in der Tat,

* *Cicero:* Marcus Tullius C. (106–43 v. Chr.), römischer Philosoph und berühmter Redner.

** *Francis Bacon:* englischer Philosoph und Staatsmann (1562–1626), einer der Wegbereiter moderner Wissenschaft (*Novum organon*, 1620).

dies ist die einzige Art des Vergleichs, welche unsere Aufmerksamkeit verdient oder irgendetwas in der momentanen Frage entscheidet. Wäre es der Fall, dass unsere egoistischen und bösartigen Absichten so sehr unsere sozialen und tugendhaften Absichten dominieren würden, wie einige Philosophen dies behaupten, dann müssten wir zweifelsohne ein verachtenswertes Bild des menschlichen Wesens zeichnen.

(3) Diese ganze Kontroverse ist in vielerlei Beziehung ein Streit um Worte. Wenn ein Mann die Aufrichtigkeit allen Gemeinschaftsgefühls oder seine Zuneigung zu einem Land oder einer Gesellschaft leugnet, weiß ich nicht, was ich von ihm denken oder halten soll. Vielleicht hat er nie diese Leidenschaft in einer so klaren und unterscheidbaren Art gefühlt, dass seine Zweifel bezüglich ihrer Stärke und Wahrhaftigkeit hätten beseitigt werden können. Aber wenn er dann später auch noch jede private Freundschaft ablehnt, wenn sie nicht seinen Interessen oder seiner Selbstliebe zugutekommt, dann bin ich sicher, dass er Begriffe missbraucht und die Ideen hinter den Dingen verwechselt. Denn es ist unmöglich, dass jemand so egoistisch oder eher dumm ist, dass er keinen Unterschied zwischen einem Menschen und einem anderen Menschen machen und dabei nicht die Qualitäten vorziehen würde, welche seine Zustimmung und Wertschätzung erzeugen. Ist er dann, so sage ich, genauso empfindungslos für Wut, wie er vorgibt für Freundschaft zu sein? Und berührt ihn Verletzendes und Unrecht nicht mehr als Freundlichkeit und Vorteile? Unmöglich: Er kennt sich selber nicht: Er hat die Bewegungen seines Herzens vergessen; oder es ist eher so, dass er eine andere Sprache benutzt als all seine Mitbürger und nichts bei seinem richtigen Namen nennt. Was sagst du zu natürlicher Zuneigung? (Ich ergänze) Ist das auch eine Art der Eigenliebe? Ja: alles ist Eigenliebe. Deine Kinder werden nur geliebt, weil sie die deinen sind: Aus demselben Grund deine Freunde. Und dein Land be-

rührt dich nur insoweit, als dass es mit dir verbunden ist. – Wäre die Idee des Selbst von allem abgetrennt, nichts würde einen berühren: man wäre völlig gelähmt und unempfindsam: Oder, wenn man sich doch irgendwann einmal irgendeiner Art von Bewegung hingeben würde, es wäre einzig motiviert durch Eitelkeit und Verlangen nach Ruhm und Ansehen. Ich bin bereit, so antworte ich, deine Auffassung von menschlichen Handlungen zu teilen, vorausgesetzt, du anerkennst die Fakten. Wir müssen dieser Art der Eigenliebe, welche sich selbst in der Freundlichkeit gegenüber anderen äußert, großen Einfluss auf das menschliche Handeln zuschreiben und in vielen Situationen sogar noch mehr als die Eigenliebe, die in ihrer eigentlichen, rücksichtslosen Form bleibt. Denn wie wenige Menschen mit Familie, Kindern und Freunden gibt es, welche nicht mehr für die Versorgung und Bildung von ihnen ausgeben als für ihr eigenes Vergnügen? Das in der Tat, wie man richtiggehend beobachten kann, könnte durch ihre Eigenliebe hervorgerufen werden, da die Zukunft ihrer Familie und Freunde eine, wenn nicht sogar ihre Hauptfreude und ihre Hauptehre ist. Sei auch du einer dieser dergestalt egoistischen Menschen, und du bist der guten Meinungen und des guten Willens aller anderen sicher; oder um deine Ohren nicht mit diesen Ausdrücken zu schockieren: Die Eigenliebe eines jeden, und meine genauso wie die aller anderen, wird uns dann dazu bringen, dir zu dienen und gut von dir zu sprechen.

Meiner Meinung nach gibt es zwei Dinge, welche diese Philosophen, die so sehr den Egoismus des Menschen betonten, in die Irre geführt haben. Zuerst haben sie gefunden, dass jede tugendvolle Handlung oder jeder Akt der Freundschaft mit geheimen Freuden verknüpft war; also schlossen sie, dass Freundschaft und Tugendhaftigkeit nicht ohne Interesse sein können. Aber der Fehlschluss ist hier offensichtlich. Das tugendhafte Gefühl oder die Leidenschaft erschafft die Freude und wird nicht von ihr erzeugt. Ich fühle Freude, wenn ich etwas Gutes für einen Freund tue, weil ich ihn liebe; aber ich liebe ihn nicht um dieser Freude willen.

Zweitens wurde gefunden, dass die Tugendhaften weit davon entfernt sind, gleichgültig gegenüber Lob zu sein; und daher wurden sie als prahlerische Menschen dargestellt, welche nichts außer dem Applaus der anderen im Blick haben. Aber auch das ist ein Fehlschluss. Es ist sehr ungerecht, wenn man irgendeine Tinktur von Eitelkeit in einer löblichen Handlung findet und sie dann auf dieses Konto gehen lässt oder sie sogar ganz diesem Motiv zuschreibt. Aber mit Eitelkeit verhält es sich anders als mit anderen Leidenschaften. Wo Gier oder Rache in eine scheinbar ehrenhafte Handlung gemischt wird, ist es schwer für uns herauszufinden, wie viel davon enthalten ist, und es ist natürlich anzunehmen, dass sie das eigentliche, auslösende Motiv ist. Eitelkeit ist dagegen so stark mit Tugend verbunden, und das Ansehen der löblichen Handlungen zu lieben kommt der Liebe der löblichen Handlungen um ihrer selbst willen so nah, dass sich diese Leidenschaften viel stärker miteinander mischen können als irgendwelche anderen Arten von Neigungen; und es ist fast unmöglich, letzteres ohne irgendeine Art des ersteren zu haben. Dementsprechend finden wir, dass die Leidenschaft für Ruhm immer verzerrt ist und je nach Geschmack und Veranlagung des Geistes, welchem sie angehört, variiert. Nero* hatte die gleiche Eitelkeit, als er einen Triumphwagen fuhr, wie Trajan**, als er das Reich mit Gerechtigkeit und Können regierte. Den Ruhm der ehrenhaften Taten zu lieben ist ein sicherer Beweis für die Liebe zur Tugend.

David Hume: Of the Dignity or Meanness of Human Nature. In: D. H.: Essays: Moral, Political and Literary. Hrsg. von Eugene F. Miller. Indianapolis 1986. S. 80–86. – Übers. von Kathleen Abel und Franz Josef Wetz.

* *Nero:* römischer Kaiser (37–68), soll Rom angezündet haben.

** *Trajan:* römischer Kaiser (53–117), galt als bester Kaiser.

Unsinnige Anmaßung

In der Moderne wird aufgrund von sozialer Not und naturwissenschaftlichen Erkenntnissen oft die Idee der Wesenswürde, wohlgemerkt aber nicht die Würde als Gestaltungsauftrag in Frage gestellt. Im Unterschied dazu verwirft im 19. Jahrhundert bereits Arthur Schopenhauer (1788–1860) die Idee der Menschenwürde allgemein. Dabei zielt er vor allem auf das Verständnis des Begriffs bei Kant und seinen Nachfolgern.

Erstens wirft Schopenhauer Kant eine unhaltbare zirkuläre Begründung vor: Kant sei der Auffassung, die Menschenwürde beruhe auf der am Sittengesetz ausgerichteten Freiheit des Menschen und diese wiederum auf dessen Würde. Mit anderen Worten: Dass wir frei seien, soll uns die Würde garantieren; dass wir Würde haben, soll wiederum die Freiheit beweisen. Dieser Zirkel der Begründung ist in der Tat problematisch.

Zweitens stellt, so Schopenhauer, nach Kant die Würde einen absoluten, das heißt unvergleichlichen Wert dar. Aber ein absoluter Wert ist so wenig denkbar wie die größte Zahl. Ein Wert ist stets Ergebnis eines Vergleichs, weshalb es nur relative Werte gibt. Etwas hat einen bestimmten Wert nur im Vergleich mit etwas anderem – eine Position, die schon David Hume vertrat. Doch ist dieser Teil der Kritik nicht überzeugend. Denn es ist durchaus denkbar, dass der Mensch tatsächlich an sich einen Wert hat, aufgrund dessen er sich vor niemandem durch herausragende Eigenschaften oder Leistungen auszeichnen muss, um als Subjekt von Grundrechten anerkannt zu werden.

Das dritte Argument von Schopenhauer leuchtet am ehesten ein: Der Mensch ist einfach zu erbärmlich, niederträchtig, schwach und klein, um den Begriff Würde sinnvoll auf sich anwenden zu können. Dies ist aber nicht schlimm, so Schopenhauer, weil die Ethik auf die Idee der Menschenwürde ohne weiteres verzichten könne. Mitleid ist die wahre Quelle moralischen Handelns. Wer – die Not, Sorgen und Ängste der Menschen vor Augen – nicht Mitleid empfindet, der wird durch die Idee der Menschenwürde erst recht nicht zu moralischem Handeln bewegt.

ARTHUR SCHOPENHAUER

Über die Grundlage der Moral

Von den abgeleiteten *Formen des obersten Grundsatzes der Kantischen Ethik*

Allein dieser Ausdruck ›*Würde des Menschen*‹, einmal von *Kant* ausgesprochen, wurde nachher das Schibboleth* aller rat- und gedankenlosen Moralisten, die ihren Mangel an einer wirklichen oder wenigstens doch irgend etwas sagenden Grundlage der Moral hinter jenen imponierenden Ausdruck ›*Würde des Menschen*‹ versteckten, klug darauf rechnend, daß auch ihr Leser sich gern mit einer solchen *Würde* angetan sehn und demnach damit zufriedengestellt sein würde. Wir wollen jedoch auch diesen Begriff etwas näher untersuchen und auf Realität prüfen. – *Kant* [...] definiert *Würde* als ›einen unbedingten, unvergleichbaren Wert‹. Dies ist eine Erklärung, die durch ihren erhabenen Klang dermaßen imponiert, daß nicht leicht einer sich untersteht, heranzutreten, um sie in der Nähe zu untersuchen, wo er dann finden würde, daß eben auch sie nur eine hohle Hyperbel** ist, in deren Innerem als nagender Wurm die contradictio in adiecto*** nistet. Jeder *Wert* ist die Schätzung einer Sache im Vergleich mit einer andern, also ein Vergleichungsbegriff, mithin relativ, und diese Relativität macht eben das Wesen des Begriffes *Wert* aus.

* *Schibboleth:* das Losungswort.
** *Hyperbel:* Übertreibung.
*** *contradictio in adiecto:* Widerspruch in sich (»schwarzer Schnee«).

Schon die Stoiker haben (nach Diogenes Laertios, [›De vitis, dogmatibus et apophthegmatibus philosophorum‹] lib. 7, cap. 106) richtig gelehrt: Τὴν δὲ ἀξίαν εἶναι ἀμοιβὴν δοκιμαστοῦ, ἣν ἂν ὁ ἔμπειρος τῶν πραγμάτων τάξῃ· ὅμοιον εἰπεῖν ἀμείβεσθαι πυροὺς πρὸς τὰς σὺν ἡμιόνῳ κριθάς. (Existimationem esse probati remunerationem, quamcunque statuerit peritus rerum; quod huiusmodi est, ac si dicas commutare cum hordeo adiecto mulo triticum.) [Der Wert sei das Entgelt für etwas Abgeschätztes, wie ihn ein Sachkundiger taxiere; wie wenn man sagt, man tausche den Weizen gegen die Gerste mitsamt dem Esel.] Ein *unvergleichbarer, unbedingter absoluter Wert*, dergleichen die *Würde* sein soll, ist demnach wie so vieles in der Philosophie die mit Worten gestellte Aufgabe zu einem Gedanken, der sich gar nicht denken läßt, sowenig wie die höchste Zahl oder der größte Raum.

Arthur Schopenhauer: Die beiden Grundprobleme der Ethik. Über die Grundlage der Moral. In: A. Sch.: Sämtliche Werke. Hrsg. von Wolfgang Frhr. von Löhneysen. Bd. 3. Stuttgart: Cotta / Frankfurt a. M.: Suhrkamp, 1978. S. 695 f.

ARTHUR SCHOPENHAUER

Zur Ethik

Solange [...] meine ›Ethik‹ noch von den Professoren unbeachtet bleibt, gilt auf den Universitäten das Kantische Moralprinzip, und unter seinen verschiedenen Formen ist die der ›Würde des Menschen‹ jetzt am beliebtesten. Die Leerheit derselben habe ich bereits in meiner Abhandlung ›Über das Fundament der Moral‹ (§ 8, S. 169 *[Bd. 3, S. 695]*) dargetan. Daher hier nur soviel. Wenn man überhaupt früge, worauf denn diese angebliche Würde des Menschen beruhe; so würde die Antwort bald dahin gehn, daß es auf seiner Moralität sei – also die Moralität auf der

Würde, und die Würde auf der Moralität. – Aber hievon auch abgesehn, scheint mir der Begriff der *Würde* auf ein am Willen so sündliches, am Geiste so beschränktes, am Körper so verletzbares und hinfälliges Wesen, wie der Mensch ist, nur ironisch anwendbar zu sein:

Quid superbit homo, cuius conceptio culpa,
Nasci poena, labor vita, necesse mori?

[Sollte der Mensch sich brüsten, da für ihn Empfängnis schon Schuld ist, / Strafe Geburt, Arbeit Leben, Verhängnis der Tod?]

Daher möchte ich im Gegensatz zu besagter Form des Kantischen Moralprinzips folgende Regel aufstellen: bei jedem Menschen, mit dem man in Berührung kommt, unternehme man nicht eine objektive Abschätzung desselben nach Wert und Würde, ziehe also nicht die Schlechtigkeit seines Willens noch die Beschränktheit seines Verstandes und die Verkehrtheit seiner Begriffe in Betrachtung, da ersteres leicht Haß, letzteres Verachtung gegen ihn erwecken könnte; sondern man fasse allein seine Leiden, seine Not, seine Angst, seine Schmerzen ins Auge – da wird man sich stets mit ihm verwandt fühlen, mit ihm sympathisieren und statt Haß oder Verachtung jenes Mitleid mit ihm empfinden, welches allein die ἀγάπη [›Liebe‹] ist, zu der das Evangelium aufruft. Um keinen Haß, keine Verachtung gegen ihn aufkommen zu lassen, ist wahrlich nicht die Aufsuchung seiner angeblichen ›Würde‹, sondern umgekehrt der Standpunkt des Mitleids der allein geeignete.

Arthur Schopenhauer: Parerga und Paralipomena. Kleine philosophische Schriften II. In: A. Sch.: Sämtliche Werke. Hrsg. von Wolfgang Frhr. von Löhneysen. Bd. 3. Stuttgart: Cotta / Frankfurt a. M.: Suhrkamp, 1978. S. 239f.

Lebensdienliche Illusion

Ähnlich wie Schopenhauer kritisiert Friedrich Nietzsche (1844–1900) die Idee der Menschenwürde als Phantom. Die Vorstellung einer »Würde der Arbeit« und »Würde des Menschen« ist, so Nietzsche, insbesondere für die Neuzeit charakteristisch, in der dem Dasein an sich ein Wert zuerkannt wurde, den man auf den Glauben an Gott oder auf die Moral gründet. In der griechischen Antike galt dagegen der Mensch, so Nietzsche, als wertloses Nichts und Arbeit als lastvolle Schmach. Doch sei es zum besseren Überleben sinnvoll gewesen, dass die Menschen, obgleich klein und nichtig, sich groß machten und wichtig nahmen. Dies stärkte ihr Selbstbewusstsein im beschwerlichen Alltag der Welt. Allerdings wurden mittlerweile diese Mechanismen durchschaut, wodurch sie ihre Überzeugungskraft verloren haben. Hinzu kamen die Erkenntnisse der modernen Naturwissenschaften, die den Glauben an die unersetzbare Würde des Menschen und dessen Einzigartigkeit in der Rangfolge der Lebewesen zerstört haben. Nun liegt es an den Menschen allein, ihrem Dasein Wert, Gewicht und eine Rechtfertigung zu geben. In diesem Zusammenhang wertet Nietzsche alle im Abendland bisher abgewerteten Phänomene wie Diesseits, Werden, Körper, Trieb, Instinkt oder Herrschaft des Stärkeren auf. Der neue »Sinn der Erde« heißt »Wille zur Macht«.

FRIEDRICH NIETZSCHE

Was bedeuten asketische Ideale

Das asketische Ideal wurde ganz und gar nicht in ihnen [den Siegen der modernen Wissenschaft] besiegt, es wurde eher damit stärker, nämlich unfasslicher, geistiger, verfänglicher gemacht, dass immer wieder eine Mauer, ein Aussenwerk, das sich an dasselbe angebaut hatte und seinen Aspekt *vergröberte*, seitens der Wissenschaft schonungslos abgelöst, abgebrochen worden ist. Meint man in der That, dass etwa die Niederlage der theologischen Astronomie eine Niederlage jenes Ideals bedeute? ... Ist damit vielleicht der Mensch *weniger bedürftig* nach einer Jenseitigkeits-Lösung seines Räthsels von Dasein geworden, dass dieses Dasein sich seitdem noch beliebiger, eckensteherischer, entbehrlicher in der *sichtbaren* Ordnung der Dinge ausnimmt? Ist nicht gerade die Selbstverkleinerung des Menschen, sein *Wille* zur Selbstverkleinerung seit Kopernikus* in einem unaufhaltsamen Fortschritte? Ach, der Glaube an seine Würde, Einzigkeit, Unersetzlichkeit in der Rangabfolge der Wesen ist dahin, – er ist *Thier* geworden, Thier, ohne Gleichniss, Abzug und Vorbehalt, er, der in seinem früheren Glauben beinahe Gott (»Kind Gottes«, »Gottmensch«) war ... Seit Kopernikus scheint der Mensch auf eine schiefe Ebene gerathen, – er rollt immer schneller nunmehr aus dem Mittelpunkte weg – wohin? in's Nichts? in's »*durchbohrende* Gefühl seines Nichts«? ... Wohlan! dies eben wäre der gerade Weg – in's *alte* Ideal? ... *Alle* Wissenschaft (und keineswegs nur die Astronomie, über deren demüthigende und herunterbringende Wirkung Kant ein bemerkenswerthes Geständniss gemacht hat, »sie vernichtet meine Wichtigkeit«** ...), alle Wissenschaft, die natürliche sowohl, wie die *unnatürliche* – so heisse ich die Erkenntniss-Selbstkritik – ist heute darauf aus, dem Menschen seine bisherige Achtung vor sich auszureden, wie als ob dieselbe Nichts als ein bizarrer Eigendünkel gewesen sei; man könnte sogar sagen, sie habe ihren eigenen Stolz, ihre eigene herbe Form von stoischer Ataraxie*** darin,

* *Kopernikus:* Nikolaus K. (1473–1543), vertrat das heliozentrische Weltbild (die Sonne, nicht die Erde, bildet das Zentrum unseres Sonnensystems).

** *Kritik der reinen Vernunft*, Methodenlehre, Beschluß. K. V 236.

*** *Ataraxie:* Unerschütterlichkeit.

diese mühsam errungene *Selbstverachtung* des Menschen als dessen letzten, ernstesten Anspruch auf Achtung bei sich selbst aufrecht zu erhalten (mit Recht, in der That: denn der Verachtende ist immer noch Einer, der »das Achten nicht verlernt hat« …). Wird damit dem asketischen Ideale eigentlich *entgegengearbeitet*?

Friedrich Nietzsche: Zur Genealogie der Moral. Eine Streitschrift. Nachw. von Volker Gerhardt. Stuttgart: Reclam, 1988. 156 f.

FRIEDRICH NIETZSCHE

Der griechische Staat

Wir Neueren haben vor den Griechen zwei Begriffe voraus, die gleichsam als Trostmittel einer durchaus sklavisch sich gebahrenden und dabei das Wort »Sklave« ängstlich scheuenden Welt gegeben sind: wir reden von der »Würde des Menschen« und von der »Würde der Arbeit«. Alles quält sich, um ein elendes Leben elend zu perpetuiren*; diese furchtbare Noth zwingt zu verzehrender Arbeit, die nun der vom »Willen« verführte Mensch – oder richtiger – menschliche Intellekt gelegentlich als etwas Würdevolles anstaunt. Damit aber die Arbeit einen Anspruch auf ehrende Titel habe, wäre es doch vor Allem nöthig, daß das Dasein selbst, zu dem sie doch nur ein qualvolles Mittel ist, etwas mehr Würde und Werth habe, als dies ernst meinenden Philosophien und Religionen bisher erschienen ist. Was dürfen wir anderes in der Arbeitsnoth aller der Millionen finden als den Trieb um jeden Preis dazusein, denselben allmächtigen Trieb, durch den verkümmerte Pflanzen ihre Wurzeln in erdloses Gestein strecken!

Aus diesem entsetzlichen Existenz-Kampfe können nur die Einzelnen auftauchen, die nun sofort wieder durch die

* *perpetuiren:* fortzusetzen.

edeln Wahnbilder der künstlerischen Kultur beschäftigt werden, damit sie nur nicht zum praktischen Pessimismus kommen, den die Natur als die wahre Unnatur verabscheut. In der neueren Welt, die, zusammengehalten mit der griechischen, zumeist nur Abnormitäten und Centauren* schafft, in der der einzelne Mensch, gleich jenem fabelhaften Wesen im Eingange der horazischen Poetik**, aus Stücken bunt zusammengesetzt ist, zeigt sich oft an demselben Menschen zugleich die Gier des Existenz-Kampfes und des Kunstbedürfnisses: aus welcher unnatürlichen Verschmelzung die Noth entstanden ist, jene erstere Gier vor dem Kunstbedürfnisse zu entschuldigen und zu weihen. Deshalb glaubt man an die »Würde des Menschen« und die »Würde der Arbeit.«

Die Griechen brauchen solche Begriffs-Hallucinationen nicht, bei ihnen spricht sich mit erschreckender Offenheit aus, daß die Arbeit eine Schmach sei – und eine verborgenere und seltner redende, aber überall lebendige Weisheit fügte hinzu, daß auch das Menschending ein schmähliches und klägliches Nichts und eines »Schattens Traum« sei. Die Arbeit ist eine Schmach, weil das Dasein keinen Werth an sich hat: wenn aber eben dieses Dasein im verführenden Schmuck künstlerischer Illusionen erglänzt und jetzt wirklich einen Werth an sich zu haben scheint, so gilt auch dann noch jener Satz daß die Arbeit eine Schmach sei – und zwar im Gefühle der Unmöglichkeit, daß der um das nackte Fortleben kämpfende Mensch *Künstler* sein könne. In der neueren Zeit bestimmt nicht der kunstbedürftige Mensch, sondern der Sklave die allgemeinen Vorstellungen: als welcher seiner Natur nach alle seine Verhältnisse mit trügerischen Namen bezeichnen muß, um leben zu können. Solche Phantome, wie die Würde des Menschen, die Würde der Arbeit, sind die

* *Centauren:* Pferd mit Menschenkopf und -armen.
** *Horaz:* (65 v. Chr. – 8 n. Chr.) verfasste *De arte poetica.*

dürftigen Erzeugnisse des sich vor sich selbst versteckenden Sklaventhums. Unselige Zeit, in der der Sklave solche Begriffe braucht, in der er zum Nachdenken über sich und über sich hinaus aufgereizt wird! Unselige Verführer, die den Unschuldsstand des Sklaven durch die Frucht vom Baume der Erkenntniß vernichtet haben! Jetzt muß dieser sich mit solchen durchsichtigen Lügen von einem Tage zum andern hinhalten, wie sie in der angeblichen »Gleichberechtigung Aller« oder in den sogenannten »Grundrechten des Menschen«, des Menschen als solchen, oder in der Würde der Arbeit für jeden tiefer Blickenden erkennbar sind. Er darf ja nicht begreifen, auf welcher Stufe und in welcher Höhe erst ungefähr von »Würde« gesprochen werden kann, dort nämlich wo das Individuum völlig über sich hinaus geht und nicht mehr im Dienste seines individuellen Weiterlebens zeugen und arbeiten muß.

Friedrich Nietzsche: Der griechische Staat. In: F. N.: Sämtliche Werke. Krit. Studienausg. in 15 Bdn. Hrsg. von Giorgio Colli und Mazzino Montinari. Bd. 1: Die Geburt der Tragödie. Unzeitgemäße Betrachtungen I–IV. Nachgelassene Schriften 1870–1873. München: Deutscher Taschenbuch Verlag, 1980. S. 765f.

FRIEDRICH NIETZSCHE

Der Wille zur Wahrheit

Das *allgemeinste Zeichen der modernen Zeit*: der Mensch hat in seinen eigenen Augen unglaublich an *Würde* eingebüßt. Lange als Mittelpunkt und Tragödien-Held des Daseins überhaupt; dann wenigstens bemüht, sich [als] verwandt mit der entscheidenden und an sich werthvollen Seite des Daseins zu beweisen – wie es alle Metaphysiker thun, die die *Würde des Menschen* festhalten wollen, mit ihrem Glauben, daß die moralischen Werthe cardinale Werthe* sind. Wer Gott fahren ließ, hält um so strenger am Glauben an die Moral fest.

Friedrich Nietzsche: [Der Wille zur Wahrheit.] In: F. N.: Sämtliche Werke. Krit. Studienausg. in 15 Bdn. Hrsg. von Giorgio Colli und Mazzino Montinari. Bd. 12: Nachgelassene Fragmente 1885–1887. München: Deutscher Taschenbuch Verlag, 1980. S. 254 f.

Unhaltbare Idee

Der amerikanische Psychologe und berühmteste Vertreter des Behaviorismus Burrhus Frederic Skinner (1904–1990) sieht im Menschen ein Stück Natur, in dem die Idee der Menschenwürde nicht mehr unterzubringen ist. Alles Verhalten wird durch äußere Umstände bestimmt. Die traditionelle Vorstellung vom Menschen als einem autonomen Subjekt, für das freiheitliche Selbstbestimmung charakteristisch ist, hat sich aus verhaltenswissenschaftlicher Sicht als unhaltbar erwiesen. Damit ist der Idee der Menschenwürde ihre Grundlage entzogen.

Skinners verhaltenstheoretischer Ansatz ist zwar mittlerweile überholt, aber seine naturalistische Grundauffassung ist aktueller denn je, entsprechend der der Mensch im letzten nichts anderes als ein Lebewesen unter anderen und die Menschenwürde letztlich eine Illusion ist.

BURRHUS FREDERIC SKINNER

Jenseits von Freiheit und Würde

Würde. Indem sie die Kontrolle, welche der ›autonome Mensch‹ ausübt, in Zweifel zieht, und indem sie die Kontrolle, welche die Umwelt ausübt, unter Beweis stellt,

* *cardinale Werthe:* Hauptwerte.

scheint eine Verhaltenswissenschaft auch die Vorstellung vom Wert oder von der Würde des Menschen anzuzweifeln. Eine Person ist verantwortlich für ihr Verhalten nicht nur in dem Sinne, daß sie mit Recht getadelt oder bestraft werden kann, wenn sie sich schlecht beträgt, sondern auch in dem Sinne, daß sie für ihre Leistungen gelobt und bewundert wird. Wissenschaftliche Analyse weist das Lob wie den Tadel der Umwelt zu, und folglich sind traditionelle Praktiken nicht mehr zu rechtfertigen. Dies sind umwälzende Veränderungen, und jene, die traditionellen Theorien und Praktiken verpflichtet sind, widersetzen sich ihnen natürlich.

[...]

Würde und Anerkennung. Jede Evidenz dafür, daß das Verhalten einer Person äußeren Umständen zugeschrieben werden kann, scheint ihre Würde oder ihren Wert in Frage zu stellen. Wir sind nicht geneigt, jemandem Leistungen anzurechnen, die faktisch auf Kräfte zurückzuführen sind, über welche er keine Kontrolle hat. Wir tolerieren ein gewisses Ausmaß einer solchen Evidenz, genauso wie wir ohne Bestürzung ein gewisses Ausmaß an Evidenz anerkennen, das auf die Unfreiheit eines Menschen hinweist. Niemand zeigt sich sonderlich beunruhigt, wenn wichtige Details eines Kunstwerks, eines Werks der Literatur, einer politischen Karriere oder einer wissenschaftlichen Entdeckung ›Einflüssen‹ im Leben des jeweiligen Künstlers, Schriftstellers, Staatsmanns oder Wissenschaftlers zugeschrieben werden. Doch wenn eine Analyse des Verhaltens zusätzliche Gewißheit für die Bedeutung äußerer Umstände liefert, scheinen sich die Leistungen, die der Person selbst angerechnet werden müssen, in nichts aufzulösen, und folglich begegnen sowohl diese Evidenz als auch die Wissenschaft, die auf sie hinweist, heftigem Widerspruch.

[...]

Wird der Mensch durch die Verhaltenstechnologie erniedrigt? Die Verhaltenstechnologie hat es nicht so einfach wie die physikalische oder biologische Technologie, weil sie zu viele okkulte* Qualitäten in Frage stellt [...].

[...] Es liegt in der Natur des wissenschaftlichen Fortschritts, daß der ›autonome Mensch‹ in dem Maß seiner Funktionen beraubt wird, in dem das Verständnis für die Rolle der Umwelt wächst. Eine wissenschaftliche Auffassung scheint den Menschen insofern zu erniedrigen, als schließlich nichts übrigbleibt, für das man dem ›autonomen Menschen‹ Anerkennung zollen könnte. Und was die Bewunderung im Sinne von Bestaunen anlangt, so ist das Verhalten, das wir bewundern, ja nur das Verhalten, das wir noch nicht erklären können. Die Wissenschaft sucht natürlich nach einer umfassenderen Erklärung für solches Verhalten; ihr Ziel ist die Zerstörung von Geheimnissen. Die Verfechter der Würde werden protestieren, womit sie jedoch lediglich wissenschaftliche Ergebnisse hinauszögern – Leistungen, für die der Mensch, in traditionellen Begriffen die größte Anerkennung und die höchste Bewunderung verdienen würde.

Wir erkennen den Wert oder die Würde einer Person, wenn wir ihr für das, was sie getan hat, Anerkennung zollen. Das Ausmaß dieser Anerkennung steht im umgekehrten Verhältnis zur Erkennbarkeit der Gründe für ihr Verhalten. Wenn wir nicht wissen, warum eine Person so und nicht anders handelt, schreiben wir ihr und niemandem sonst dieses Verhalten zu. Wir selbst suchen nach zusätzlicher Anerkennung, indem wir die Gründe dafür verheimlichen, warum wir uns so und so verhalten, oder indem wir behaupten, unser Verhalten basiere auf weniger starken Beweggründen. Wir vermeiden es, die Anerkennung, die anderen zusteht, zu schmälern, indem wir sie unauffällig kontrollieren. Wir bewundern Menschen in dem Maße,

* *okkulte:* verborgene.

in dem wir nicht erklären können, was sie tun, und das Wort ›bewundern‹ heißt dann so viel wie ›bestaunen‹. Das, was wir als die Literatur über die menschliche Würde bezeichnen dürfen, befaßt sich damit, wie gebührende Anerkennung erhalten werden kann. Diese Literatur kann sich erstens dem Fortschritt der Technologien, einschließlich dem einer Verhaltenstechnologie, widersetzen, weil er Möglichkeiten, bewundert zu werden, zerstört, und zweitens kann sie eine grundlegende Analyse bekämpfen, weil diese eine alternative Erklärung für Verhalten anbietet, für das bisher der einzelne Anerkennung fand. So aber steht diese Literatur weiteren menschlichen Leistungen im Wege. [...]

Was ist der Mensch?

Das Ich. Es liegt in der Natur der experimentellen Analyse menschlichen Verhaltens, daß diese die bislang dem ›autonomen Menschen‹ zugeschriebenen Funktionen eine nach der anderen der kontrollierenden Umwelt überträgt. Eine solche Analyse bewirkt, daß dem ›autonomen Menschen‹ immer weniger zu tun bleibt. Aber wie sieht es nun mit dem Menschen selbst aus? Gibt es am Menschen nichts, was mehr ist als nur ein lebender Körper? Wenn nicht etwas namens ›Ich‹ überlebt, wie können wir dann von Selbsterkenntnis oder Selbstkontrolle sprechen? An wen richtet sich das Gebot ›Erkenne dich selbst‹?

[...]

Abschaffung des ›autonomen Menschen‹.* Man erklärt uns, daß das, was bedroht ist, der ›Mensch *qua* Mensch‹ sei, der ›Mensch in seiner Menschlichkeit‹, der ›Mensch als Du und nicht als Es‹ oder der ›Mensch als Person und nicht

* *autonomen:* sich selbst das Gesetz gebenden.

als Ding‹. Das sind nicht sonderlich hilfreiche Formulierungen, doch liefern sie uns einen Schlüssel. Was im Begriff ist, abgeschafft zu werden, ist der ›autonome Mensch‹ – der innere Mensch, der Homunkulus*, der besitzergreifende Dämon, der Mensch, der von der Literatur der Freiheit und der Würde verteidigt wird.

Seine Abschaffung ist seit langem überfällig. Der ›autonome Mensch‹ ist ein Mittel, dessen wir uns bei der Erklärung jener Dinge bedienen, die wir nicht anders erklären können. Er ist ein Produkt unserer Unwissenheit, und während unser Wissen wächst, löst sich die Substanz, aus der er gemacht ist, immer mehr in Nichts auf. Die Wissenschaft entmenschlicht den Menschen nicht, sie ›dehomunkulisiert‹ ihn [...].

Es wird oft behauptet, daß wir, wenn wir das tun, den Menschen, der überlebt, als bloßes Tier behandeln müßten. ›Tier‹ ist hier ein abwertender Begriff, aber nur, weil der Begriff ›Mensch‹ fälschlicherweise aufgewertet worden ist. Krutch** argumentiert, daß, während die traditionelle Anschauung Hamlets Ausruf »Wie ein Gott!***« unterstütze, Pawlow****, der Verhaltenswissenschaftler, dieses Zitat in den Ausspruch »Wie ein Hund!« umformuliert habe. Doch das war ein Schritt voran. Ein Gott ist das archetypische***** Muster einer Fiktion, mit der etwas erklärt werden soll, eines wunderwirkenden Geistes, des Metaphysischen. Der Mensch ist wesentlich mehr als ein Hund, doch ebenso wie ein Hund ist auch er durch wissenschaftliche Analyse erfaßbar.

[...] Traditionelle Theorien über den ›autonomen Menschen‹ haben Gattungsunterschiede übertrieben. [...]

* *Homunkulus:* der künstlich hergestellte Mensch.

** *Krutch:* Joseph Wood K. (1893–1970).

*** vgl. hier S. 90.

**** *Pawlow:* Iwan Petrowitsch P. (1849–1936), russischer Psychologe und Verhaltensforscher.

***** *archetypische:* urbildhafte.

[...] Der wissenschaftlichen Anschauung nach ist ein Mensch ein Einzelwesen aus einer bestimmten Spezies, das von evolutionären Kontingenzen* des Überlebens geprägt ist und bestimmte Verhaltensprozesse verwirklicht. Diese Verhaltensweisen bringen ihn unter die Kontrolle der Umwelt, in der er lebt, und großenteils auch unter die Kontrolle der sozialen Umwelt, die von ihm und Millionen seinesgleichen im Verlauf der Evolution von Kulturen hervorgebracht und erhalten wurde. Die Richtung der kontrollierenden Relation verkehrt sich: Eine Person wirkt nicht handelnd auf die Welt ein, sondern die Welt wirkt handelnd auf die Person ein.

Burrhus Frederic Skinner: Jenseits von Freiheit und Würde. Übers. von Edwin Ortmann. Reinbek: Rowohlt, 1973. S. 28f., 50, 63–65, 203, 205f., 216. –

Gelungene Selbstdarstellung

Der Soziologe und Begründer der Systemtheorie Niklas Luhmann (1927–1998) beklagt, dass die Justiz bei der Auslegung der Menschenwürde nicht die Ergebnisse der modernen Wissenschaften ausreichend berücksichtigt, denn sonst würde sie nicht länger an der Idee der Wesenswürde festhalten. Würde muss aber immer erst konstituiert werden. Sie zeigt sich im Verhalten der Menschen, etwa an ihrer Kleidung, Sprache und Körperbewegung, und ist als solche Ausdruck gelungener »Selbstdarstellung« im sozialen Verkehr. Entgleisungen können sie zerstören. Jeder ist für die Aufrechterhaltung der eigenen Würde selbst verantwortlich. Demütigungen durch andere werden erst dann die eigene Würde verletzen, wenn man deren erniedrigende Perspektive übernimmt. Nach Luh-

* *Kontingenzen:* Zufälligkeiten.

mann bedingen Würde und Freiheit einander. Allerdings verwendet er in diesem Zusammenhang nur einen schwachen Freiheitsbegriff im Sinne der Befreiung von Einschränkungen, die den einzelnen an seiner überzeugenden, sozial anerkannten Selbstdarstellung hindern können. Obwohl für Luhmann die Würde keinen Wesensbegriff, sondern lediglich einen Gestaltungsauftrag darstellt, hält er ihre Verankerung im Grundgesetz als unverfügbaren Grundwert für sinnvoll, der sich nicht staatlicher Setzung verdankt, sondern dem Staat als Achtungs- und Schutzanspruch vorgegeben ist.

NIKLAS LUHMANN

Würde und Freiheit

Was aber ist »Freiheit«? Und was ist »Würde« des Menschen? Welchen Sinn können diese Begriffe in einer industriell-bürokratischen Gesellschaft haben? Und welche Funktion haben die durch sie bezeichneten Tatsachen in einer differenzierten Sozialordnung?

Die heutige Verfassungsdogmatik interpretiert diese Begriffe erstaunlicherweise ohne jede Rücksicht auf die Wissenschaften, welche sich mit dem Menschen und der menschlichen Gesellschaft befassen. Sie ist aristotelisch* geblieben [...]. Das heißt vor allem: daß die menschliche Persönlichkeit nach wie vor als Substanz gedeutet wird [...]. Als Substanz ist der Mensch zunächst er selbst. Das aber bedeutet, daß die soziale Natur des Menschen erst nachträglich hinzugedacht werden kann. Man mag ihre Wichtigkeit und Unausweichlichkeit noch so sehr unterstreichen, sie wird doch immer nur als Bedingung seiner Lebenshaltung, als Schranke seiner Selbstentfaltung oder als idealistische bzw. normative Überformung seiner

* *aristotelisch:* hier: ohne Bezug auf Gegebenheit.

existentiellen Persönlichkeit zur guten, richtigen Persönlichkeit gesehen; aber nicht als konstituierende Sphäre seiner Individualität selbst (wie etwa: Zeit und Raum) [...].

[...] Die neuzeitliche Wissenschaft hat im Grunde seit langem die Prämissen der ontologischen Metaphysik gesprengt [...]. Nicht ohne Zusammenhang damit beginnen in der modernen Psychologie, Anthropologie und Soziologie Theorien an Boden zu gewinnen, welche die Selbstidentifikation des Menschen als Vorgang begreifen, der sich im sozialen Kontakt – und in Auseinandersetzung mit den dadurch eröffneten Gefährdungen – vollzieht, also im Wissen darum, daß man mit jeder einsehbaren Lebensäußerung absichtlich oder unabsichtlich eine Aussage über sich selbst verbindet [...]. Der Mensch wird die Persönlichkeit, als welche er sich darstellt.

Es ist nicht schwer, von hier aus die Begriffe Freiheit und Würde ziemlich klar und mit Bezug auf empirische Forschungen bzw. Forschungsmöglichkeiten zu bestimmen. Beide Begriffe bezeichnen Grundbedingungen des Gelingens der Selbstdarstellung eines Menschen als individuelle Persönlichkeit [...]. Der Mensch gewinnt seine Individualität als Persönlichkeit nur im sozialen Verkehr, indem auf seine Selbstdarstellung, sei es durch Konsens, sei es durch Dissens*, eingegangen wird.

[...]

Freiheit und Würde sind Vorbedingungen dafür, daß der Mensch sich in diesem Sinne als Individuum sozialisieren (bzw. als Interaktionspartner individualisieren) kann. [...]

Selbstdarstellung setzt mithin Freiheit von offensichtlichem Zwang und Freiheit von genau durchgezeichneten sozialen Erwartungen voraus, nicht aber Freistellung von latenter Determination** [...]. Freiheit kann heute nicht

* *Dissens:* Widerspruch.

** *latenter Determination:* möglicherweise vorhandender Festlegung.

mehr Freiheit von jeder wissenschaftlich aufdeckbaren Ursache des Handelns bedeuten, denn dann gäbe es keine, sondern nur: Freiheit von sozial manifesten Außenursachen, weil nur diese die persönliche Zurechnung des Handelns einschränken und damit die Selbstdarstellung der Person, die soziale Konstitution einer individuellen Persönlichkeit behindern.

[...] Mit jeder Kommunikation riskiert der Mensch seine Würde. In Anwesenheit anderer muß er sich zusammennehmen. Er kann nicht jede Körperbewegung vollziehen, nicht jedem Bedürfnis nachgeben. Er hat seine Worte abzuwägen und nicht zu viel von sich selbst preiszugeben. Und er muß gegen Einsicht schützen, was verborgen bleiben soll.

[...]

Mehr noch als »Freiheit« ist »Würde« ein Wunschbegriff, der [...] die gelungene Selbstdarstellung bezeichnet. Die Würde des Menschen ist keineswegs eine Naturausstattung wie vermutlich gewisse Grundanlagen der Intelligenz. Sie ist auch nicht einfach ein »Wert«, den der Mensch wegen einer bestimmten Naturausstattung »hat« oder »in sich trägt«. [...]

Würde muß konstituiert werden. Sie ist das Ergebnis schwieriger, auf generelle Systeminteressen der Persönlichkeit bezogener, teils bewußter, teils unbewußter Darstellungsleistungen [...]. Sie ist eines der empfindlichsten menschlichen Güter [...]. Eine einzige Entgleisung, eine einzige Indiskretion kann sie radikal zerstören. Sie ist also alles andere als »unantastbar«. Gerade wegen ihrer Exponiertheit ist sie einer der wichtigsten Schutzgegenstände unserer Verfassung. Daß sie zahlreiche Sicherungen benötigt, in gewissem Umfange mit rationalen Mitteln geschaffen und erhalten werden kann, und daß sie sogar von manchen kulturellen Requisiten, z.B. von Kleidung, abhängt, sollte Anlaß sein, nicht geringer, sondern höher von ihr zu denken. Denn Selbstdarstellung ist jener Vorgang, der den Menschen in Kommunikation mit anderen zur Person werden läßt und ihn damit in seiner Menschlichkeit konstituiert. Ohne Erfolg in der Selbstdarstellung, ohne Würde, kann er seine Persönlichkeit nicht benutzen. Ist er zu einer ausreichenden Selbstdarstellung nicht in der Lage, scheidet er als Kommunikationspartner aus [...].

[...] Der Mensch soll sich vor jedermann sehen lassen können!

Nach diesen Darlegungen läßt sich vielleicht deutlicher erkennen, daß und weshalb Freiheit und Würde des Menschen einander wechselseitig bedingen. Es handelt sich nicht um angeborene natürliche Qualitäten des Menschen und auch nicht (oder nur bei sehr oberflächlicher Betrachtung) um sich implizierende Werte, sondern um die äußeren und inneren Vorbedingungen der Selbstdarstellung als individuelle Persönlichkeit im Kommunikationsprozeß. Freiheit hätte keinen Sinn, wenn sie nur zu inkonsistenten* Selbstdarstellungen oder zu solchen führte, mit denen der Mensch sich nirgendwo sehen lassen kann. Und Würde fände kein Darstellungsmaterial, wenn es keine freien Handlungen oder Handlungsaspekte gäbe. [...]

Grundrechte gewährleisten weder Freiheit noch Würde. Das steht nicht in der Macht des Staates. Dieser muß voraussetzen, daß der Mensch genug Verstand und Erfahrung besitzt, um seine Persönlichkeit richtig zu handhaben. Insofern ist es sinnvoll, Freiheit und Würde als vorstaatliche Rechtsgüter zu betrachten. Der geisteswissenschaftliche oder rechtsdogmatische Sinn derartiger Charakterisierungen der Grundrechte als vorstaatlich, allmenschlich, naturrechtlich, nicht disponibel** mag unklar und umstritten sein und bleiben. Die Funktion dieser Symbolik ist eindeutig [...].

[...] Freiheit unter Fremdregie ist das Ende der Würde,

* *inkonsistenten:* nicht zusammenhängenden.
** *nicht disponibel:* nicht veränderbar.

jedenfalls der öffentlichen Würde des Menschen [...].*

[...] Das Problem der Würde aber ist die Schwierigkeit einer konsistenten und überzeugenden Selbstdarstellung und die Eigenverantwortung des Menschen für die Lösung dieser Aufgabe. [...]

[...] *Die Würde bezieht sich auf die inneren, die Freiheit auf die äußeren Bedingungen und Probleme der Selbstdarstellung als individuelle Persönlichkeit.* [...]

Sinn der Freiheitsrechte [...] ist vor allem die Gewährleistung eines Handlungsspielraums, dessen Ausfüllung dem Menschen als Person zurechenbar ist.

Niklas Luhmann: Grundrechte als Institution. Ein Beitrag zur politischen Soziologie. Berlin: Duncker und Humblot, [4]1999. S. 57f., 60–63, 66–70, 72f., 75, 77, 78. –

Überschrift der Menschenrechte

Der Rechtsphilosoph Norbert Hoerster (geb. 1937), der wie Ernst Tugendhat (geb. 1930) der sprachanalytischen Philosophie nahesteht, verwirft gleichfalls die Idee der Wesenswürde. Tugendhat schreibt: »Es ist nicht sinnvoll zu sagen: den Menschen kommt an und für sich zu, [...] Würde zu haben. Das bleiben leere Worte, deren Sinn

* Seine Würde hat der Mensch [...] in erster Linie selbst zu verantworten. Da gerade diese Verantwortung die Würde *ist*, können ihr direkte Angriffe zumeist nichts anhaben. Es ist deshalb falsch, schon in Handlungen, die Ausdruck einer Mißachtung sind, eine Verletzung der Menschenwürde zu erblicken. Eine solche liegt nur vor, wenn der respektlos Behandelte dadurch in Korrespondenzrollen gezwungen wird, die er mit einer achtungswürdigen Selbstdarstellung nicht vereinbaren kann; ferner natürlich bei allen Eingriffen in die private Regie der Selbstdarstellung, z.B. durch unerlaubte Veröffentlichung privater Aufzeichnungen, der Ergebnisse medizinischer Untersuchungen, durch unbemerkte Tonbandaufnahmen usw. [Anm. N. Luhmann; Fußnote zur Textvorlage geringfügig versetzt.]

nicht ausweisbar ist.«* In kritischer Auseinandersetzung mit Kants Objektformel versucht auch Hoerster nachzuweisen, dass die Menschenwürde eine normative Leerformel ist. Dennoch hält er deren herausragende Stellung im Grundgesetz als Antwort auf den Nationalsozialismus für vertretbar, soll sie doch anzeigen, dass der Mensch nicht nach Belieben mit seinesgleichen umgehen darf. Außerdem fasst der Begriff Menschenwürde die verschiedenen Menschenrechte zusammen. Auch bei Hoerster ist die Menschenwürde nur noch ein Gestaltungs-, aber kein Wesensbegriff mehr.

NORBERT HOERSTER

Das Prinzip der Menschenwürde

Ohne Zweifel besitzt ein normaler, erwachsener Mensch – gleichgültig welcher Nationalität, welcher Hautfarbe oder welchen Geschlechts – die Menschenwürde. Was macht diese Menschenwürde im Einzelnen aus? [...]

Es ist sehr schwierig, diese Frage intersubjektiv verbindlich zu beantworten und damit ein verlässliches Kriterium dafür, wann im Einzelnen eine Verletzung der Menschenwürde vorliegt, zu formulieren [...].

Die in der ethischen wie in der verfassungsrechtlichen Diskussion am meisten verbreitete und gleichzeitig am wenigsten beliebige Definition von »Menschenwürde« geht auf Immanuel Kant zurück [...]. Dass die Menschenwürde nicht verletzt werden darf, ist für Kant [...] gleichbedeutend mit der Forderung [...]: Man darf einen Menschen (ob einen anderen oder sich selbst) zwar als Mittel, aber niemals *bloß* als Mittel gebrauchen oder benutzen [...].

[...] Instrumentalisiere ich den Taxifahrer, der mich befördert? Wohl kaum; ich benutze ihn zwar als Mittel (zum

* Ernst Tugendhat, *Vorlesungen über Ethik*, Frankfurt a.M. 1995, S. 145.

Zweck meiner Beförderung), aber nicht *bloß* als Mittel [...]. Instrumentalisieren würde ich ihn etwa dann, wenn ich ihn mit vorgehaltener Pistole zu der Fahrt zwänge. Instrumentalisiert wird fraglos eine Geisel, die gefoltert wird. Instrumentalisiert wird fraglos eine Frau, die vergewaltigt wird.

Insoweit führt uns der Begriff der Instrumentalisierung – als gleichbedeutend verstanden mit dem Begriff der Menschenwürdeverletzung – also zu durchaus einleuchtenden Ergebnissen. Dies ist jedoch, wie wir nun sehen werden, keineswegs in allen Fällen so.

[...] Betrachten wir folgendes Beispiel: In einem See droht ein Kind zu ertrinken. Es kann nur dadurch gerettet werden, dass *A* und/oder *B*, die gemeinsam am Ufer stehen, in einem vor Anker liegenden Motorboot auf den See hinausfahren. *B*, dem das Boot gehört, will jedoch nicht fahren und auch sein Boot zur Lebensrettung des Kindes nicht zur Verfügung stellen. Darf *A* ihm unter Anwendung von Gewalt den Schlüssel für das Boot wegnehmen und das Kind retten? Jeder, der diese Frage mit »Ja« beantwortet, kann die Instrumentalisierung eines Menschen nicht mehr unter allen Umständen missbilligen.

[...] Erstens müssen wir zugestehen, dass es Formen von Instrumentalisierung gibt, die aus ethischen Gründen gleichwohl legitim sind. Und zweitens müssen wir, um nicht die Unantastbarkeit der Menschenwürde preisgeben zu müssen, zugestehen, dass ethisch legitime Handlungen, die den Menschen instrumentalisieren, trotz dieser Instrumentalisierung die Menschenwürde *nicht* verletzen. Denn wenn die Verletzung der Menschenwürde unter Umständen doch legitim sein könnte, dann hätte die Menschenwürde den Charakter ihrer ausnahmslosen Unantastbarkeit verloren.

[...] Die Verletzung der Menschenwürde ist nunmehr nicht mehr gleichbedeutend mit der Instrumentalisierung eines Menschen, sondern mit der *ethisch illegitimen* Instrumentalisierung eines Menschen. Das aber hat zur Folge: Das Menschenwürdeprinzip bietet für sich genommen gar keinen Maßstab mehr für legitimes Verhalten, sondern setzt für seine Anwendung ein normatives Werturteil darüber, was legitim ist, bereits voraus [...].

So verstanden aber wird die Forderung: »Man darf die Menschenwürde nicht verletzen« zu einer reinen normativen Leerformel, die keinen inhaltlichen Maßstab mehr enthält [...].

[...] Da dieser Begriff, wie wir sahen, ein normativ besetztes Schlagwort ohne jeden deskriptiven Gehalt ist, legt man das jeweilige Menschenbild mit seinen ethischen Postulaten einfach in den Begriff hinein und erweckt so den Anschein, eine aus diesen Postulaten ableitbare negative Bewertung über ein bestimmtes Verhalten mit dem Satz »Dieses Verhalten verletzt die Menschenwürde« begründet zu haben. In Wirklichkeit hat man jedoch nichts begründet, sondern seiner Bewertung lediglich auf besonders suggestive Weise Ausdruck gegeben.

[...]

Der Befund, dass die Berufung auf die Menschenwürde bei einer rationalen Erörterung und Lösung rechtsethischer Probleme nicht weiterhilft, steht nicht in Widerspruch dazu, dass das Prinzip der Menschenwürde mit einer gewissen Berechtigung am Anfang von Artikel 1 unserer Verfassung steht. An dieser herausragenden Stelle unserer Rechtsordnung kann dieses Prinzip nämlich immerhin wie folgt verstanden werden: Es soll zum einen die Abkehr unseres Staates von der nationalsozialistischen Diktatur markieren und daran erinnern, dass der Mensch mit seinesgleichen nicht nach Belieben umgehen darf – etwa im Sinne der in den gegenwärtigen Lebensschutzdebatten ebenfalls beliebten Binsenwahrheit »Der Mensch darf nicht alles, was er kann«. Und es soll zum anderen, wie aus den weiteren Sätzen von Artikel 1 hervorgeht, in eindringlicher Form auf die verfassungsrechtliche Bedeutung der einzelnen »nachfolgenden Grundrechte« hinweisen, insoweit sie als »Menschenrechte« so etwas wie den unverzichtbaren Kernbestand der Menschenwürde ausmachen [...].

So gesehen, kann man sagen, dass das Prinzip der Menschenwürde in seiner *rechtlichen* Bedeutung in einem einzigen Begriff zusammenfasst, was die verschiedenen Menschenrechte gemeinsam beinhalten.

Norbert Hoerster: Ethik des Embryonenschutzes. Ein rechtsphilosophischer Essay. Stuttgart: Reclam, 2002. S. 12–15, 18, 21, 24f.

Literaturhinweise

Alizadeh, H.: Unbequem – Für Menschenwürde. Wien 2024.

Babke, H.-G. (Hrsg.): Menschenwürde – Probleme der Begründung und Geltung einer universalen Norm. Berlin 2016.

Badura, P.: Generalprävention und Würde des Menschen. In: JZ 337 (1964).

Baer, S.: Menschenwürde zwischen Recht, Prinzip und Referenz. In: Deutsche Zeitschrift für Philosophie 53 (2005), H. 4.

Bahr, P. / Heinig, H. M. (Hrsg.): Menschenwürde in der säkularen Verfassungsordnung. Tübingen 2006.

Baldus, M.: Kämpfe um die Menschenwürde. Berlin 2016.

Balzer, Ph. / Rippe, K. P. / Schaber, P.: Menschenwürde vs. Würde der Kreatur. Freiburg i. Br. 1998.

Bayertz, K.: Die Idee der Menschenwürde. Probleme und Paradoxien. In: Archiv für Rechts- und Sozialphilosophie 81 (1995) H. 4.

– Sanctity of Life and Human Dignity. Amsterdam 1996.

– Art. »Menschenwürde«. In: H. J. Sandkühler (Hrsg.): Enzyklopädie Philosophie. Bd. 1. Hamburg 1999.

Benda, E.: Die Menschenwürde. In: E. B. [u.a.] (Hrsg.): Handbuch des Verfassungsrechts. Berlin 1983.

– Menschenwürde und Persönlichkeitsrecht. In: E. Benda / W. Maihofer / H.-J. Vogel (Hrsg.): Handbuch des Verfassungsrechts der Bundesrepublik Deutschland. Berlin / New York 1994.

– Verständigungsversuche über die Würde des Menschen. In: Neue Juristische Wochenschrift 54 (2001).

Bielefeldt, H. / Brugger, W. / Dicke, K. (Hrsg.): Würde und Recht des Menschen. Festschrift für J. Schwartländer zum 70. Geburtstag. Würzburg 1992.

Bielefeldt, H.: Auslaufmodell Menschenwürde. Freiburg i.Br. 2011.

Bieri, P.: Eine Art zu leben. Über die Vielfalt menschlicher Würde. Frankfurt a.M. 2015.

Bloch, E.: Naturrecht und menschliche Würde. Frankfurt a.M. 1983.

Böckenförde, E.-W. / Spaemann, R. (Hrsg.): Menschenrechte und Menschenwürde. Historische Voraussetzungen – säkulare Gestalt – christliches Verständnis. Stuttgart 1987.

Brandhorst, M. / Weber-Guskar, E. (Hrsg.): Menschenwürde. Eine philosophische Debatte über Dimensionen ihrer Kontingenz. Berlin 2017.

Braun, K.: Menschenwürde und Biomedizin. Frankfurt a. M. 2000.

Bruch, R.: Person und Menschenwürde. Münster 1998.

Brudermüller, G. / Seelmann, K.: Menschenwürde: Begründung, Konturen, Geschichte. Würzburg 2012.

Brugger, W.: Menschenwürde, Menschenrechte, Grundrechte. Würzburger Vorträge zur Rechtsphilosophie, Rechtstheorie und Rechtssoziologie. H. 21. Baden-Baden 1997.

Buchenau, S.: Menschenwürde. Kant und die Aufklärung. Hamburg 2023.

Cerna, Ch.: Universality of Human Rights and Cultural Diversity Implementation of Human Rights in Different Socio-cultural Contexts. Human Rights Quarterly 16 (1994) S. 4.

De Koninck, Th.: De la dignité humaine. Paris 1996.

Denninger, E.: Menschenrechte, Menschenwürde und staatliche Souveränität. In: H. Dreier (Hrsg.): Philosophie des Rechts und Verfassungstheorie. Geburtstagssymposion für Hasso Hofmann. Berlin 2000.

Di Fabio, U.: Die Suche nach dem Kompaß. Wie kann Menschenwürde in einer fragmentierten Welt begründet werden? In: Frankfurter Allgemeine Zeitung. 26. Juni 2001. Nr. 145.

Dreier, H.: Menschenwürde in der Rechtsprechung des Bundesverwaltungsgerichts. In: E. Schmidt-Aßmann [u.a.] (Hrsg.): Festgabe 50 Jahre Bundesverwaltungsgericht. Köln 2003.

– Art. 1 I, Art. 1 II [Menschenwürde]. In: H. D. (Hrsg.): Grundgesetz-Kommentar, Bd. I, Präambel, Artikel 1–19. Tübingen 2004.

– Bedeutung und systematische Stellung der Menschenwürde im deutschen Grundgesetz. In: H. D. (Hrsg.): Menschenwürde als Rechtsbegriff. Stuttgart 2005.

Dürig, G.: Der Grundrechtssatz von der Menschenwürde. Entwurf eines praktikablen Wertsystems der Grundrechte aus Art. 1 Abs. I in Verbindung mit Art 19 Bs. II des Grundgesetzes. In: Archiv des öffentlichen Rechts 81 (1956).

Düwell, M.: Die Menschenwürde in der gegenwärtigen bioethischen Debatte. In: S. Graumann (Hrsg.): Die Genkontroverse. Grundpositionen. Freiburg i. Br. 2001.

Enders, Chr.: Die Menschenwürde in der Verfassungsordnung. Tübingen 1997.

Forschner, M.: Marktpreis und Würde oder vom Adel der menschlichen Natur. In: H. Kössler (Hrsg.): Die Würde des Menschen. Erlangen 1998.
Geddert-Steinacher, T.: Menschenwürde als Verfassungsbegriff. Aspekte der Rechtsprechung des Bundesverfassungsgerichts zu Art. 1 Abs. 1 Grundgesetz. Berlin 1990.
Geyer, Ch.: Biopolitik. Die Positionen. Frankfurt a.M. 2001.
Giese, B.: Das Würde-Konzept. Berlin 1975.
Girard, Ch. / Hennette-Vauchez, S.: La dignité de la personne humaine. Recherche sur un processus de juridicisation. Paris 2005.
Goos, C.: Innere Freiheit. Eine Rekonstruktion des grundgesetzlichen Würdebegriffs. Bonn 2011.
Gosepath, S. / Menke, Chr.: Schwerpunkt: Menschenwürde. In: Deutsche Zeitschrift für Philosophie 53 (2005) H. 4.
Gröschner, R. / Lembcke, O.W.: Das Dogma der Unantastbarkeit. Tübingen 2009.
– / Kapust, A. / Lembcke, O.W. (Hrsg.): Wörterbuch der Würde. Paderborn 2013.
Häberle, P.: Die Menschenwürde als Grundlage der staatlichen Gemeinschaft. In: Kirchhof, P. / Isensee, J. (Hrsg.): Handbuch des Staatsrechts. Bd. 2. 3., völlig neu bearb. Aufl. Heidelberg 2017.
– Europäische Rechtskultur. Versuch einer Annäherung in zwölf Schritten. Baden-Baden 1994.
Habermas, J.: Die Zukunft der menschlichen Natur. Auf dem Weg zu einer liberalen Eugenik? Frankfurt a.M. 2001.
Härle, W.: Würde. Groß vom Menschen denken. München 2010.
– / Volgel, B. (Hrsg.): Begründung von Menschenwürde und Menschenrechten. Freiburg i. Br. / Basel / Wien 2008.
Henkin, A. (Hrsg.): Human Dignity. The Internationalization of Human Rights. Dordrecht 1979.
Höffe, O.: Menschenwürde als ethisches Prinzip. In: O. H. / L. Honnefelder / J. Isensee / P. Kirchhof (Hrsg.): Gentechnik und Menschenwürde. Köln 2002.
Hofmann, H.: Die versprochene Menschenwürde. In: Archiv für öffentliches Recht 118 (1993).
Honecker, M.: Das reformatorische Freiheitsverständnis und das neuzeitliche Verständnis der »Würde des Menschen«. In: J. Schwartländer (Hrsg.): Modernes Freiheitsethos und christlicher

Glaube. Beiträge zur Bestimmung der Menschenrechte. München 1981.

Horstmann, R. P.: Menschenwürde. In: J. Ritter / K. Gründer (Hrsg.): Historisches Wörterbuch der Philosophie. Bd. 5. Basel/ Stuttgart 1980.

Huber, W.: Menschenrechte/Menschenwürde. In: Theologische Realenzyklopädie. Bd. 22. Berlin 1992.

Hüther, G.: Würde. Was uns stark macht. München 2018.

Jarras, H. D. / B. Pieroth: Grundgesetz für die Bundesrepublik Deutschland. Kommentar. München 2006.

Kettner, M.: Menschenwürde und Interkulturalität. Ein Beitrag zur diskursiven Konzeption der Menschenrechte. In: Th. Göller (Hrsg.): Philosophie der Menschenrechte, Methodologie, Geschichte, kultureller Kontext. Göttingen 1999.

– (Hrsg.): Biomedizin und Menschenwürde. Frankfurt a.M. 2004.

Klare, J.: Was bin ich wert? Eine Preisermittlung. Frankfurt a.M. 2010.

Knoepffler, N.: Menschenwürde im interkulturellen Dialog. Freiburg i. Br. / München 2005.

– Würde und Freiheit. Freiburg i.Br. 2018.

Knörzer, W.: Die Würde des Grundgesetzes. Menschenwürde als Anerkennung der Rechtssubjektivität: ein alternativer Begründungsansatz für die Fundamentalnorm des Grundgesetzes. Beltheim 2024.

Krebs, A.: Würde statt Gleichheit. Zu Avishai Margalits Politik der Würde. In: Deutsche Zeitschrift für Philosophie 47 (1999).

Kühnhardt, L.: Die Unteilbarkeit der Menschenwürde als Bedingung der Universalität der Menschenrechte. In: G.V. Lang / M.F. Strohmer (Hrsg.): Europa der Grundrechte? Beiträge zur Grundrechtecharta der Europäischen Union. Mit einem Geleitwort des Bundespräsidenten der Republik Österreich. Bonn 2002.

Liessmann, K.P. (Hrsg.): Der Wert des Menschen. Wien 2006.

Limbach, J.: Über die Menschenwürde. In: vorgänge. Zeitschrift für Bürgerrechte und Gesellschaftspolitik 4 (Dezember 2001).

Löhrer, G.: Menschliche Würde. Wissenschaftliche Geltung und metaphorische Grenze der praktischen Philosophie Kants. Freiburg i.Br. 1995.

Macklin, R.: Dignity is a Useless Concept. In: British Medical Journal 327 (2003).

Maihofer, W.: Rechtsstaat und menschliche Würde. Frankfurt a.M. 1968.

Margalit, A.: Politik der Würde. Über Achtung und Verachtung. Berlin 2012.

Marhaun, A.: Menschenwürde und Völkerrecht. Mensch, Gerechtigkeit, Frieden. Tübingen 2001.

Marks, S.: Die Würde des Menschen ist verletzlich. Ostfildern [3]2022.

Mattei, J.-F. / Folscheid, D. / Ricard, M.-A. / Rayond, J.-F. de : La dignité humanine. Philosophie, droit, politique, économie, medicine. Paris 2005.

Maunz, Th. / Dürig, G. / Herzog, R. / Scholz, R. (Hrsg.): Grundgesetz. Kommentar. München 2003.

McDougal, M. S. / Lasswell, H. D. / Chen, Lung-Chu: Human Rights and World Public Order. The Basic Policies of an International Law of Human Dignity. New Haven 1980.

Meinhof, U.: Die Würde des Menschen ist antastbar. Berlin 1994.

Menke, Ch. / Pollmann, A.: Philosophie der Menschenrechte. Hamburg 2007.

Möbius, M.: Die heilige Ordnung der Menschenwürde. Die Sakralität der Person verstehen, begründen, problematisieren. Baden-Baden 2020.

Moltmann, J.: Menschenwürde, Recht und Freiheit. Stuttgart 1979.

Montgomery, J. W.: Human Rights and Human Dignity. Dallas 1986.

Mototsugu Nishino: Menschenwürde als Rechtsbegriff in Japan. In: H. Dreier (Hrsg.): Menschenwürde als Rechtsbegriff. Stuttgart 2005.

Neumann, U.: Die Tyrannei der Würde. In: Archiv für Rechts- und Sozialphilosophie 2 (1998).

Nowak, M.: Menschenwürde und Menschenrechte. Wien 2018.

Paul, G.: Menschenwürde und Menschenrecht im Spannungsfeld von Inhumanität und Humanität. Bochum 2024.

Pieroth, B. / Schlink, B.: Grundrechte. Staatsrecht II. Heidelberg 1994.

Pfordten, D. v. d.: Menschenwürde. München 2016.

Podlech, A.: Wertungen und Werte im Recht. In: Archiv für öffentliches Recht 99 (1970).

Pollmann, A.: Würde nach Maß. In: Deutsche Zeitschrift für Philosophie 53 (2005) H. 4.

– Menschenrechte und Menschenwürde. Zur philosophischen Bedeutung eines revolutionären Projekts. Frankfurt a.M. 2022.

Pöschl, V.: Der Begriff der Würde im antiken Rom und später. Heidelberg 1989.
Quante, M.: Menschenwürde und personale Autonomie. Hamburg 2014.
Quecke, J.: Unantastbare Menschenwürde. Zur Dogmatik des Art. 1 Abs. 1 GG zwischen Absolutheitsanspruch und Abwägungsdenken. Baden-Baden 2019.
Rager, G. (Hrsg.): Beginn, Personalität und Würde des Menschen. Freiburg i. Br. 1998.
Reddemann, L.: Würde – Annäherung an einen vergessenen Wert in der Psychotherapie, Stuttgart 2008. [3]2016.
Reiter, J.: Menschenwürde als Maßstab. In: Aus Politik und Zeitgeschichte B 23–24 (2004).
Roth, K. / Weschler, J.: Das Versprechen muß gehalten werden. Die Vereinten Nationen und die Menschenwürde. In: G. Köhne (Hrsg.): Die Zukunft der Menschenrechte. 50 Jahre UN-Erklärung, Bilanz eines Aufbruchs. Reinbek b. Hamburg 1998.
Sandkühler, H. J. (Hrsg.): Menschenwürde. Philosophische, theologische und juristische Analysen. Frankfurt a. M. 2007.
– Menschenwürde und Menschenrechte. Freiburg i. Br. 2015.
Schaber, P.: Menschenwürde. Stuttgart 2012.
Schichow, L. v.: Die Menschenwürde in der EMRK. Tübingen 2016.
Schidel, R.: Relationalität der Menschenwürde. Zum gerechtigkeitstheoretischen Status von Menschen mit kognitiven Beeinträchtigungen. Frankfurt a. M. 2023.
Schirach, F. v.: Die Würde ist antastbar. München 2017.
Schlink, B.: Die überforderte Menschenwürde. Welche Gewißheit kann Artikel 1 des Grundgesetzes geben? In: Der Spiegel. 14. 12. 2003. Nr. 51.
Schockenhoff, E.: Naturrecht und Menschenwürde. Universale Ethik in einer geschichtlichen Welt. Mainz 1996.
Schulz-Nieswandt, F.: Menschenwürde als heilige Ordnung. Bielefeld 2017.
Schweidler, W.: Über Menschenwürde. Wiesbaden 2011.
Sedmak, C. (Hrsg.): Menschenwürde. Vom Selbstwert des Menschen. Darmstadt 2017.
Sorgner, S. L.: Menschenwürde nach Nietzsche. Darmstadt 2012.
Spaemann, R.: Über den Begriff der Menschenwürde. In: Scheidewege. Jahresschrift für skeptisches Denken 15 (1985/86).

Spaemann, R.: Personen. Versuche über den Unterschied zwischen »etwas« und »jemand«. Stuttgart 1996. [3]2007.

Starck, Chr.: Menschenwürde als Verfassungsgarantie im modernen Staat, Juristen Zeitung. 36. Jg. 17. Juli 1981.

Staub-Bernasconi, S.: Menschenwürde – Menschenrechte – Soziale Arbeit. Opladen/Berlin 2019.

Stöcker, H. A.: Menschliche Würde und kritische Jurisprudenz. In: Juristen Zeitung 685 (1968).

Stoecker, R.: Theorie und Praxis der Menschenwürde. Paderborn 2019.

– (Hrsg.): Menschenwürde. Annäherungen an einen Begriff. Wien 2003.

Taureck, B. H. F.: Die Menschenwürde im Zeitalter ihrer Abschaffung. Hamburg 2006.

Thies, Ch. (Hrsg.): Der Wert der Menschenwürde. Paderborn 2009.

Tiedemann, P.: Was ist Menschenwürde? Darmstadt 2006.

– Menschenwürde als Rechtsbegriff. Berlin 2007.

Trinkaus, Ch.: In Our Image and Likeness. Humanity and Divinity in Italian Humanist Thought. Chicago 1970.

Tugendhat, E.: Vorlesungen über Ethik. Frankfurt a. M. 1995.

Vitzthum, W.: Die Menschenwürde als Verfassungsbegriff. In: Juristen Zeitung. 40. Jg. 1. März 1985.

Vogel, B. (Hrsg.): Im Zentrum: Menschenwürde. Berlin [2]2006.

Volp, U.: Die Würde des Menschen. Ein Beitrag zur Anthropologie in der Alten Kirche. Leiden/Boston 2006.

Warneken, B. J. (Hrsg.): Der aufrechte Gang. Zur Symbolik einer Körperhaltung. Tübingen 1990.

Weber-Guskar, E.: Würde als Haltung. Münster 2016.

Werner, M.: Streit um die Menschenwürde. In: Zeitschrift für medizinische Ethik 46 (2000).

Wetz, F. J.: Die Würde des Menschen ist antastbar. Eine Provokation. Stuttgart 1998.

– Illusion Menschenwürde. Aufstieg und Fall eines Grundwerts. Stuttgart 2005.

– (Hrsg.): Recht auf Rechte. Stuttgart 2008.

– Baustelle Körper. Bioethik der Selbstachtung. Stuttgart 2009.

– Rebellion der Selbstachtung – Gegen Demütigung. Aschaffenburg 2018.